SCHAUM'S OUTLINE OF

SPANISH VOCABULARY

Second Edition

Mr. Schmitt has authored or co-authored the following Books, all of which are published by Schaum, McGraw-Hill or Glencoe, McGraw-Hill.

SCHAUM

Schaum's Outlines Series

German Grammar
German Vocabulary
Italian Grammar
Italian Vocabulary
Spanish Grammar

Schaum's Communicating Series

Communicating in French (Novice/Elementary Level)
Communicating in French (Intermediate Level)
Communicating in French (Advanced Level)
Communicating in German (Novice/Elementary Level)
Communicating in German (Intermediate Level)
Communicating in German (Advanced Level)
Communicating in Spanish (Novice/Elementary Level)
Communicating in Spanish (Intermediate Level)
Communicating in Spanish (Advanced Level)

Schaum's Special Purpose Books in the different disciplines

en español

Ciencia Política y Relaciones Internacionales
Comercio y Marketing
Derecho y Criminología
Economía y Finanzas
Educación y Docencia
Finanzas y Contabilidad
Medicina y Servicios Médicos
Turismo y Hostelería
Sociología y Servicios Sociales

en français

Commerce et Marketing
Droit et Criminologie
Économie et Finance
Finance et Comptabilité
Médecine et Soins Médicaux
Sociologie et Services Sociaux
Tourisme et Hôtellerie

Glencoe, McGraw-Hill

Saludos
Amistades
Perspectivas
Glencoe Spanish: Bienvendios
                 A bordo
                 De viaje
Rencontres
Connaissances
Illuminations
Glencoe French: Bienvenue
                À bord
                En voyage

SCHAUM'S OUTLINE OF

SPANISH VOCABULARY

Second Edition

•

CONRAD J. SCHMITT
Former Editor-in-Chief
Foreign Language Department
McGraw-Hill

•

SCHAUM'S OUTLINE SERIES

McGRAW-HILL

New York San Francisco Washington, D.C. Auckland Bogotá Caracas Lisbon
London Madrid Mexico City Milan Montreal New Dehli
San Juan Singapore Sydney Tokyo Toronto

CONRAD J. SCHMITT was Editor-in-Chief of Foreign Languages, ESL and Bilingual materials with McGraw-Hill. Prior to joining McGraw-Hill, Mr. Schmitt taught languages at all levels of instruction, from elementary school through college. He has taught Spanish at Montclair State University, Upper Montclair, New Jersey; French at Upsala College, East Orange, New Jersey and Methods of teaching a foreign language at the Graduate School of Education, Rutgers University, New Brunswick, New Jersey. He also served as Coordinator of Foreign Languages for the Hackensack, New Jersey, Public Schools. Mr. Schmitt presently devotes his full time to lecturing and writing.

Schaum's Outline of
SPANISH VOCABULARY

9 10 11 12 13 14 15 16 17 18 19 20 PBT PBT 0 2

ISBN 0-07-057227-5

Sponsoring Editor: Arthur Biderman
Production Supervisor: Pamela Pelton
Editing Supervisor: Maureen Walker

Library of Congress Cataloging-in-Publication Data

Schmitt, Conrad J.
    Schaum's outline of Spanish vocabulary/Conrad J. Schmitt.—2nd ed.
        p.   cm.—(Schaum's outline series)
    ISBN 0-07-057227-5
    1. Spanish language—Conversation and phrase books—English.
I. Title.
PC4121.S345   1996
468.3'421—dc20   96-35001
                                                                CIP

McGraw-Hill

*A Division of The **McGraw·Hill** Companies*

Preface

The purpose of this book is to provide the reader with the vocabulary needed to converse effectively in Spanish about everyday topics. Although the book contains a review of common, basic words that the reader has probably encountered in his or her early study of Spanish, the aim of *Spanish Vocabulary* is to enrich a student's knowledge of the language by providing words that seldom appear in typical textbooks but that are essential for communicating comfortably about a given situation.

Unlike a bilingual dictionary, *Spanish Vocabulary* provides the reader with a great deal of guidance in selecting the proper word(s) for expressing exactly what he or she wishes to say. Anyone not completely fluent in Spanish often finds a bilingual dictionary frustrating. For example, look up the word "bunch" and you'll find as entries *ramo, racimo, ristra, montón, puñado, atado, mazo, manojo, grupo, conjunto*. You may still be at a loss as to which word you need. *Spanish Vocabulary* alleviates this frustration by indicating the specific words used to express such ideas as a bunch of flowers, a bunch of grapes, a bunch of carrots, a bunch of teenagers.

The content of each chapter is focused on a real-life situation, such as making a telephone call, traveling by plane or train, staying at a hotel, or shopping for food. In order to enable readers to build and retain the new vocabulary, the book affords many opportunities to use the new words. Each chapter is divided into subtopics. The student acquires a few new words about a specific topic and is immediately directed to practice them in a multitude of exercises. Answers are provided so the student can make prompt self-correction.

Extensive footnotes inform the reader of other ways to say the same thing. Spanish is spoken in many countries of the world, but the same words are not necessarily used in all areas of the Spanish-speaking world. This is particularly true for common, frequently used words. Whenever possible, a footnote will indicate which word would be the most universally understood.

In case the student should also wish to use this book as a reference tool, at the end of each chapter there is a Spanish to English reference list that contains the key words presented in that chapter. A topical reference list from English to Spanish appears immediately after the Appendix. In addition, at the very end of the book there is a Spanish to English and English to Spanish glossary that contains all key words introduced in the book. A special list of all foods appears in the Appendix.

Spanish Vocabulary can be used as a review text or an enriching companion to any basic text.

CONRAD J. SCHMITT

Contents

Chapter 1: At the airport
Capítulo 1: En el aeropuerto

GETTING TO THE AIRPORT

En el aeropuerto hay dos *terminales*.	terminals
La terminal *A* es para *vuelos internacionales*.	international flights
La terminal *B* es para vuelos *nacionales*.	domestic, national
Podemos ir al aeropuerto en taxi.	
Podemos *tomar un autobús*.[1]	take a bus
Los autobuses salen de *la terminal*[2] (*estación*) *en la ciudad*.	city terminal

1. Complete.

    No quiero ir al aeropuerto en taxi. El taxi cuesta mucho. Yo prefiero ir en

    _____. Los autobuses salen de la _____ en la ciudad. Hay un servi-
          1   2

    cio muy conveniente y frecuente. Los autobuses _____ cada quince minutos de
                                                3

    la estación en el centro de la ciudad.

2. Complete.

    — ¿A qué terminal va Ud., señor?

    — ¿Hay más de una _____ en el aeropuerto?
                           1

    — Sí, señor. Hay dos. La terminal *A* es para _____ internacionales y la
                                                   2

    _____ *B* es para vuelos _____.
          3   4

    — Pues, yo voy a Nueva York. Es un _____ internacional. Quiero ir a la
                                               5

    _____ *A*, por favor.
          6

---

[1] There is no one way to say "bus" in Spanish. In Spain a bus is almost always **un autobús**. In many Latin American countries, however, **autobús** refers to a long-distance bus, which is usually fancier and more comfortable than a regular bus. Such a bus in Spain is commonly referred to as **un autocar**. A regular bus in Mexico is a **camión,** the word for "truck" in most other areas. In the Canaries and the Spanish-speaking islands of the Caribbean a bus is **una guagua.** In Colombia the shortened version, **el bus,** is commonly used. In Peru and Uruguay people tend to say **el ómnibus.** In Guatemala the word **camioneta** is used. In many countries there are small municipal buses and they are called **micros.** In Argentina municipal buses are usually referred to as **colectivos.** This word in most countries is used for a taxi that is inexpensive and can be shared by many people.

[2] **La terminal** has come to be used as a shortened version of **la estación terminal**.

Fig. 1-1

CHECKING IN (Fig. 1-1)

— Antes de ir a *la puerta de embarque* y antes de *abordar el avión*, los pasajeros tienen que *presentarse* en el mostrador de la línea aérea.

boarding gate; board the plane, check in

— El agente tiene que *revisar* los documentos.

check

— Allí está *el mostrador de la línea aérea (compañía de aviación)*.

airline counter

— Hay *una fila (cola)* larga.

long line

— El agente quiere ver *el boleto (el billete)*.[3]

ticket

— Tiene que ver *el pasaporte* y *el visado (la visa)* también.

passport, visa

3. Complete.

Cuando llegamos a un aeropuerto, tenemos que ir al _____ de la línea

                                                              1

aérea. Por lo general hay una _____ larga de gente que espera en el

                                             2

---

[3] **El boleto** is used in Latin America and **el billete** is used in Spain.

_____. En el mostrador tenemos que mostrarle nuestro _____ al
            3   4
agente. Si hacemos un _____ internacional, el agente tendrá que ver nuestro
                              5
_____ también.
      6

SPEAKING WITH THE AIRLINE AGENT (Fig. 1-2)

Fig. 1-2

— Su boleto, por favor.	
— *Aquí lo tiene,* señorita.	here it is
— ¿Ud. va a Madrid? Me permite ver el pasaporte, por favor.	
Gracias. ¿Quiere Ud. sentarse *en la sección de no fumar*?	no-smoking section
— Sí, *un asiento* en la sección de no fumar.	seat
En *el pasillo*, por favor.	on the aisle
— Tiene Ud. el asiento *C* en *la fila* veintidós.	row
¿Cuántas *maletas* lleva Ud.?	suitcases
— Dos.	
— ¿Y lleva Ud. *equipaje de mano*?	hand luggage
— Solamente este *maletín*.	briefcase
— Muy bien. El equipaje de mano tiene que *caber debajo del asiento enfrente de Ud.* o *en el compartimiento superior*.	fit under the seat in front of you; overhead compartment

Fig. 1-3

Aquí tiene Ud. una *etiqueta* para su maletín.	label, tag
— Gracias.	
— Muy bien. Todo está en orden. Aquí tiene Ud. su *tarjeta de embarque*[4]—*vuelo* 430 a Madrid, asiento *C* en la fila 22, sección de no fumar. Y aquí tiene sus *talones* para el equipaje. Ud. tiene dos maletas *facturadas* a Madrid. Ud. las puede *reclamar* (*recoger*) en Madrid. Anunciarán *la salida* de su vuelo dentro de media hora. ¡Buen viaje!	boarding card; flight baggage claim stubs checked claim; departure

4. Complete.
1. El señor Bosch va de Nueva York a Madrid. Hace un vuelo _____.
2. Él está en el _____ de la línea aérea.

---

[4] The most frequently used term for boarding card or pass is **tarjeta de embarque,** but you will sometimes hear **pasabordo.**

3. Él habla con la agente de la línea aérea. Ella quiere ver su _____. Como hace un vuelo internacional, ella quiere ver su _____ también.

4. Al señor Bosch no le gusta fumar. Él quiere un _____ en la _____ de no fumar.

5. El asiento C en la _____ 22 está en el _____ en la sección de _____.

6. En los aviones el _____ _____ _____ _____ tiene que caber debajo del asiento enfrente del pasajero. El señor Bosch no tiene problema. Él lleva solamente un _____.

7. La agente le da una _____ para su maletín.

8. Es necesario tener una _____ _____ _____ para abordar un avión.

9. El señor Bosch sale en el _____ 430 a Madrid. Tiene el _____ C en la _____ 22 en el _____ en la sección _____.

10. El señor Bosch ha facturado dos maletas a Madrid. Él tiene sus dos _____ y puede _____ sus maletas en Madrid.

11. El pasajero tiene que poner (colocar) todo su equipaje de mano o debajo del _____ enfrente de él o en el _____ _____.

12. Si el equipaje no cabe _____ del asiento o en el compartimiento _____, lo tiene que _____.

5. Answer on the basis of Figs. 1-3 and 1-4.
   1. ¿Dónde está la señora?
   2. ¿Con quién habla?

Fig. 1-4

3. ¿Qué le da al agente?
4. ¿Dónde quiere sentarse la señora?
5. ¿Cuántas maletas lleva la señora?
6. ¿Lleva equipaje de mano?
7. ¿Qué lleva?
8. ¿Puede caber debajo del asiento el maletín?
9. ¿Qué le da la agente a la señora?
10. ¿En qué vuelo sale ella?
11. ¿Adónde va ella?
12. ¿Qué asiento tiene?
13. ¿Dónde está el asiento?
14. ¿Cuántas maletas ha facturado la señora?
15. ¿Dónde puede reclamar sus maletas?

6. Choose the appropriate word.
1. Los pasajeros tienen que mostrar su pasaporte porque hacen un vuelo _____. (*a*) largo   (*b*) internacional   (*c*) nacional
2. El asiento *C* está en _____. (*a*) la sección   (*b*) la ventanilla   (*c*) el pasillo
3. Para identificar mi equipaje de mano voy a ponerle _____. (*a*) esta etiqueta   (*b*) este asiento   (*c*) este maletín
4. Para abordar el avión, es necesario tener _____. (*a*) una etiqueta   (*b*) un talón   (*c*) una tarjeta de embarque
5. Mi asiento está en _____ 22. (*a*) la sección   (*b*) la fila   (*c*) el mostrador

LISTENING TO ANNOUNCEMENTS

Una salida

La compañía de aviación anuncia *la salida* de su vuelo 430 con *destino* a Madrid. Les rogamos a los pasajeros que pasen por *el control de seguridad. Embarque* inmediato por *la puerta* número ocho.

departure
destination
security check; boarding
gate

7. Complete.
1. _____ anuncia una salida.
2. Anuncian la _____ de un vuelo.
3. Anuncian la salida del _____ 430.
4. Anuncian la salida de su vuelo 430 _____ _____ _____ Madrid.
5. Los pasajeros tienen que pasar por el _____ _____ _____.
6. Van a inspeccionar su equipaje en el _____ _____ _____.
7. Los pasajeros van a embarcar por la _____ número ocho.
8. El _____ es inmediato.

8. Complete.
1. El avión va a salir. Están anunciando la _____.
2. El vuelo va a Madrid. El _____ es Madrid.
3. Van a inspeccionar el equipaje de los pasajeros. Los pasajeros tienen que pasar por el
   _____ _____ _____.
4. Los pasajeros del vuelo 430 tienen que embarcar por la _____ número
   _____.

Una llegada

Su atención, por favor. La compañía de aviación anuncia *la llegada* de su vuelo 129 *procedente de* Las Palmas, Canarias. Los pasajeros van a *desembarcar* por la puerta número 10.

arrival; arriving from
disembark, deplane

9. Complete.

— No comprendí el anuncio. ¿Están anunciando la salida de nuestro vuelo?

— No, no. Están anunciando la _____ de otro vuelo.
                                        1

— ¿Qué vuelo es?

— Es el _____ 129 _____ _____ Las Palmas.
              2   3

10. Give the opposite of each of the following.
1. la llegada
2. con destino a
3. embarcar

CHANGING AN AIRLINE TICKET

Perdí el vuelo de Avianca a Guayaquil.	I missed
Hay otro vuelo con Lan Chile.	
El vuelo no está *completo* (*lleno*).	full
Hay *asientos disponibles*.	seats available
No es un vuelo *sin escala*.	nonstop
Hace (*una*) *escala* en Bogotá.	a stop
No tenemos que *cambiar de avión*.	change planes
El *pasaje* (*la tarifa*) es igual en las dos líneas.	fare
No hay ninguna diferencia en *el precio*.	price
Avianca tiene que *endosar* el boleto a Lan Chile.	endorse

11. Complete.
— Llegué tarde al aeropuerto porque había mucho tráfico y _____ mi vuelo a
                                                                        1
Guayaquil. ¿Es posible que Ud. tenga un _____ a Guayaquil?
                                              2

— Sí, señora. Tenemos uno que sale a las trece veinte. ¿Viaja Ud. sola?

— Sí, señor. Viajo sola.

— A ver si el vuelo está _____ o si tenemos asientos _____. No, no está
                                    3   4
completo.

— ¡Ay, qué suerte! ¿Hay una diferencia en el precio?

— No, el _____ de las dos compañías es la misma.
                     5

— ¿Puede Ud. aceptar este boleto de Avianca o tiene que darme uno nuevo?

— Yo puedo aceptar el boleto que Ud. tiene, pero Ud. tendrá que ir a Avianca y ellos pueden
_____ el boleto a nosotros.
            6

— ¿Es un vuelo sin _____?
                              7

— No, hace una escala intermedia en Bogotá.

— Muy bien. No importa. Vuelvo en seguida.

La señora Molina llega al aeropuerto y ve que hay dos terminales. De una salen los vuelos
nacionales y de la otra salen los vuelos internacionales. Como ella va a hacer un vuelo internacional, ella se dirige a la terminal internacional. En seguida ella va al mostrador de la línea
aérea con que vuela. Ella le muestra su boleto a la agente. La agente quiere ver su pasaporte
también. Todo está en orden. La señora le entrega su equipaje a la agente. Ella tiene dos
maletas. La agente pone los dos talones en el sobre del boleto y le explica a la señora Molina
que puede reclamar (recoger) su equipaje al llegar a Bogotá, su destino. La agente le da
también una etiqueta para poner en el maletín que va a llevar a bordo. La agente le recuerda
que su equipaje de mano tiene que caber debajo del asiento o en el compartimiento superior.
La señora le explica a la agente que ella tiene un asiento reservado en el pasillo en la sección
de no fumar. La agente le explica que la computadora (el ordenador)[5] no indica que tiene un
asiento reservado. Pero no hay problema. El vuelo no está completo y hay muchos asientos
disponibles, aún en el pasillo. La agente le da a la señora su tarjeta de embarque. Le dice que
tiene el asiento *C* en la fila 25 en la sección de no fumar. El vuelo 215 con destino a Bogotá va
a salir de (por) la puerta número seis. La señora quiere saber si es un vuelo sin escala. No, no
lo es. Hace una escala en Panamá pero los pasajeros en tránsito no tienen que cambiar de
avión. El mismo avión sigue a Bogotá.

En cuanto sale del mostrador, la señora oye el anuncio: «La compañía de aviación
anuncia la salida de su vuelo 215 con destino a Panamá, Bogotá, y Lima. Embarque inmediato por la puerta número seis.»

12. Complete.
1. Hay dos _____ en el aeropuerto. Una es para _____ internacionales y la otra es para vuelos _____.
2. La _____ trabaja en el _____ de la compañía de
   _____.
3. Los pasajeros tienen que mostrarle su _____ a la agente y si hacen un
   viaje internacional tienen que mostrar su _____ también.
4. La señora le entrega su _____ a la agente. Ella tiene dos maletas.

---

[5] **El ordenador** is used only in Spain.

5. La agente pone los _____ en el sobre del boleto. La señora necesitará los _____ para reclamar su equipaje en Bogotá.

6. La señora va a llevar un _____ a bordo. El equipaje de _____ tiene que caber _____ _____ asiento.

7. La señora Molina quiere sentarse en el _____ en la _____ de no fumar.

8. La computadora no indica un asiento reservado para la señora pero no importa. El avión no está _____ y hay muchos _____ disponibles.

9. La señora mira su _____ de embarque. Ve que tiene el _____ C en la _____ 25.

10. El vuelo a Bogotá va a hacer una _____ en Panamá pero la señora Molina no tiene que _____ de avión.

11. Anuncian el _____ inmediato del vuelo 215 con _____ _____ Lima con escalas intermedias en Panamá y Bogotá.

12. Los pasajeros en el vuelo 215 tienen que pasar por la _____ número seis.

13. Answer.
    1. ¿Adónde llega la señora Molina?
    2. ¿Cuántas terminales hay en el aeropuerto?
    3. ¿Por qué hay dos?
    4. En la terminal internacional, ¿adónde va la señora?
    5. ¿Qué quiere ver la agente?
    6. ¿Cuántas maletas factura la señora?
    7. ¿Dónde pone los talones la agente?
    8. ¿Dónde puede reclamar su equipaje la señora?
    9. ¿Qué lleva la señora a bordo?
    10. ¿Dónde tiene que caber el equipaje de mano?
    11. ¿Tiene un asiento reservado la señora?
    12. ¿Por qué no hay problema?
    13. ¿Qué asiento tiene la señora?
    14. ¿De qué puerta va a salir el vuelo?
    15. ¿Es un vuelo sin escala?

14. Complete.

La señora Molina va a volar en el _____ 215 con _____ a
                                          1   2
Bogotá. El vuelo va a hacer una _____ en Panamá pero la señora no tiene que
                                          3
_____ de avión. Ella tiene el _____ C en la _____ 25 en el
         4   5   6
_____ en la sección de no _____.
         7   8

SOME POSSIBLE PROBLEMS

Hay *una demora*.   delay
El vuelo sale con *un retraso* de 45 minutos.   with a delay, late
Hay un problema técnico (mecánico).
El vuelo no va a salir. Ha sido *anulado*.   cancelled
Lo han anulado a causa del tiempo.

15. Answer.
    1. ¿El avión va a salir a tiempo o con una demora?
    2. ¿Por qué hay una demora?
    3. ¿Es muy largo el retraso?
    4. ¿Han anulado otro vuelo?
    5. ¿Por qué lo han anulado?

Key Words

el aeropuerto airport
el (la) agente agent
anular to cancel
el asiento seat
el billete ticket (Spain)
el boleto ticket (Latin America)
caber to fit
cambiar de avión to change planes
la compañía de aviación airline
el compartimiento superior overhead compartment
completo full
con destino a destination, going to
el control de seguridad security check
debajo de under
la demora delay
depositar to check, leave
de retraso late
disponible available
el embarque embarcation, boarding
endosar to endorse
el equipaje luggage
el equipaje de mano hand luggage, carry-on luggage
la escala stop (airplane)
la etiqueta label, tag (for identification purposes)
facturar to check (through)
la fila line, row
internacional international
la línea aérea airline
la llegada arrival
lleno full
la maleta suitcase

el maletín briefcase
el mostrador counter
nacional domestic, national
el pasaje fare
el (la) pasajero(a) passenger
los pasajeros en tránsito transit passengers
el pasaporte passport
el pasillo aisle
perder (ie) to miss
el precio price
presentarse to check in
el problema problem
procedente de arriving from
la puerta gate
reclamar to claim
recoger to pick up, to claim
el retraso delay
revisar to check
la salida departure
la sección de (no) fumar (no) smoking section
sin escala nonstop (flight)
el sobre del boleto ticket envelope
el talón baggage claim check
la tarifa fare
la tarjeta de embarque boarding card, boarding pass
la terminal terminal
verificar to check
la visa visa
el visado visa
el vuelo flight

Chapter 2: On the airplane
Capítulo 2: En el avión

WELCOME ON BOARD (Fig. 2-1)

Fig. 2-1

El piloto (el comandante) y *su tripulación* se ocupan de *la seguridad* de los pasajeros.	crew; safety
Los asistentes[1] *de vuelo* [*asistentes de cabina, aeromozos, las azafatas*] trabajan en el avión.	flight attendants

---

[1] **Asistente(a) de vuelo** is widely used these days throughout the Spanish-speaking world. **Aeromozo(a),** and **el (la) sobrecargo** however, are also frequently heard. **La azafata** is still widely used in Spain, but it refers only to a female flight attendant.

Ellos *les dan la bienvenida* a los pasajeros.	welcome
La cabina delantera es para primera clase.	forward cabin
La cabina trasera (*principal*) es para la clase económica.[2]	rear cabin (main)
Los pasajeros no pueden entrar en *la cabina del piloto* durante el vuelo.	cockpit
El avión va a *despegar* de Nueva York.	take off
El avión va a *aterrizar* en Madrid.	land

1. Complete.
1. Todo el personal a bordo de un avión es la _____.
2. Los _____ _____ _____ trabajan con los pasajeros.
3. La cabina _____ es más grande que la cabina delantera.
4. Los pasajeros en clase económica viajan en la cabina _____.
5. Es prohibido entrar en la _____ _____ _____ durante el vuelo.
6. Para la tripulación de un avión, la _____ de los pasajeros es una parte importante de su trabajo.
7. Cuando el vuelo empieza, el avión _____.
8. Cuando el vuelo termina, el avión _____.

ANNOUNCEMENTS ON BOARD

Nuestro *tiempo de vuelo* será aproximadamente ocho horas y (con) veinte minutos.	flying time
Vamos a *volar* a *una altura* de doce mil metros.	fly; altitude
Vamos a volar a *una velocidad* de mil trescientos kiló- metros *por hora*.	speed an hour

2. Complete.

Señores y señoras. El comandante Vargas y toda su _____ les damos la
                                                                                          1
_____ a bordo de nuestro vuelo 281 con destino a Madrid. Vamos a
        2
_____ dentro de cinco minutos. Nuestro _____ _____
        3   4
_____ de Nueva York a Madrid será _____ siete horas con treinta
                                                                        5
minutos. Volaremos a una _____ de doce mil metros y alcanzaremos una
                                              6
_____ de mil trescientos kilómetros _____ _____.
        7   8

---

[2] Today many international carriers offer three classes of service: first, business and economy. Business is some-times called **clase preferente** but it varies from line to line. Some carriers are eliminating First Class and offering only business and economy.

SAFETY ON BOARD (Fig. 2-2)

Fig. 2-2

En (el) *caso de* (una) *emergencia:*   in case of emergency
El chaleco salvavidas está debajo de su asiento.   life vest
En el caso de un cambio de (en la) presión de aire, *la*   oxygen mask
    máscara de oxígeno se caerá automáticamente.
Hay dos *salidas de emergencia* en la cabina delantera y dos   emergency exits
    en la parte trasera del avión.
Hay también cuatro salidas de emergencia *sobre las alas.*   over the wings
Los pasajeros tienen que *permanecerse sentados.*   remain seated
Tienen que permanecerse sentados durante *el despegue* y *el*   takeoff; landing
    aterrizaje.
Durante el despegue y el aterrizaje los pasajeros tienen   fasten their seat belts
    que *abrocharse el cinturón de seguridad.*
Durante el vuelo también deben *mantener los cinturones*   keep the seat belts fastened
    abrochados.

A veces el avión puede encontrar alguna *turbulencia ines-*   unexpected turbulence
   perada.
Cuando hay turbulencia, el avión *brinca.*   bounces, bumps

3. Answer.
   1. ¿Dónde están los chalecos salvavidas en el avión?
   2. Si hay un cambio de presión de aire en el avión ¿qué se caerá?
   3. ¿Dónde hay salidas de emergencia en el avión?

4. Complete.
       Durante el _____ y también durante el _____ los pasajeros a
bordo de un avión tienen que permanecerse _____. No pueden andar por el
avión. No sólo tienen que permanecerse sentados, tienen que abrocharse el
_____ _____ _____. Es también una buena idea mantener
el _____ abrochado durante todo el vuelo. No se sabe cuándo el avión encontrará alguna _____ inesperada. Cuando hay turbulencia, el avión
_____.

La señal (el aviso) de no fumar está iluminada(o).   no-smoking light; lit
La señal de no fumar está iluminada durante el despegue y
   el aterrizaje.
Mientras la señal está iluminada, los pasajeros no pueden
   fumar.
Tampoco pueden fumar en *la sección de no fumar.*   no-smoking section
Se prohíbe fumar en *los pasillos.*   aisles
Se prohíbe fumar también en *los retretes*[3] (*aseos*).   toilets

5. Complete.
   1. Los pasajeros a bordo de un avión no pueden fumar en la _____
      _____ _____ _____, en los _____, ni en los
      _____.
   2. No pueden fumar tampoco cuando la _____ de no fumar está
      _____.
   3. La _____ de _____ _____ está iluminada durante el
      despegue y también durante el _____.

[3] See Chapter 8 on public bathroom.

Figure 2-3

el compartimiento superior

el respaldo del asiento

debajo del asiento

Fig. 2-3

No se puede poner *el equipaje de mano* en los pasillos.	carry-on luggage
El equipaje de mano tiene que *caber debajo del asiento*.	fit under the seat
Si no cabe debajo del asiento, tiene que caber en *los compartimientos (sobre la cabeza) superiores*.	overhead compartments
Durante el despegue y el aterrizaje, hay que poner *el respaldo del asiento* en posición vertical.	seat back
Hay que poner *la tableta* en su posición original.	tray table

6. Complete.

Muchos pasajeros llevan equipaje de mano abordo del avión. Pero no pueden poner su equipaje en los _____. Todo equipaje de mano tiene que _____ o
$\quad$ 1 $\qquad\qquad\qquad\qquad\qquad\qquad\qquad\qquad$ 2

debajo del _____ o en los _____ superiores. Es una regla de seguri-
$\qquad$ 3 $\qquad\qquad\qquad\qquad$ 4

dad. Y durante el _____ y el _____, el _____ de su asiento
$\qquad\qquad$ 5 $\qquad\qquad\qquad$ 6 $\qquad\qquad\qquad$ 7

tiene que estar en _____ vertical. Y hay que poner la _____ en su
$\qquad\qquad$ 8 $\qquad\qquad\qquad\qquad\qquad\qquad$ 9

posición original.

COMFORTS AND AMENITIES ON BOARD (Fig 2-4)

Fig. 2-4

Durante el vuelo:	
Servimos *bebidas*.	drinks
Hay *periódicos* y *revistas*.	newspapers; magazines
Les ofrecemos una *comida*.	meal
Antes del aterrizaje *serviremos el desayuno*.	we will serve breakfast
Hay cinco *canales* (*estaciones*) de música estereofónica.	channels (stations)
Presentamos *una película*.	movie
Por *el juego de audífonos* (*auriculares*), hay *un cargo* de $4.00.	head set; charge
Hay también *mantas*[4] y *almohadas*[5].	blankets; pillows
En *el bolsillo del asiento*, hay *sacos*[6] para el mareo.	seat pocket; airsickness bags

7. Complete.

Durante el vuelo los asistentes de vuelo nos van a servir una _____. Antes

del aterrizaje nos van a servir también un _____. Durante el vuelo hay

---

[4] The most common word for blanket is **manta**. It is used in Spain and many areas of Latin America. However, other frequently used words in Latin America are **cobija** and **frazada**. In Puerto Rico you will also hear **frisa**.

[5] **Almohada** is by far the most commonly used word for pillow, but you will sometimes hear **cojín**, particularly if the pillow is square.

[6] You will also hear **bolsa para el mareo**.

_____ estereofónica. Hay cinco _____. En cada uno hay música
       3   4
diferente—clásica, popular, etc. En un canal dan también lecciones de español. Después
de la comida van a presentar una _____. Si queremos oír la música y ver la
                                       5
película hay un _____ de $4.00 por los _____. Si queremos tomar
                 6   7
(echar) una siesta, los asistentes de vuelo nos traerán una _____ y una
                                                     8
_____.
    9

8. Complete.

Yo estoy cansado(a). No quiero comer, no quiero oír la música, no quiero ver la
película. Sólo quiero dormir. ¿Tiene Ud. una _____ y una _____,
                                                1   2
por favor?

Cada día hay miles de vuelos que circunnavegan el mundo. Mientras los pasajeros
abordan el avión, algunos asistentes de vuelo u otros miembros de la tripulación se ponen a la
puerta de entrada. Les dan la bienvenida a bordo a los pasajeros y les recogen las tarjetas de
embarque. A veces le tienen que indicar a un pasajero donde está su asiento. En la mayoría de
los aviones la cabina trasera o la cabina principal es para la clase económica y la cabina
delantera es para el uso exclusivo de los pasajeros de primera clase.

Durante el vuelo hay varios anuncios. Los asistentes de vuelo tienen que pensar en la
comodidad y también en la seguridad de los pasajeros. Les explican el uso de la máscara de
oxígeno y del chaleco salvavidas. Les indican donde están las salidas de emergencia y también
los retretes (aseos). Hay algunas reglas importantes que los pasajeros tienen que seguir. Todo
su equipaje de mano tiene que caber debajo del asiento o en los compartimientos superiores.
Se prohíbe fumar durante el despegue y el aterrizaje, en la sección de no fumar, en los retretes,
y si uno está de pie en los pasillos. Si por acaso el piloto pone (ilumina) la señal de no fumar,
tampoco se puede fumar. Durante el despegue y el aterrizaje los pasajeros tienen que poner el
respaldo de sus asientos en posición vertical y tienen que abrocharse el cinturón de seguridad.
La tripulación siempre les recomienda a los pasajeros que mientras estén sentados mantengan
los cinturones abrochados. Nunca se sabe si el avión encontrará alguna turbulencia
inesperada y empezará a brincar.

Durante el vuelo los asistentes de vuelo sirven bebidas y una comida. Les dan mantas y
almohadas a los pasajeros que quieren tomar una siesta. En muchos vuelos de larga distancia
la compañia de aviación les ofrece a los pasajeros varios canales de música estereofónica y
presentan una película. Los asistentes de vuelo distribuyen los (juegos de) audífonos
(auriculares) a los pasajeros que los deseen. En clase económica hay un cargo nominal por el
uso de los audífonos.

Durante todo el vuelo es prohibido entrar en la cabina del piloto. En muchos vuelos el
comandante (capitán) les habla a los pasajeros para decirles el tiempo aproximado de vuelo, la
ruta de vuelo, la altura a que van a volar, y la velocidad que van a alcanzar. De parte de toda
su tripulación el comandante les desea a los pasajeros un buen viaje.

9. Complete.

    1. En la mayoría de los aviones hay dos _____. La cabina _____
       es para el uso de los pasajeros en primera _____. La _____
       trasera es para la clase _____.

2. Los asistentes de _____ recogen las _____ _____ _____ cuando los pasajeros abordan el avión.
3. Si hay un cambio en la presión de aire, los pasajeros tienen que usar la _____ _____ _____ para respirar.
4. El _____ _____ _____ tiene que caber debajo del asiento o en los _____ _____.
5. No se puede fumar durante el _____ o el _____.
6. No se puede fumar cuando la _____ _____ _____ _____ está iluminada.
7. Los pasajeros tienen que poner el _____ de sus asientos en _____ vertical durante el despegue y el aterrizaje.
8. La tripulación siempre les sugiere a los pasajeros que mantengan los _____ _____ _____ abrochados mientras estén sentados.
9. Durante un vuelo de larga distancia, los asistentes de vuelo siempre sirven _____ y una _____.
10. Si un pasajero quiere escuchar la música o ver la película necesita _____ _____ _____. En clase económica hay un _____ nominal por su uso.

10. Match.

A
1. todo el personal a bordo de un avión
2. lo que se caerá automáticamente si hay un cambio en la presión de aire
3. lo que necesitan los pasajeros para abordar el avión
4. lo que tiene que estar en posición vertical durante el despegue y el aterrizaje
5. lo que se abrochan los pasajeros durante el despegue y el aterrizaje
6. los que trabajan con los pasajeros a bordo de un avión
7. de donde salen los pasajeros si hay un accidente
8. lo que uno tiene que pagar
9. donde se puede poner el equipaje de mano
10. por donde va a volar el avión

B
(a) el cinturón de seguridad
(b) el respaldo del asiento
(c) la salida de emergencia
(d) el bolsillo del asiento
(e) la tripulación
(f) la tarjeta de embarque
(g) el chaleco salvavidas
(h) los compartimientos superiores
(i) la máscara de oxígeno
(j) los asistentes de vuelo
(k) la ruta de vuelo
(l) el cargo
(m) la turbulencia

11. Answer.
1. ¿Qué hacen los asistentes de vuelo mientras los pasajeros abordan el avión?
2. ¿Cuántas cabinas hay en la mayoría de los aviones?
3. ¿Qué tienen que aprender a usar los pasajeros?
4. ¿Dónde tienen que poner su equipaje de mano los pasajeros?
5. ¿Dónde no se puede fumar en el avión?

6. ¿Cuáles son algunas cosas que los pasajeros tienen que hacer durante el despegue y el aterrizaje?
7. ¿Por qué es una buena idea mantener los cinturones abrochados durante todo el vuelo?
8. ¿Qué sirven los asistentes de vuelo durante el viaje?
9. ¿Qué más ofrecen para la comodidad de los pasajeros?
10. ¿Cuáles son algunos anuncios que hace el piloto?

Key Words

abrocharse   to fasten
el (la) aeromozo(a)   flight attendant
el ala (f)   wing
la almohada   pillow
la altura   altitude
el aseo   bathroom
el (la) asistente(a) de vuelo   flight attendant
el aterrizaje   landing
aterrizar   to land
la azafata   flight attendant (Spain)
el bolsillo del asiento   seat pocket
brincar   to bump, bounce
caber   to fit
la cabina   cabin
la cabina del piloto   cockpit
la cabina delantera   forward cabin
la cabina trasera   rear cabin
el canal   channel
el cargo   charge
la clase económica   economy class
el comandante   captain, pilot
la comida   meal
el compartimiento (superior) sobre la cabeza   overhead compartment
el chaleco salvavidas   life vest
dar la bienvenida a bordo   to welcome aboard
debajo de   under
delantero   forward
despegar   to take off
el despegue   takeoff
la emergencia   emergency
en caso de   in case of
el equipaje de mano   hand luggage, carry-on luggage
la estación   station

iluminado   lit, illuminated
el juego de audífonos   headset
la manta   blanket
mantener   to keep
el mareo   airsickness
la máscara de oxígeno   oxygen mask
la música estereofónica   stereophonic music
el pasillo   aisle
la película   movie, film
permanecer   to remain
el piloto   pilot
por hora   an (per) hour
la presión de aire   air pressure
la primera clase   first class
principal   main
el respaldo del asiento   seat back
el retrete   toilet
la ruta de vuelo   flight plan, route of flight
el saco para el mareo   airsickness bag
la salida de emergencia   emergency exit
la sección de (no) fumar   (no) smoking section
la seguridad   safety
sentado(a)   seated
la señal de no fumar   no-smoking sign (light)
la tableta   tray table
el tiempo de vuelo   flight time
trasero   rear
la tripulación   crew
la turbulencia inesperada   unexpected turbulence
la velocidad   speed
volar (ue)   to fly
el vuelo   flight

Chapter 3: Passport control and customs
Capítulo 3: El control de pasaportes y en la aduana

PASSPORT CONTROL AND IMMIGRATION

Aquí tiene Ud. mi *pasaporte*.	passport
mi *visado (visa)*.	visa
mi *tarjeta de turista*.	tourist card
¿Cuánto tiempo va a estar aquí?	How long
Voy a estar *sólo unos días*.	only a few days
una semana.	a week
un mes.	a month
¿Viaja Ud. *en plan de negocios?*	on business
¿Viaja Ud. *en plan de turismo?*	for pleasure
Estoy sólo *de paso*.	passing through
¿Dónde *estará Ud. hospedado(a)?*	will you be staying

1. Complete.
   En el _____ de pasaportes
   $_1$

   — Su _____, por favor.
   $_2$

   — Aquí lo _____ Ud.
   $_3$

   — ¿Cuánto tiempo va Ud. a _____ aquí?
   $_4$

   — Voy a estar _____.
   $_5$

   — ¿Dónde estará _____ Ud.?
   $_6$

   — Estaré en el hotel Emperador.

   — ¿Viaja Ud. en plan de _____ o de _____?
   $_7$ $_8$

   — De _____. Estoy de vacaciones.
   $_9$

AT CUSTOMS

No tengo *nada que declarar*.	nothing to declare
Tengo *algo que declarar*.	something to declare
Si Ud. no tiene nada que declarar, siga *la flecha verde*.	green arrow
Si Ud. tiene algo que declarar, siga *la flecha roja*.	red arrow
El (La) *aduanero(a) (agente de la aduana)* pregunta:	customs agent
¿Lleva Ud. *cigarrillos (tabaco)?*	cigarettes, tobacco
whisky?	whiskey, spirits
frutas o vegetales?	fruits or vegetables
Llevo solamente *efectos personales*.	personal belongings

¿Puedo ver su *declaración de aduana*?   customs declaration
Quiero declarar una botella de whisky.
Favor de *abrir esta bolsa*.   open this bag
              maleta.   suitcase
Si Ud. lleva más de un litro de whisky, tendrá que pagar
  impuestos.   duty

2. Complete.
    1. En este aeropuerto no inspeccionan todo el equipaje. Los pasajeros que no tienen nada que _____ pueden seguir la _____ verde. Los que tienen _____ que declarar tienen que seguir la _____ _____.
    2. En este país les permiten a los turistas entrar con dos botellas de whisky. Si uno lleva tres botellas, tiene que _____ la tercera y pagar _____.
    3. El agente de la aduana quiere ver mi _____ de aduana.
    4. No tengo nada que declarar porque llevo solamente _____ personales.

Key Words

abrir   to open
la aduana   customs
el (la) aduanero(a)   customs agent
el cigarrillo   cigarette
el control de pasaportes   passport control
¿cuánto tiempo?   how long? how much time?
la declaración de aduana   customs declaration
declarar   to declare
de negocios   on business
de paso   passing through
efectos personales   personal effects

la flecha   arrow
la fruta   fruit
hospedado(a)   lodged, staying
los impuestos   duty
el pasaporte   passport
el tabaco   tobacco
la tarjeta de turista   tourist card
el turismo   tourism, pleasure
el vegetal   vegetable
la visa   visa
el visado   visa
el whisky   whiskey

Chapter 4: At the train station
Capítulo 4: En la estación de ferrocarril

GETTING A TICKET (Fig. 4-1)

el boleto (*el billete*)	ticket
En las Américas se dice *el boleto*.	
En España se dice *el billete*.	
de ida y vuelta (*regreso*)[1]	round trip
Voy de Madrid a Barcelona. Luego vuelvo a Madrid.	
Necesito un billete *de ida y vuelta*.	
Voy de Panamá a Colón. No regreso a Panamá.	
No necesito un boleto de ida y regreso.	
Necesito solamente un boleto *sencillo*.	one way

1. Complete.
   En la estación de Atocha, Madrid
   Cliente: Un _____ para Barcelona, por favor.
   $\qquad\qquad\qquad$ 1

   Empleado: ¿Un billete sencillo o _____ _____ _____
   $\qquad\qquad\qquad\qquad\qquad\qquad\qquad\qquad\qquad\qquad\qquad\qquad\qquad\qquad\qquad$ 2

   _____ _____ ?

   Cliente: No pienso volver a Madrid. Un _____ _____, por favor.
   $\qquad\qquad\qquad\qquad\qquad\qquad\qquad\qquad\qquad\qquad\qquad\qquad\qquad$ 3

2. Complete.
   En la estación de Buenos Aires
   Cliente: Un _____ para Mar del Plata, por favor.
   $\qquad\qquad\qquad$ 1

   Empleado: ¿Un boleto de ida y regreso o un _____ _____ ?
   $\qquad\qquad\qquad\qquad\qquad\qquad\qquad\qquad\qquad\qquad\qquad\qquad\qquad$ 2

   Cliente: Voy a regresar a Buenos Aires en dos días. Un _____

   _____ _____ _____ _____, por favor.
   $\qquad\qquad$ 3

En las Américas se dice *comprar un boleto*.	buy a ticket
En España se dice *sacar un billete*.	buy a ticket
Para comprar un boleto es necesario ir a la ventanilla (*boletería*).	ticket window
Se venden (despachan) los billetes en la ventanilla.	

---

[1] The verb **volver** and the noun **vuelta** are more commonly used in Spain, and they would be understood throughout Latin America. In Latin America, however, it is quite common to use the verb **regresar** and the noun **regreso.**

Fig. 4-1

En algunas estaciones modernas *hay distribuidoras automáticas.*	ticket machines
Si uno viaja en *el rápido* (*tren expreso, tren directo*) tiene que pagar *un suplemento*	express supplement
Si uno viaja en *el tren correo* (*tren local, tren ómnibus*) cuesta menos	local
No tenemos que *transbordar.*	change trains
El tren famoso que va de Cuzco a Macchu Pichu es *de vía estrecha.*	narrow gauge

3. Complete.

　　　　Voy a Córdoba y no tengo boleto. Tengo que ir a la ＿＿＿＿＿＿. Allí puedo

　　　　　　　　　　　　　　　　　　　　　　　　　　　　　　　　　1

comprarme el boleto. Pero, ¿dónde está la ＿＿＿＿＿＿? Ah, allí está y no hay

　　　　　　　　　　　　　　　　　　　　　2

mucha gente.

En la ＿＿＿＿＿＿

　　　　　3

— Un ＿＿＿＿＿＿ para Córdoba, por favor.

　　　　4

— ¿Quiere Ud. un boleto ＿＿＿＿＿＿ o de ＿＿＿＿＿＿ ＿＿＿＿＿＿

　　　　　　　　　　　　　　　　5　　　　　　　　　　　　　　　　6

＿＿＿＿＿＿?

— No voy a regresar aquí. Un _____ _____, por favor. ¿Cuánto

                    7

cuesta, señor?

— ¿Viaja Ud. en el tren correo o en el _____?

                  8

— En el correo, no. En el _____, por favor.

            9

— Un boleto _____ en el rápido para Córdoba. Mil pesos, señor.

        10

WAITING FOR THE TRAIN (Fig. 4-2)

En las estaciones más modernas *hay una pantalla* de salidas y una pantalla de llegadas.	screen
En las estaciones más antiguas hay un *tablero indicador*.	board
Hay un tablero para trenes *de largo recorrido*.	long distance
Hay otro para las cercanías, es decir los trenes que sirven las cercanías.	
El tren para Málaga debe salir a las 14:20.	
El tren no va a salir *a tiempo*.	on time

Fig. 4-2

Va a salir a las 15:10.	
Sale *con retraso*.	late
Hay una *demora* de 50 minutos.	delay
El tren va a salir con 50 minutos de retraso.	
Tengo que esperar.	
Voy a esperar en *la sala de espera*.	waiting room

4. Answer.
1. Málaga no está en las cercanías de Madrid, ¿verdad?
2. El tren que va a Málaga, ¿es un tren de largo recorrido o un tren de cercanías?
3. ¿A qué hora debe salir el tren para Málaga?
4. ¿Va a salir a tiempo?
5. ¿A qué hora va a salir?
6. ¿Hay una demora?
7. ¿Con cuántos minutos de retraso va a salir el tren?
8. ¿Dónde esperan el tren los pasajeros?

5. Complete.

El tren no va a salir a tiempo. Hay una _____. El tren va a salir a las
1

15:10, no a las 14:20. Va a salir con _____ minutos de _____. Los
2   3

pasajeros pueden esperar el tren en la _____ _____ _____.
4

CHECKING YOUR LUGGAGE

Tengo mucho *equipaje*.	luggage
Tengo muchas *maletas* (*valijas*).	suitcases
No puedo *llevar* todas las maletas.	carry
El *mozo* (*maletero*) puede llevarlas.	porter
Voy a *facturar*² las maletas.	check
Voy a *depositarlas* en la consigna.	leave, check
El mozo las puede llevar a *la consigna* (*sala de equipaje*).	checkroom
En la consigna el señor me da *un talón*.	check stub
Para *reclamar* (*recoger*) el equipaje, tengo que *entregar* el talón.	claim (pick up); give in, hand over

---

² In some areas where the influence of English is very strong, you will probably hear the word **chequear**. **Facturar** can sometimes be confused with "to check through". In other words, "... **Voy a facturar la maleta a Barcelona**" could mean "I am checking it in Madrid and I will pick it up in Barcelona". A safe word for "to just leave it for a while" is **depositar, "Voy a depositar la maleta hasta que anuncien la salida del tren"** would mean "I'm going to check the suitcase until they announce the departure of the train".

6. Complete.

1. Tengo muchas maletas. Llevo mucho _____.
2. No puedo llevar las maletas. El _____ me las puede llevar.
3. Tengo que esperar una hora más. Voy a _____ el equipaje.
4. Puedo facturar (depositar) el equipaje en la _____.
5. Cuando facturé (deposité) el equipaje, el señor me dio un _____.
6. Tengo que _____ el equipaje antes de abordar el tren.
7. Es un tren directo. No tenemos que _____.

7. Complete.

El señor llega a la estación de ferrocarril. Tiene mucho _____ y no lo
puede llevar. Llama a un _____. El _____ se lo puede llevar. El
tren no sale hasta las tres. El señor tiene que esperar una hora más. Él decide
_____ el equipaje. El mozo lo lleva a la _____. El señor
_____ su equipaje en la _____. Allí le dan un _____.
El señor tendrá que _____ el talón para _____ su equipaje.

GETTING ON THE TRAIN

El tren para Málaga sale en cinco minutos.
Sale del *andén* número ocho.   platform, track
En el tren tengo *un asiento reservado*.   reserved car
Mi asiento está en *el coche* (*vagón*)[3] número 114D.   car
Mi asiento es el número 6 en *el compartimiento* 3.   compartment
Los trenes nuevos no tienen compartimientos.
Tienen *un pasillo central*.   center aisle
Algunos pasajeros *suben* al tren y otros (*se*) *bajan del tren*.   get on; get off

8. Complete.

1. El tren para Málaga va a salir del _____ número ocho.
2. Tengo que mirar mi boleto. Tengo un _____ reservado pero no sé el
    número.
3. Yo tengo el asiento 6 en el _____ 3 del _____ 114D.

9. Complete.

1. El tren va a salir pronto. Tenemos que ir al _____.
2. En los _____ de los coches de primera clase hay seis asientos. En los com-
    partimientos de segunda clase hay ocho _____.
3. Hay más o menos diez compartimientos en cada _____ del tren.
4. Los pasajeros van de Madrid a Zaragoza. Van a _____ al tren en Madrid
    y van a _____ en Zaragoza.

---

[3] The use of the word **vagón** is more common in Spain than in Latin America.

ON THE TRAIN

Aquí viene *el recogedor de billetes*[4] (*cobrador, revisor, conductor*).	conductor
Quiere *revisar*[5] los boletos (billetes).	check
Los pasajeros comen en *el coche comedor* (*el buffet*).	dining car
Los pasajeros duermen en *el coche cama*.	sleeping car

10. Complete.
1. La persona que recoge o revisa los boletos en un tren es el _____.
2. Como es un viaje muy largo, los pasajeros duermen en el _____ _____.
3. Si los pasajeros tienen hambre durante el viaje, pueden comer algo en el _____ _____.

La señora Molina hace un viaje en tren. Baja del taxi en la parada de taxis enfrente de la estación de ferrocarril. La señora tiene cuatro maletas. Quiere ayuda con el equipaje y llama a un mozo. En la estación de ferrocarril se entera de que el tren no va a salir a tiempo. Hay una demora. El tren va a salir con un retraso de una hora y media. Por eso la señora decide depositar (facturar) su equipaje en la consigna. Después de depositar el equipaje, ella va a la ventanilla donde compra su boleto (saca su billete). Ella compra un boleto de ida y regreso (saca un billete de ida y vuelta) en primera clase en el tren expreso (rápido) a Barcelona. Luego ella se sienta en la sala de espera. Después de una hora ella va a la consigna para reclamar (recoger) su equipaje. Ella llama otra vez a un mozo. El mozo lleva el equipaje al andén número 10. El tren ya está en el andén. La señora y el mozo buscan el coche número 114D. Lo encuentran y la señora le da al mozo una propina y sube al tren. En el coche 114D, que es un coche de primera clase, la señora busca el asiento 6 en el compartimiento *C*. Su asiento reservado es el asiento 6 en el compartimiento *C* del coche 114D.

Como el viaje a Barcelona no es muy largo, la señora no reservó una cama en el coche cama. Si tiene sueño, puede tomar (echar)[6] una siesta en su asiento. Cuando el tren sale, viene el recogedor (revisor) de billetes. Él revisa el billete de la señora y le dice que todo está en orden. Ella le pregunta dónde está el coche comedor. Él le explica que el coche comedor es el segundo coche para adelante.

11. Based on the story, write *true* or *false*.
1. La señora hace un viaje en tren.
2. Ella va a la estación de ferrocarril en autobús.
3. Ella no necesita ayuda con el equipaje porque lleva solamente una maleta.

---

[4] There are many ways to say "conductor" in Spanish. There are no hard and fast rules as to where you will hear a particular word. It would be safe to say that the three most commonly used terms are **recogedor, cobrador,** and **revisor.** The Spanish word **conductor** literally means "driver" but owing to English influence it is sometimes used for "conductor". In some areas of Latin America you will also hear **el controlador** from the French **le contrôleur.**

[5] In some areas of Latin America you will hear the word **chequear.** The word **chequear** is frowned upon in Spain, even though there are also many adaptations of English words in peninsular Spanish.

[6] **Echar una siesta** is used only in Spain.

    4. El tren va a salir a tiempo.
    5. Ella compra un boleto sencillo.
    6. Ella tiene una cama reservada en el coche cama.
    7. La señora deposita su equipaje en la consigna.
    8. La señora le da el talón al recogedor de billetes.

12.   Answer.
    1. ¿Cómo va la señora a la estación de ferrocarril?
    2. ¿Cuántas maletas lleva ella?
    3. ¿A quién llama la señora?
    4. ¿Va a salir a tiempo el tren?
    5. ¿Con cuánto tiempo de retraso va a salir el tren?
    6. ¿Dónde factura (deposita) la señora su equipaje?
    7. ¿Dónde compra ella su boleto?
    8. ¿Qué tipo de boleto compra?
    9. ¿En qué tipo de tren va a viajar la señora?
   10. ¿Qué le da la señora al empleado para reclamar su equipaje?
   11. ¿Adónde lleva el mozo el equipaje?
   12. ¿Qué coche buscan ellos?
   13. ¿Qué asiento tiene la señora?
   14. ¿Por qué no tiene una cama la señora?
   15. ¿Qué le pregunta la señora al revisor de billetes?

13.   Match.

A		B
1. el equipaje	(a)	lugar donde un pasajero puede depositar el equipaje
2. el andén	(b)	el conjunto de maletas y otros artículos que lleva un pasajero
3. la ventanilla	(c)	no a tiempo
4. el mozo	(d)	lugar de donde salen los trenes en la estación de ferrocarril
5. la consigna	(e)	lugar adonde va la gente a comprar sus boletos
6. con retraso	(f)	persona que ayuda a llevar el equipaje

Key Words

a tiempo	on time	*el coche cama*	sleeping car
abordar	to board	*el coche comedor*	dining car
el andén	platform	*el compartimiento*	compartment
el asiento	seat	*con retraso*	late
bajar(se) del tren	to get off the train	*la consigna*	baggage checkroom
el billete	ticket	*el (tren) correo (local)*	local train
el boleto	ticket	*de ida y vuelta (regreso)*	round trip
la boletería	ticket window	*de largo recorrido*	long distance
el buffet	snack car	*de vía estrecha*	narrow gauge
las cercanías	nearby areas	*la demora*	delay
el coche	car of a train	*el destino*	destination

la distribuidora automática   ticket machine
entregar   to give, hand over
el equipaje   luggage
la estación de ferrocarril   train station
facturar   to check (luggage)
el horario   schedule, timetable
la llegada   arrival
llevar   to carry
la maleta   suitcase
el mozo (maletero)   porter
la pantalla   screen
el pasillo   aisle, corridor
el (tren) rápido (expreso)   express train
reclamar   to reclaim
el recogedor de billetes   conductor
recoger   to pick up, collect

reservado   reserved
el revisor   conductor
sacar un billete   to buy a ticket (Spain)
la sala de equipaje   baggage room
la sala de espera   waiting room
la salida   departure
salir   to leave
sencillo   one way
subir   to get on board
el tablero indicador   board
el talón   ticket stub, check
transbordar   to change trains
el tren   train
la valija   suitcase, valise
la ventanilla   ticket window
la vía   track

Chapter 5: The automobile
Capítulo 5: El automóvil

RENTING A CAR

Quisiera *alquilar un carro (coche)*.[1]	rent a car
Quisiera alquilar un carro *por día*.	by the day
¿Cuánto *cobran Uds*?	do you charge
¿Cuánto cobran Uds. *por semana*?	by the week
¿Está incluído el *kilometraje*?	mileage (in kilometers)
¿Cuánto es por kilómetro?	
¿Está incluída la gasolina?	
¿Tiene Ud. un carro con *transmisión automática*?	automatic transmission
¿Tengo que pagar un *depósito*?	deposit
Quiero *seguro completo (contra todo riesgo)*.	full coverage insurance
Aquí tiene Ud. mi *permiso de conducir (licencia)*.[2]	driver's license
Quiero pagar con una *tarjeta de crédito*.	credit card
Favor de *firmar el contrato* aquí.	sign the contract

1. Complete.
1. No quiero hacer el viaje en tren. Prefiero _____ un carro.
2. Ud. puede alquilar el carro por _____ o _____ _____.
3. _____ cien pesos _____ día o seiscientos pesos _____ semana.
4. A veces el _____ no está incluído.
5. Luego hay que pagar por _____ también.
6. En algunos países es necesario tener _____ _____ _____ _____ internacional para alquilar un carro.
7. Como es posible tener un accidente, es una buena idea tener _____ _____ al alquilar un carro.

2. Complete.

— Quisiera _____ un carro, por favor.
$\qquad$ 1

— ¿Quiere Ud. un _____ grande o pequeño?
$\qquad$ 2

— _____ por favor.
$\qquad$ 3

— ¿Por cuánto tiempo lo quiere Ud.?

— ¿Cuánto   cobran   Uds.   _____ _____
$\qquad$ 4

y _____ _____?
$\qquad$ 5

---

[1] **Coche** is used in Spain, **carro** throughout Latin America.

[2] **Permiso de conducir** is more common in Spain and **licencia** in Latin America. Other terms you will hear are **el título, el carnet,** and **la libreta.**

— Por día, cien pesos. Por _____, seiscientos pesos. Y el _____ no

6
está incluído en el precio.

— Luego, ¿cuánto más _____ Uds. por kilómetro?

8

— Cinco pesos y la gasolina está _____.

9

— Muy bien. Quiero el carro por una semana.

— Y yo le recomiendo tomar el _____ si por acaso tiene un accidente.

10

— Sí, ¡como no!

— Me permite ver su _____ _____ _____, por favor.

11

— Aquí lo tiene Ud. Y perdón, ¿tengo que pagar un _____?

12

— Si Ud. va a pagar con una tarjeta de _____, no. Pero si Ud. no va a pagar

13
con una tarjeta de crédito, luego sí, hay que pagar un depósito.

— Pues, yo voy a pagar con una _____ _____ _____.

14

— Muy bien. Aquí tiene Ud. su permiso de conducir. Favor de _____ el con-

15
trato aquí.

CHECKING OUT THE CAR (Figs. 5-1 and 5-2)

Yo sé *frenar*.	to brake
embragar.	to clutch
parar el carro.	to stop
poner el carro en marcha.	to start the car
arrancar el carro.	to start the car
¿Cómo puedo *hacer funcionar los intermitentes*?	make the directionals work
¿Cómo puedo hacer funcionar *las luces de cruce (bajas)*?	low beams
las luces (los faros)?	headlights
las luces de carretera (altas, intensas)?	high beams
¿Cómo puedo hacer funcionar los *limpiaparabrisas*?	windshield wipers
Favor de mostrarme cómo *cambiar de velocidad*.	to shift gears
¿Cómo puedo ponerlo *en primera velocidad*?	in first gear
en punto muerto (neutro)?	neutral
en marcha atrás [reverso(a), retro]?[5]	reverse
¿Hay un mapa en la *guantera*?	glove compartment
¿Hay un *gato*?[6]	jack
¿Está en el *baúl (la maleta, la maletera, la cajuela)*?	trunk

---

[3] **Cajuelita** is used in Mexico. Another term is **la secreta.**

[4] You will sometimes hear pito in the expression **dar pitos.**

[5] The gender can vary. You will also hear **en reverso.**

[6] The gender will sometimes vary. You will also hear **la gata.**

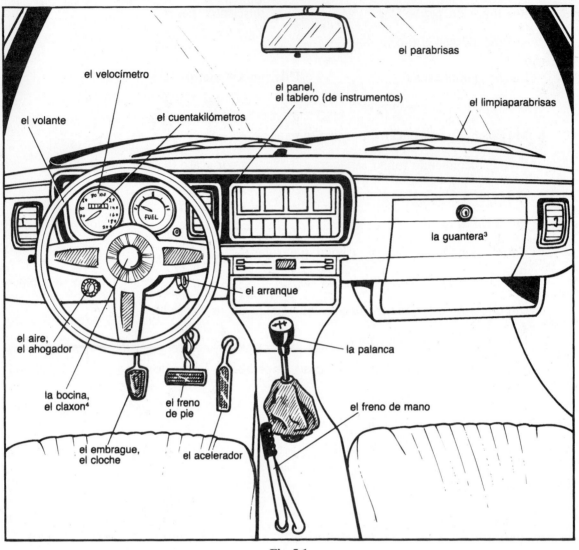

el parabrisas

el velocímetro

el panel,
el tablero (de instrumentos)

el limpiaparabrisas

el volante

el cuentakilómetros

la guantera³

el arranque

la palanca

el aire,
el ahogador

la bocina,
el claxon⁴

el freno
de pie

el freno de mano

el embrague,
el cloche

el acelerador

Fig. 5-1

¿Hay también un *neumático* (*una llanta, goma*)⁷ *de*   spare tire
repuesto?

Favor de notar que *falta un tapón* (*un tapacubo*).   a hubcap is missing

3. Choose the appropriate word(s).
1. Tengo que poner el pie en _____ antes de cambiar de velocidad. (*a*) el
   freno (*b*) el embrague (*c*) el acelerador
2. Para parar el carro es necesario _____. (*a*) frenar (*b*) arrancar (*c*) embragar
3. Antes de dar una vuelta, tengo que poner _____. (*a*) el tablero (*b*) los intermitentes (*c*) la bocina
4. De noche, tengo que poner _____. (*a*) las luces (*b*) los intermitentes (*c*) los
   limpiaparabrisas

---

⁷ The word for "tire" can vary greatly. **Neumático** is more common in Spain. **Llanta** is more common in Latin
America. **Goma** is also frequently used. You will less frequently hear **la cublerta** and **el caucho.**

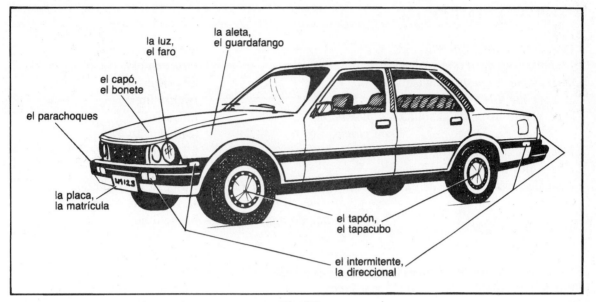

Fig. 5-2

5. Hay alguien en la carretera. Tengo que tocar (sonar) _____. (*a*) la guantera (*b*) el velocímetro (*c*) la bocina

6. Antes de poner el carro en marcha, tengo que poner la llave en _____. (*a*) el arranque (*b*) el ahogador (*c*) el volante

7. No puedo ver nada porque _____ está sucio. (*a*) el guardafango (*b*) el parabrisas (*c*) el parachoques

8. _____ indica cuantos kilómetros hemos recorrido. (*a*) el volante (*b*) el cuentakilómetros (*c*) el tablero

9. Al aparcar (parquear, estacionar) el carro, debo poner _____. (*a*) el freno de pie (*b*) el freno de mano (*c*) el acelerador

10. Cuando viajo de noche en la carretera y hay muy poco tráfico, pongo _____. (*a*) las luces de cruce (*b*) las luces altas (*c*) los intermitentes

4. Complete.
1. Tengo que saber cómo poner el carro en primera velocidad o en reversa. Tengo que saber cómo _____ _____ _____.
2. Cuando voy a dar una vuelta debo poner los _____.
3. No conozco esta ciudad. Espero que haya un mapa (un plano) en la _____.
4. La llanta de repuesto está en _____.
5. Cuando _____ no funciona apropiadamente, el carro hace mucho ruido.

5. Put the following actions in starting a car in the proper order. Omit any item that does not belong.
frenar
arrancar el motor poniendo el pie en el acelerador
embragar
tocar (sonar) la bocina
poner la llave en el arranque
poner los intermitentes
poner el carro en primera velocidad

AT THE GAS STATION[8]

El carro necesita *gasolina*.	gas
El *tanque* (*depósito*) está casi *vacío*.	tank; empty
Déme *cincuenta pesos* de gasolina.	fifty pesos worth
veinte litros de gasolina.	twenty liters
Déme veinte litros de gasolina *sin plomo*.[9]	unleaded
con plomo.	leaded
Llene el tanque (*depósito*), por favor.	fill the tank
Llénelo, por favor.	fill it up
Favor de *revisar* (*chequear, comprobar*) *el agua en el radiador*.	water in the radiator
el agua en la batería.	water in the battery
el líquido de frenos.	brake fluid
el aceite.	oil
las bujías.	spark plugs
Favor de mirar los *neumáticos* (*las llantas, las gomas*).	tires
¿Puede Ud. *cambiar esta rueda*,[10] por favor?	change this tire
Favor de *limpiar el parabrisas*.	clean the windshield
Puede darle *un engrase* (*una lubricación*)?	grease job
una afinación?	tune-up

6. Complete.
1. El carro necesita gasolina. El _____ está casi vacío. Tengo que ir a la
   _____.
2. No voy a _____ el tanque. Quiero solamente veinte _____ de
   gasolina.
3. Favor de revisar el agua en el _____ y en la _____.
4. También tiene que chequear el aire en _____.
5. Tengo que limpiar el _____. Está muy sucio y no puedo ver nada.
6. Después de unos doscientos kilómetros, es una buena idea revisar el _____
   y también el líquido de _____.
7. Si Ud. quiere mantener su carro en buenas condiciones, debe darle de vez en cuando
   un _____ y una _____.

SOME MINOR CAR PROBLEMS

He tenido una *avería* (*una descompostura*).[11]	breakdown
El carro (coche) *se caló* (*paró de repente, murió*).	stalled
El carro *no arranca* (*no prende*).	won't start
El motor se *calienta demasiado*.	is overheating

---

[8] **La estación de servicio** is more common in Spain and **la gasolinera** in Latin America.

[9] **Gasolina** is universally understood, but you will also encounter **nafta** and **bencina.**

[10] See note 7. **Rueda** is most frequently used in the context of "to change a tire." **Rueda** literally means "wheel."

[11] **Una avería** is more common in Spain. **Descompostura** is used in Mexico. You will also hear **una pana** or **un pane.**

Está *golpeando.*	knocking
fallando.	missing
vibrando.	vibrating
Está *goteando aceite.*	leaking, dripping
Hace mucho ruido cuando *pongo los frenos.*	put on the brakes
Tengo un *pinchazo (una llanta baja).*[12]	flat tire
¿Puede Ud. mandar una *grúa*?	tow truck
Necesito una grúa para *remolcar* el carro.	to tow
¿Puede Ud. *hacer las reparaciones*?	make the repairs
¿Puede Ud. *repararlo* en seguida?	repair
¿Puede Ud. conseguir los *repuestos*[13] en seguida?	spare parts

7. Say in another way.
1. El carro no *se pone en marcha.*
2. Tuve *un pinchazo.*
3. El carro se *paró de repente.*
4. Tuvimos *una descompostura.*
5. *Está muy ruidoso* cuando pongo los frenos.
6. El motor *se pone muy caliente.*

8. Complete.

El otro día estuvimos en la carretera y tuvimos una _____. El carro se

_____ y no lo pude _____ de nuevo. Tuve que mandar por una
    2   3

_____ para _____ el carro a la gasolinera.
    4   5

9. Complete.
1. Cuando un coche está _____ o _____, hace ruido.
2. Mucha agua está _____ del radiador y creo que el motor va a calentar _____.
3. Como no puedo arrancar el carro, tendré que mandar por una _____.
4. Si necesito algunos _____, espero que los puedan conseguir en seguida en el garaje.
5. El mecánico me dice que puede _____ el carro en seguida.

Key Words

el aceite	oil	*el arranque*	starter
el acelerador	accelerator, gas pedal	*la avería*	breakdown
la afinación	tune-up	*la batería*	battery
el aire	air, choke	*el baúl*	trunk
la aleta	fender	*la bocina*	horn
alquilar	to rent	*el bonete*	hood of a car
arrancar	to start	*la bujía*	spark plug

---

[12] Just as the word for "tire" varies, so does the expression for "flat tire." Some terms you may encounter are **neumático desinflado, llanta reventada** (more for a blowout), **goma ponchada,** and **ponchadura.**

[13] You will also hear **refacciones** and **piezas de recambio.**

la cajuela   trunk of a car
la cajuelita   glove compartment
calarse   to stall
calentar(se)   to heat
calentarse demasiado   to overheat
cambiar   to change
cambiar de velocidad   to change gears, to shift
el capó   hood of a car
el carro   car
el claxon   horn
el cloche   clutch
cobrar   to charge
el coche   car
comprobar(ue)   to check
con plomo   leaded
el contrato   contract
el cuentakilómetros   odometer (reading in kilometers)
chequear   to check
el depósito   deposit, gas tank
de repuesto   spare
la descompostura   breakdown
embragar   to clutch
el embrague   clutch
el engrase   grease job
en retro   in reverse
en reversa(o)   in reverse
el faro   headlight
la estación de servicio   gas station, service station
fallando   missing
firmar   to sign
frenar   to brake
el freno de mano   hand brake
el freno de pie   foot brake
la gasolina   gas
la gasolinera   gas station
golpeando   knocking
la goma   tire
goteando   leaking, dripping
la guantera   glove compartment
el guardafango   fender
la grúa   tow truck
el intermitente   directional signal
el kilometraje   mileage (in kilometers)
la licencia   driver's license
el limpiaparabrisas   windshield wiper
el líquido de frenos   brake fluid

la lubricación   grease job, lube
las luces altas   high beams
las luces bajas   low beams
las luces de carretera   high beams
las luces de cruce   low beams
las luces intensas   high beams
la luz   headlight
la llanta   tire
llenar   to fill
la maleta   trunk
la maletera   trunk
marcha atrás   reverse
la matrícula   license plate
morir (ue, u)   to stall, to die
el neumático   tire
neutro   neutral
la palanca   gear shift
el parabrisas   windshield
el parachoques   bumper
parar   to stop
el permiso de conducir   driver's license
el pinchazo   flat tire
la placa   license plate
poner en marcha   to start
por día   by the day
por semana   by the week
prender   to start
la primera velocidad   first gear
el punto muerto   neutral
el radiador   radiator
remolcar   to tow
las reparaciones   repairs
reparar   to repair
los repuestos   spare parts
revisar   to check
la rueda   tire, wheel
la secreta   glove compartment
el seguro completo   full coverage insurance
el seguro contra todo riesgo   full coverage insurance
el silenciador   muffler
sin plomo   unleaded (gasoline)
sonar(ue) la bocina   to sound, to blow the horn
el tablero (de instrumentos)   dashboard
el tanque   tank
el tapacubo   hubcap
el tapón   hubcap

la tarjeta de crédito   credit card
la transmisión automática   automatic
                                transmission
vacío   empty

la velocidad   speed, gear
el velocímetro   speedometer
vibrando   vibrating
el volante   steering wheel

Chapter 6: Asking for directions
Capítulo 6: Pidiendo direcciones

ASKING DIRECTIONS WHILE ON FOOT (Fig. 6-1)

No tengo *un plano de la ciudad*	city map
Perdón, señora. Estoy *perdido(a)*. ¿Dónde está *la calle* diez de mayo?	lost; street
¿La calle diez de mayo y (con)[1] qué otra calle?	
La calle diez de mayo y (con) *la avenida* del General Garza.	avenue
¿Está *lejos* o *cerca?*	far; near
¿Puedo *ir (andar) a pie (caminar)?*[2]	walk
Ud. tiene que *dar una vuelta.*[3]	turn around
Doble Ud. a la derecha.	turn; to the right
a la izquierda.	to the left
Siga Ud. *derecho (recto) (derecho derecho).*	straight (straight ahead)
Está a[4] tres *cuadras (manzanas)*[5] de aquí.	blocks
Tres cuadras *más allá.*	farther on

1. Complete.

— Perdón, señora. No sé dónde estoy. Estoy _____.

                                  1

— Yo le puedo ayudar. ¿Qué _____ está buscando Ud.?

                                         2

— La calle diez de mayo.

— ¡Ay! La calle diez de mayo es muy larga. Recorre[6] casi toda la ciudad. ¿Sabe Ud. el

número que quiere?

— No, no lo sé. Quiero ir a la calle diez de mayo _____ la avenida del General

                                                      3

Garza.

— Sí yo sé donde está.

— ¿Está muy _____?

                    4

---

[1] Note the use of the preposition **con.**

[2] The verb "to walk" in Spain is either **ir a pie, andar,** or **andar a pie.** The verb **caminar** is more frequently used in Latin America.

[3] Although there are some exceptions, **dar una vuelta** usually means "to turn (completely) around," whereas **doblar** means simply "to turn."

[4] Note the use of the preposition **a.**

[5] The word **cuadra** is the one most commonly used throughout Latin America. **Manzana** is used mainly in Spain and also in Mexico. The word **bloque** is also coming into use.

[6] Note that the verb **recorrer** is used to express the idea "to run through."

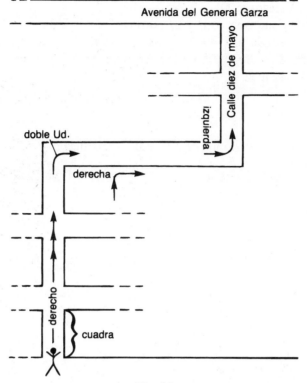

Fig. 6-1

— No, no está muy _____. Está bastante _____. Ud. puede
　　　　　　　　　　　　5　　　　　　　　　　　　　　　　6

_____. Pero está en la dirección opuesta. Ud. tiene que dar
　　　7

_____ _____. Luego siga Ud. _____. A tres cuadras de
　　　　8　　　　　　　　　　　　　　　　　　　　　9

aquí,[7] _____ Ud. a la derecha. Siga Ud. una _____ más. La
　　　　　　10　　　　　　　　　　　　　　　　　　　　　　11

primera calle es la diez de mayo. Luego doble Ud., no a la derecha sino a la

_____. Siga Ud. dos cuadras más y estará en la diez de mayo
　　12

_____ la avenida del General Garza.
　　13

— Muchas gracias, señora. ¿Me permite repetir? Yo sigo _____. A tres
　　　　　　　　　　　　　　　　　　　　　　　　　　14

_____ yo doblo a _____ _____. Sigo una
　　15　　　　　　　　　　　　　　　　　　16

_____ más. Luego yo doblo _____ _____
　　17　　　　　　　　　　　　　　　　　　　　　　　　　　　18

_____. A dos cuadras _____ está la avenida del General Garza.
　　　　　　　　　　　　　　　19

— Exacto, señor.

_____

[7] The word **bocacalle** is frequently used in Spain for intersection. The chances are that a person in Spain, rather than saying **a tres cuadras de aquí,** would say **en la tercera bocacalle.**

— ¿Dónde está la calle Velázquez?

— Está muy lejos. Ud. tiene que tomar *el autobús.*[8] *La*   bus
parada del autobús está en la próxima *esquina.* Ud. tiene   bus stop; corner
que tomar el número diez. *Baje Ud.* en la sexta parada   get off
y estará en la calle Velázquez.

2. Complete.
    — Perdón, señor. ¿Sabe Ud. dónde está la calle Velázquez?

    — Ay, sí, señor. Pero está bastante _____. Ud. no puede _____. Ud.
                                                1   2

      tendrá que tomar el _____.
                              3

    — ¿Dónde puedo tomar el autobús?

    — La _____ _____ _____ está en la próxima
                             4

      _____. Hay dos autobuses que salen de la misma _____. Ud. tiene
            5   6

      que _____ el número diez. _____ Ud. en la sexta parada y estará
              7   8

      en la calle Velázquez.

    — Muy agradecido, señor.

    — A sus órdenes.

ASKING FOR DIRECTIONS WHILE IN A CAR (Fig. 6-2)

¿Cómo *se va* de aquí al pueblo de Aravaca?   does one go (get to)
Aravaca está en *las afueras.*   outskirts
Tiene que tomar la *carretera de*[9] Valencia.   highway to
Es la nacional número dos.
O Ud. puede tomar *la autopista.*[10]   turnpike
¿Cómo voy a la autopista?

---

[8] There is no one way to say "bus" in Spanish. In Spain a bus is almost always **un autobús.** In many Latin American countries, however, **autobús** refers to a long-distance bus that is usually fancier and more comfortable than a regular bus. Such a bus in Spain is usually referred to as **un autocar.** A regular bus in Mexico is **un camión,** the word for "truck" in most other areas. In the Canaries and in the Spanish-speaking islands of the Caribbean a bus is **una guagua.** In Colombia the shortened version **el bus** is commonly used. In Peru and Uruguay people tend to say **el ómnibus.** In Guatemala the word **camioneta** is used. In many countries there are small municipal buses, and they are called **micros.** In Argentina municipal buses are usually referred to as **colectivos.** This word in most countries is used for a taxi that is inexpensive and can be shared by many people. This is not the end of the story concerning the word "bus," but it is probably better not to go on ad nauseam. Do not despair, however. If you say **autobús** or merely **bus,** you will be understood.

[9] Note the use of the preposition **de,** not **a.**

[10] You will sometimes hear **autovía,** but **autopista** is far more common.

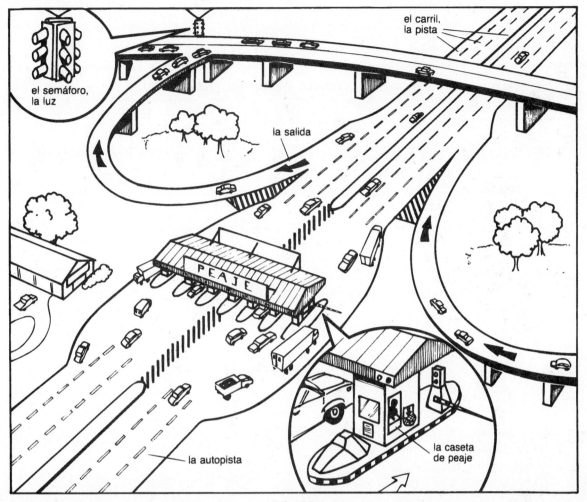

Fig. 6-2

Vaya Ud. al segundo *semáforo*.	traffic light
Al segundo semáforo, *vire* (*doble*) *Ud.* a la izquierda y *siga derecho*.	turn; continue straight
No es una calle *de dirección única* (*de sentido único*).[11]	one-way
Después de pagar *el peaje* (*la cuota*),[12] *quédese* en *el carril* (*la banda, la pista*)[13] *derecho(a)*.	toll; stay lane
Ud. va a salir de la autopista en la segunda *salida* después de pasar por la *caseta* (*garita, cabina*) *de peaje*.	exit tollbooth
Hay mucho(a) *tráfico* (*tránsito, circulación*).[14]	traffic
En *la hora de mayor afluencia* hay *embotellamientos*.	rush hour; traffic jams

---

[11] **De dirección única** and **de sentido único** are equally common in usage, and both would be understood almost anywhere. There are, however, other expressions such as **una mano** in Argentina and **una vía** in parts of Colombia and Ecuador.

[12] The word **peaje** is more common, but in certain areas you will hear **cuota**.

[13] The word for "lane" will vary from area to area. However, the word **carril** will almost always be understood. In Spain you will sometimes hear **banda,** or **pista**. **Vía** is sometimes used in Colombia, **canal** in Venezuela, and **trocha** in Argentina.

[14] Each of these three words is equally common.

3. Complete.
1. Aravaca está en las _____ de la ciudad.
2. Para ir a Aravaca, Ud. puede tomar la _____ _____ _____.
3. Hay un montón de carros, camiones, y autobuses. Hay mucho _____ en la carretera.
4. Todos salen de su trabajo a la misma hora. Es la _____ _____ _____ _____.
5. Yo creo que será más rápido tomar la _____ que la carretera nacional.
6. En la autopista, es necesario pagar un _____.
7. Se paga el _____ en la _____ _____ _____.
8. En la autopista hay tres _____ en cada dirección.
9. Tengo que quedarme en _____ _____ _____ porque vamos a salir de la autopista en la próxima _____.
10. No podemos entrar en la calle. Es una calle de _____ _____.
11. ¿No ves el _____? Hay una luz roja y tenemos que parar.
12. En las horas de mayor afluencia hay muchos _____ en las carreteras.

4. Identify each item in Fig. 6-3.

5. Give other words for:
1. la autopista
2. el peaje
3. el tráfico
4. de sentido único
5. la caseta de peaje
6. la pista
7. andar
8. la cuadra

6. Match.

A	B
1. lo que uno tiene que pagar para usar la autopista	(a) el semáforo
2. una luz que indica si los carros tienen que parar o pueden seguir	(b) la caseta de peaje
3. una calle donde los carros no pueden ir en ambas direcciones	(c) en las afueras
4. donde se encuentran dos calles	(d) el peaje
5. donde hay que pagar en una autopista	(e) la hora de mayor afluencia
6. el período de tiempo cuando hay mucho tráfico	(f) una calle de sentido único
7. no en la ciudad, pero tampoco muy lejos	(g) la esquina
8. no vire ni a la derecha ni a la izquierda	(h) siga derecho

7. Complete.
1. Quiero ir a la calle de la Independencia _____ la calle Mayor.
2. La calle del General Garza está _____ tres cuadras de aquí.
3. El pueblo de Aravaca está _____ tres kilómetros de aquí.
4. Ud. tiene que tomar la carretera _____ Valencia.
5. El pueblo de Aravaca está en la carretera _____ Valencia.

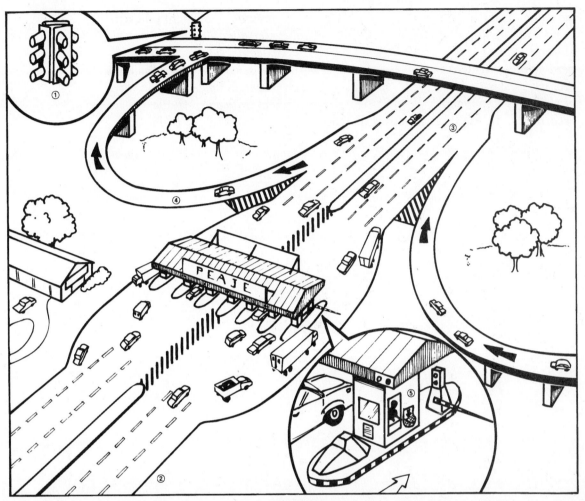

Fig. 6-3

Key Words

las afueras	outskirts		*derecho*	straight
andar	to walk (Spain)		*la calle*	street
el autobús	bus		*cerca*	near
la autopista	turnpike		*dar una vuelta*	turn around
la avenida	avenue		*la derecha*	right
bajar(se)	to get off		*dirección única*	one-way
la banda	lane		*doblar*	to turn
la cabina de peaje	tollbooth		*el embotellamiento*	traffic jam
caminar	to walk (Latin America)		*la esquina*	corner
la carretera	highway		*la garita de peaje*	tollbooth
el carril	lane		*la hora de mayor afluencia*	rush hour
la caseta de peaje	tollbooth		*ir a pie*	to walk, to go by foot
la circulación	traffic		*la izquierda*	left
la cuadra	block		*lejos*	far
la cuota	toll		*la manzana*	block

más allá	farther on	*recto*	straight (ahead)
la parada	stop	*la salida*	exit
el peaje	toll	*seguir (siga)*	follow
perdido(a)	lost	*el semáforo*	traffic light
la pista	lane	*sentido único*	one way
el plano	(city) map	*el tráfico*	traffic
recorrer	to run through, cover distance	*el tránsito*	traffic

Chapter 7: Making a telephone call
Capítulo 7: Haciendo una llamada telefónica

MAKING A LOCAL CALL (Fig. 7-1)

Quiero hacer una *llamada telefónica*.	telephone call
No sé el *número* (de teléfono).	number
Tengo que consultar *la guía telefónica* (*de teléfonos*).	telephone book, directory
¿Puedo *marcar*[1] directamente?	dial
Para hacer *una llamada urbana* (*local*), Ud. puede marcar directamente.	local call
Muy bien. Voy a *descolgar el auricular*.	pick up the receiver
Luego espero *la señal* (*el tono*).	dial tone
Y luego *marco* el número con *el disco*.	dial; disk (dial)
Está *sonando*.	ringing

1. Complete.

El señor Vargas quiere hacer una _____ telefónica. Quiere llamar a un

<u>1</u>

amigo pero no sabe su _____ de teléfono. Tiene que consultar la

<u>2</u>

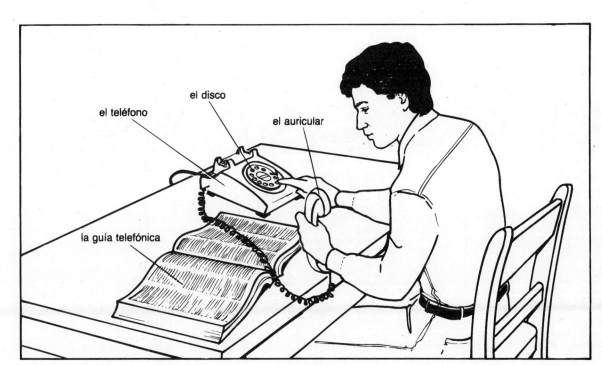

Fig. 7-1

labels: el disco, el teléfono, el auricular, la guía telefónica

---

[1] **Marcar** is the most commonly used verb, but you will sometimes hear **discar. Discar** is becoming rather obsolete because of the disappearance of rotary (**el disco**) phones.

_____. Allí está el número. Es el 222-12-34. Como el amigo está en la misma
^{3}

ciudad, el señor Vargas hace una llamada _____. Como es una
^{4}

_____ _____, él puede _____ directamente. El señor
^{5} ^{6}

Vargas _____ el auricular. Espera _____ y luego marca el número
^{7} ^{8}

con el _____. Tiene suerte. Está sonando.
^{9}

CELLULAR PHONES (Figure 7.2)

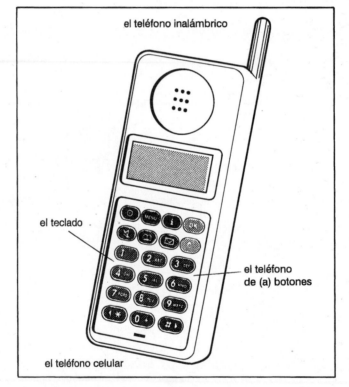

el teléfono inalámbrico

el teclado

el teléfono
de (a) botones

el teléfono celular

Fig. 7-2

2.   Complete.
     1.   Hoy en día se ven muchos teléfonos con _____.
     2.   Los aparatos más modernos tienen _____, no _____.
     3.   Puedes llevar y utilizar un teléfono _____ adondquiera que vayas.
     4.   Un teléfono celular es un teléfono _____.
     5.   Es un teléfono _____ porque no tiene alambre.

MAKING A LONG DISTANCE CALL

Quiero hacer una *llamada de larga distancia.*[2]	long distance call
Para hacer una llamada de larga distancia, no es necesario comunicarse con el (la) operador(a) (telefonista).	
Para hacer una llamada internacional sin la intervención del operador hay que marcar *el prefijo del país.*	country code
Quiero hacer una *llamada de persona a persona.*	person-to-person call
No quiero pagar. Quiero hacer una *llamada con cobro revertido (de cargo reversible).*	collect call
¡Diga![3]	
Quiero hacer una llamada a Valencia.	
¿Puede *ponerme (comunicarme) con*[4] el 214-55-10?	connect me, put me through to
¿Tiene Ud. *la clave de área (el código de área)?*	area code
Sí, señor. Es la (el) 31.	
Un momentito, por favor. *No cuelgue Ud.*	hold on, don't hang up

3. Complete.
   1. No voy a hacer una llamada urbana. Tengo que hacer una llamada _____ _____ _____.
   2. No puedo marcar directamente. Tengo que comunicarme con _____ _____.
   3. Para hacer una llamada de larga distancia, es necesario saber el número y también _____ _____ _____ _____.
   4. No quiero pagar la llamada. Voy a hacer una llamada _____ _____ _____.
   5. Quiero hablar solamente con el señor Molina, nadie más. Voy a hacer una llamada _____ _____ _____ _____.
   6. — Operador, ¿puede _____ _____ el 214-55-10, por favor?

USING A PUBLIC TELEPHONE (Fig. 7-3)

¿Dónde hay un teléfono público?	
¿Dónde hay *una cabina de teléfono?*[5]	telephone booth
Ud. tiene que tener una tarjeta telefónica.	
Si Ud. no tiene el número, tiene que llamar a Información.	

---

[2] A long-distance call in Spain is usually referred to as **una conferencia.**

[3] The expression used to answer a telephone varies from area to area. In Spain it is usually ¡**Diga!** or ¡**Dígame!**; in Mexico it is ¡**Bueno!** In other areas of Latin America you will hear ¡**Hola!** or ¡**Haló!** If you use ¡**Hola!,** you will be understood in all areas.

[4] Note the use of the preposition **con.**

[5] Instead of **cabina** you will sometimes hear **casilla** or **caseta.** Many of the newer public phones, however, are no longer enclosed and they are merely called **un teléfono público.**

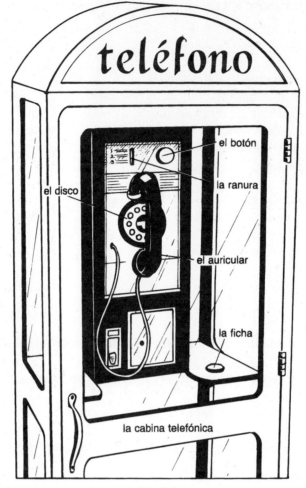

Fig. 7-3

Esto es lo que tiene que hacer:

1. *Descuelgue el auricular.*   pick up the receiver
2. Meta (deposite, introduzca) la tarjeta telefónica[6]
   en la *ranura.*   slot
3. Espere *la señal.*   dial tone
4. *Marque el número.*   dial the number
5. Espere la *contestación* (al interlocutor).   answer, your party
6. Empiece a hablar.

---

[6] In Spain and some of the larger cities of South America, the use of a telephone credit card (**una tarjeta telefónica**) is becoming more and more common. One buys a card that has a specified number of units (**unidades**). The card is inserted into the public phone and the required number of units for the particular call is deducted from the card. **La tarjeta telefónica** can even be used to make international calls. In many cities of Spain there are very few phones left that take a coin (**una moneda**). In the past it was often necessary to purchase a token (**una ficha**) since many phones did not take coins. The **fichas** have almost completely disappeared.

4. Complete.

Pues, amigos. Aquí estoy en una cabina _____ _____. Es la

1

primera vez que hago una _____ telefónica de un _____ público.

2 ___ 3

¿Qué hago? Ay, sí. Aquí tengo mi _____. Pero, ¿dónde meto la tarjeta? Ay, sí,

4

allí hay una _____. Meto la _____ en la _____. Pero,

5 ___ 6 ___ 7

primero tengo que _____ el auricular. Muy bien, _____ el auricular,

8 ___ 9

_____ la tarjeta telefónica en la _____, y espero

10 ___ 11

_____ _____. Allí está. Luego marco el _____ con el

12 ___ 13

_____. Cuando el interlocutor conteste (acuda), empiezo a hablar.

14

SPEAKING ON THE TELEPHONE

¡Hola![7]
¿Está el señor Ruiz,[8] por favor?
¿De parte de quién?[9]   Who's calling?
De parte de la señora Guillén.
Un momentito, por favor.
No, señora. No está.
¿Puedo dejarle *un mensaje (recado)*?[10]   message
Sí, señora, ¡Cómo no!

5. Use the following as a guide to make up your own telephone conversation.
— ¡Hola!

— ¡ _____ ! ¿ _____ _____, por favor?

1 ___ 2

— ¿De _____ _____ _____?

3

— _____ _____ _____ _____.

4

— Un _____, por favor.

5

— No, no _____.

6

— Puedo dejarle un _____, por favor?

7

---

[7] See note 3.

[8] Note that only the verb **está** is used. Because we ask in English whether so and so is **there**, many English speakers want to add an automatic **allí**, which is incorrect.

[9] The expression **¿De parte de quién?** literally means "On the part of whom?" It is the expression that is used to correspond to the English question "Who's calling?" It is used in all Spanish-speaking areas.

[10] **Recado** is more common in Spain and **mensaje** is more common in Latin America.

SOME THINGS THAT MAY GO WRONG

No hay señal.	There's no dial tone.
El teléfono está *estropeado* (*descompuesto, dañado, fuera de servicio*).	broken
	out of service (or order)
Tengo un *número equivocado.*	wrong number
Está comunicando (*la línea está ocupada*).[11]	It's busy.
Hay muchos *parásitos.*	static
Se nos ha cortado la línea.	We were cut off.
Voy a intentar llamar de nuevo más tarde.	I'll try to call back later.
Perdón. Ud. está hablando con la *central.*	switchboard
¿Tiene Ud. *la extensión,*[12] por favor?	extension

6. Complete.
1. No puedo marcar. No hay _____.
2. Creo que el teléfono está _____.
3. Hay una señal de ocupado. Está _____.
4. — No, el señor Montoya no vive aquí.
   — Perdón. Tengo el _____ _____.
5. No contesta nadie. Voy a _____ llamar _____ _____ más tarde.
6. Hay tanto ruido que no puedo oír. Hay muchos _____ en la línea.
7. Estábamos hablando y ahora no hay nadie. Se _____ _____ _____ _____ _____ _____.
8. — ¿La señorita Bosch? Sí, trabaja aquí. Pero, Ud. está hablando con la _____. Tiene Ud. su _____, por favor?

La señora Ramírez va a hacer una llamada de larga distancia. Ella no tiene que consultar la guía telefónica porque ella ya sabe el número de su amiga. Ella tiene también la clave de área. La señora Ramírez tiene que comunicarse con la telefonista porque está llamando de una zona rural. Ella descuelga el auricular, espera la señal, y marca el cero. La telefonista contesta:
— ¡Diga!
— Sí, señora. ¿Puede ponerme con el 771-15-80, por favor? Y la clave de área es 31.
— Un momentito, señora. No cuelgue, por favor . . . . Lo siento, señora. Está comunicando.
— Sí, lo sé. Oigo la señal de ocupado. Gracias, señora. Voy a intentar llamar de nuevo más tarde.
Cinco minutos más tarde, la señora lo intenta de nuevo. Una vez más, descuelga el auricular, espera la señal, marca el cero, y le da al telefonista la clave de área y el número que desea. ¡Qué suerte! Está sonando.
— Lo siento, señora—dice el telefonista.—No contesta nadie.
— Ay. Hace cinco minutos estaba comunicando y ahora no hay nadie.
Una hora más tarde la señora intenta de nuevo. Alguien contesta y la señora empieza a hablar. Ella no lo puede creer. El telefonista le dio un número equivocado. Ella marca otra vez el cero y le explica su problema a la telefonista. La telefonista la comunica (pone) de nuevo

---

[11] It is probably safe to say that **está comunicando** is more frequently used in Spain and **la línea está ocupada** is more common in Latin America. There is, however, no definitive rule for this.

[12] The word **extensión** is universally understood, but you will sometimes hear **interno** or **anexo**.

con el número que quiere. El teléfono suena y alguien contesta. Es su amiga.
— ¡Hola!
— ¡Hola, Teresita!
— Carmen, ¿cómo estás?

Y luego nada. Silencio total y otra vez la señal. Se les ha cortado la línea. Parece que la señora Ramírez no va a hablar nunca con su amiga.

7. Write in Spanish. Mrs. Ramírez had four problems with her phone call. What were they?
  1.
  2.
  3.
  4.

8. Put the following in the proper order for making a phone call.
  1. Descolgar el auricular.
  2. Colgar el auricular.
  3. Marcar el número de teléfono con el disco.
  4. Buscar el número deseado en la guía de teléfonos.
  5. Esperar la señal.
  6. Esperar una contestación.
  7. Tener una conversación.

9. Complete.
  1. No hay señal. El teléfono está _____.
  2. Hay señal de ocupado. _____ _____.
  3. Tengo que darle la extensión. Estoy hablando con la _____.
  4. La persona con quien quiero hablar no está. Puedo dejarle un _____.
  5. La persona con quien quiero hablar no vive allí. Tengo un _____ _____.

10. Answer on the basis of the story.
  1. ¿Qué tipo de llamada va a hacer la señora?
  2. ¿Por qué no tiene que consultar la guía telefónica?
  3. ¿Qué más sabe ella?
  4. ¿Por qué no puede marcar directamente?
  5. ¿Qué descuelga ella?
  6. ¿Qué espera?
  7. ¿Qué número marca?
  8. ¿Quién contesta?
  9. ¿Con qué número quiere comunicarse la señora Ramírez?
  10. ¿Cuál es la clave de área?
  11. ¿Por qué no puede hablar la señora Ramírez con su amiga?
  12. ¿Por qué no puede hablar la segunda vez que llama?
  13. La tercera vez que llama, ¿contesta alguien?
  14. ¿Es su amiga?
  15. ¿Qué le dio el telefonista?
  16. La cuarta vez, ¿contesta su amiga?

17. ¿Hablan las dos amigas?
18. ¿Por qué no pueden terminar la conversación?

Key Words

el auricular   receiver (of a telephone)
la bocina   receiver
el botón   button
la cabina de teléfono (telefónica)   telephone
     booth
celular   cellular
la central   switchboard
la clave de área   area code
el código de área   area code
colgar (ue)   to hang up
comunicar con   to put through, to connect
comunicarse con   to speak with
la conexión   connection
la contestación   answer
cortarle a uno la línea   to cut one off
de (a) botones   pushbutton, touch tone
de nuevo   again
¿de parte de quién?   who's calling?
descolgar (ue)   to pick up (the receiver)
descompuesto   broken
el disco   rotary dial
discar   to dial
está comunicando   the line is busy
estropeado   broken
la extensión   extension
la ficha   token
fuera de servicio   out of order
la guía telefónica   phone book
hacer una llamada   to make a call
inalámbrico   cordless
intentar   to try
el interlocutor   party
la línea   line
llamada con cobro revertido   collect call
   (de cargo reversible)

la llamada de larga distancia   long distance
                                        call
la llamada interurbana   toll call
la llamada internacional   international
                                        call
la llamada de persona a persona   person to
                                        person call
la llamada telefónica   phone call
la llamada urbana (local)   local call
llamar por teléfono   to call on the phone, to
                              telephone
marcar   to dial
el mensaje   message
no cuelgue Ud.   hold on, stay on the line,
                        don't hang up
el número de teléfono   phone number
el número equivocado   wrong number
ocupado   busy
el (la) operadora   operator
los parásitos   static
poner con   to put through to
el prefijo del país   country code
la ranura   slot
el recado   message
la señal   dial tone
la señal de ocupado   busy signal
sonar (ue)   to ring
la tarjeta telefónica   telephone card
el teclado   keyboard
telefonear   to phone
el teléfono   telephone
el (la) telefonista   operator
el tono   dial tone

Chapter 8: Public bathroom
Capítulo 8: El lavatorio público

Trying to find the proper word for a public bathroom in the many Spanish-speaking countries is no easy matter since the proper expression varies greatly from area to area and no hard and fast rules can be given for what word to use where. It may be of some consolation to realize that the same problem exists for the foreigner using English. We may ask: Where's the men's room? Where's the ladies' room? Where's the powder room? Where's the restroom? Where's the lavatory? Where's the comfort station? Where's the loo? (in Great Britain). Where's the john? (among friends).

If you were to look up the word "bathroom" in a bilingual dictionary you would probably find *el baño* or *el cuarto de baño*. However, if you were looking for a public facility and asked, "*¿Dónde está el cuarto de baño?*," you would probably receive a funny reaction. *El cuarto de baño* refers to the bathroom in a private home or in a hotel. Since the term encompasses the word *baño*, it literally means a room that has a bathtub. In many older homes the room that contains the washbasin and the bathtub is separate from the smaller room that has only the toilet. In newer homes and hotels all the facilities are housed in the same room, but *el cuarto de baño* means that a bathtub, or at least a shower, is present. How then does one find the public bathroom when the need arises?

If you do not have to ask, look for a sign on a door. *Caballeros* or *señores* indicates a men's room and *damas* or *señoras* indicates a ladies' room.

The literal word for toilet is *el retrete*, and until rather recently one could safely ask in Spain, "*¿Dónde está el retrete?*" Of late, however, it has come to be considered somewhat vulgar. Some acceptable terms are *¿Dónde está el W.C.?* This will probably be understood mostly in Spain. The little room with the toilet was often referred to as the "water closet" and W.C. (pronounced *doble v c*) is the abbreviation for it. More universally understood expressions would be: *¿Dónde está el lavatorio? ¿Dónde está el excusado? ¿Dónde están los aseos (públicos)? ¿Dónde está el vater?* Women may also ask, *¿Dónde está el tocador (de señoras)?*, which equates to some extent with the English "powder room." For men "*¿Dónde está el urinario?*" is sometimes used. Other expressions that you might encounter are: *¿Dónde está el lavabo? ¿Dónde está el servicio? ¿Dónde está el sanitario?* and *¿Dónde está la toilette?* (sometimes pronounced *tualé*). Good luck!

Chapter 9: At the hotel
Capítulo 9: En el hotel

CHECKING IN (Figs. 9-1 and 9-2)

El señor está en la *recepción*	registration counter
Habla el *huésped:*	guest
Quisiera un *cuarto sencillo (individual).*	I would like; single room
un *cuarto doble.*	double room
una *habitación sencilla.*[1]	single room
una *habitación doble.*	double room
Quisiera un cuarto con *dos camas.*	twin beds
con *una cama de matrimonio.*	double bed

Fig. 9-1

---

[1] **Cuarto** is more commonly used throughout Latin America and **habitación** is used in Spain.

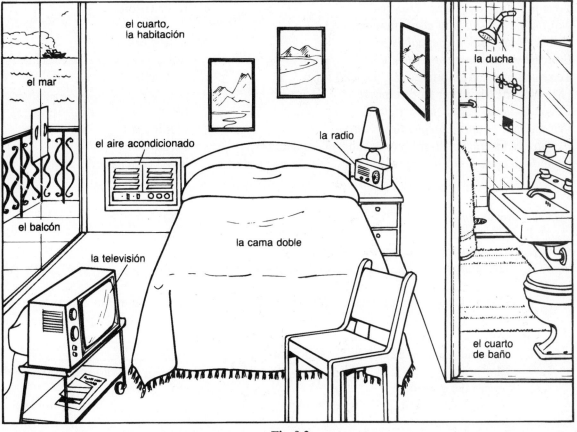

Fig. 9-2

Prefiero un cuarto que *dé al mar*.	faces the sea
al *patio*.	courtyard, patio
a la calle.	street
a la *piscina*.[2]	swimming pool
a las *montañas*.	mountains
¿Tiene el cuarto *aire acondicionado*?	air conditioning
calefacción?	heat
radio?	
balcón?	
televisión?	
un baño particular?	private bath
ducha?	shower
No quiero *pensión completa*.	room and board
¿Cuánto es el cuarto?	
¿Está incluído el servicio?	
el *desayuno*?	breakfast
¿Están incluídos los *impuestos*?	taxes
Estaremos hasta el día _____.	

---

[2] **Piscina** is the more common word for swimming pool. In Mexico, however, the word **alberca** is used. You will sometimes hear **pileta**.

Tenemos una *reservación* (*reserva*).³	reservation
Aquí tiene Ud. nuestra confirmación.	
Habla el *empleado* (*recepcionista*):	desk clerk
El hotel no está *completo* (*lleno*).	full
Tenemos cuartos (habitaciones) *disponibles*.	available
¿Me permite (deja) ver su pasaporte?	
Favor de *llenar esta ficha* (*tarjeta de recepción*).	fill out this registration form
¿Va a pagar con una *tarjeta de crédito*?	credit card
El *botones* (*mozo, maletero*) puede subir las maletas.	bellhop
Cuando salgan, favor de dejar las *llaves* en la *conserjería*.	keys; conciergerie

1. Complete.
   1. Un cuarto _____ es solamente para una persona.
   2. Un cuarto para dos personas es un _____ _____.
   3. Un cuarto _____ puede tener dos _____ o una cama de _____.
   4. Hay más ruido en un cuarto que da a la _____ que en un cuarto que da al _____.
   5. Como el hotel está en la playa, yo quiero un cuarto que dé al _____.
   6. No quiero comer en el hotel. Así no quiero _____ _____.
   7. El _____, el _____, y los _____ están incluídos en el precio del cuarto.
   8. En el verano siempre quiero _____ _____ y en el invierno siempre quiero _____.
   9. Yo sé que cuesta más pero siempre pido un cuarto con _____ _____ particular.
   10. Yo hice una _____ para el cuarto y aquí tengo mi _____.
   11. El _____ trabaja en la recepción.
   12. Si el hotel está _____ no hay cuartos _____.
   13. En la recepción el huésped tiene que llenar una _____. Muchas veces tiene que mostrarle al recepcionista su _____ si está en un país extranjero.
   14. El _____ sube las maletas al cuarto.
   15. Mucha gente prefiere pagar con una _____ _____ _____.

2. Complete.
   En la recepción del hotel
   — Buenos días, señor.

   — Buenos días. ¿Tiene Ud. un _____ para dos personas?
                                    1

   — ¿Tiene Ud. una _____?
                        2

   — No, no hice ninguna.

---

³ **Reservación** is more commonly used throughout Latin America and **reserva** is used in Spain.

— A ver. El hotel está casi _____ pero tenemos tres cuartos dobles
  <u>3</u>

_____ . ¿Prefiere Ud. un cuarto con _____ _____ o con
  <u>4</u>   <u>5</u>

una cama de _____ ?
            <u>6</u>

— Con _____ , por favor. El cuarto, ¿da a la calle o
        <u>7</u>

_____ _____ patio?
  <u>8</u>

— Los únicos cuartos dobles que me quedan _____ _____ la calle.
                                                          <u>9</u>

— Está bien. ¿Cuánto es el _____ ?
                            <u>10</u>

— Mil quinientos pesos al día.

— ¿Está incluído el _____ ?
                      <u>11</u>

— Sí, el _____ y los _____ están incluídos, pero el desayuno no.
          <u>12</u>   <u>13</u>

— Está bien.

— ¿Hasta cuándo van Uds. a estar aquí?

— Estaremos hasta el día _____ . Y perdón, en estos días está haciendo mucho
                          <u>14</u>

calor. ¿Tiene _____ _____ el cuarto?
                <u>15</u>

— Sí, señor. Y tiene un _____ particular.
                          <u>16</u>

— Muy bien.

— Luego, favor de _____ esta ficha y _____ Ud. aquí. ¿Y me
                    <u>17</u>   <u>18</u>

permite ver su _____ ?
                <u>19</u>

— Aquí lo tiene.

— Gracias. El _____ les puede subir las maletas.
                <u>20</u>

— Gracias.

— De nada.

SPEAKING WITH THE MAID (Fig. 9-3)

¡La *camarera*![4]	maid
¡*Adelante!* (¡*Pase Ud.!*)	come in
¿Tiene Ud. *servicio de lavado*?	laundry service
¿Me pueden *lavar* y *planchar* . . . .[5]	wash; iron
Quiero que me *laven en seco*	dry-clean
¿*Para cuándo* lo puedo tener?	by when

---

[4] **La camarera** is the maid who actually cleans the room. The housekeeping manager is **el ama de llaves.**

[5] Refer to Chaps. 13 and 14.

Fig. 9-3

Si Ud. lo quiere hoy, hay que pagar un suplemento.

¿Puede Ud. *limpiar* (*arreglar*) el cuarto (la habitación) ahora?	clean, make up
Necesito una *almohada* más.	pillow
una *manta*[6] más.	blanket
una *toalla* más.	towel
una *toalla de baño*.	bath towel
más *jabón* (*una pastilla de*).[7]	soap (a bar of)
más *perchas* (*ganchos, armadores, colgadores*).	hangers
papel higiénico.	toilet paper
¿Dónde está *el enchufe* para la *máquina de afeitar* (*la rasuradora*)?	outlet; electric razor
la *secadora para el pelo*?	hair dryer
¿Cuál es el *voltaje* aquí?	voltage

3. Complete.

1. Quiero que nos limpien el cuarto. Voy a llamar a la _____.

---

[6] **Una manta** is probably the most common term for a blanket. In many Latin American countries, however, you will hear **frazada** and **cobija.** In Puerto Rico **frisa** is used.

[7] **Pastilla** is commonly used for bar or cake (of soap). This word, however, is not understood in all countries. The word **barra** is also used.

Fig. 9-4

2. Tengo mucha ropa sucia. A ver si tienen servicio de _____.
3. Señora, ¿me pueden _____ y _____ esta camisa?
4. ¿Y me pueden _____ _____ _____ esta falda?
5. No puedo usar mi máquina de afeitar porque no sé dónde está el _____.
6. Anoche tenía frío. Quiero una _____ más en la cama.
7. Una toalla grande es una _____ _____ _____.
8. Quiero tomar una ducha pero no hay _____.
9. Yo siempre tengo mucha ropa. En los hoteles nunca hay bastantes _____ en el armario.
10. Por lo general ponen un rollo de _____ _____ extra en el cuarto de baño.

4. Identify each item in Fig. 9-4.

SOME PROBLEMS YOU MAY HAVE (Fig. 9-5)

El *grifo*[8] *no funciona.*	faucet; doesn't work
La *luz no funciona.*	light

---

[8] In addition to **grifo,** which is the most commonly used word, you will also hear **la llave, el caño,** and **el robinete. La pluma** is used in Puerto Rico and Venezuela.

el interruptor

la bombilla está fundida

el lavabo
está atascado

Fig. 9-5

El *retrete*[9] *no funciona.*	toilet
El *interruptor*[10] *no funciona.*	light switch
La *bombilla* está *fundida.* (*El foco* está *quemado.*)	bulb; burned out
El *lavado* está *atascado.*	basin; clogged
No hay *agua caliente.*	hot water

5. Complete.
   1. He encendido la luz pero no pasa nada. Creo que la _____ está fundida o posiblemente no funciona el _____.
   2. He abierto el _____ pero no sale agua.
   3. El lavabo no se vació (empty). Estará _____.
   4. No puedo ducharme si no hay agua _____.

6. Identify each item in Fig. 9-6.

---

[9] See Chap. 8.

[10] Words used in addition to **el interruptor** are **el apagador, el suiche,** and **la llave. La llave** is basically restricted to Spain.

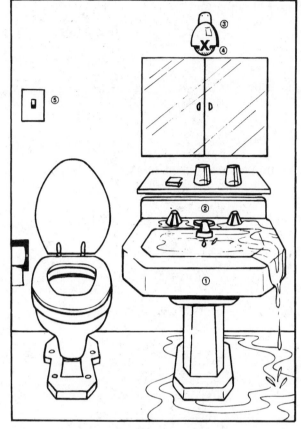

Fig. 9-6

CHECKING OUT

En la *caja*	cashier's office
Habla el huésped:	
¿A qué hora tenemos que *abandonar* el cuarto?	vacate
¿Tiene Ud. la *cuenta* para el (la) 811?	bill
Este cargo (cobro) de servicio de cuartos (de habitaciones) no es mío.	room service charge
¿Acepta Ud. *tarjetas de crédito*?	credit cards
Habla el *cajero*:	cashier
¿Tiene Ud. algunos *cargos (cobros)* esta mañana?	charges
¿Hizo Ud. alguna *llamada telefónica*?	phone call
Aquí tiene Ud. el total.	

7. Complete.
   En la caja del hotel
   — ¿Tiene Ud. la _____ para el cuarto 811, por favor?

1
   — ¿Y cuál es el nombre, por favor? _____

2
   — ¿Tenía Ud. algunos _____ esta mañana?

3

— No, ninguno. Pagué el desayuno.

— ¿Hizo Ud. una _____ telefónica esta mañana?
                              4

— No, señor.

— Muy bien. Aquí tiene Ud. la _____. El _____ es 15.200,00[11]
                                              5   6

pesos.

— Perdón, pero este cargo de _____ _____ _____ no
                                                           7

puede ser mío. Yo no pedí nada en el cuarto.

— ¿Ay! Perdón. Es un cargo del 911. Disculpe, por favor.

— ¿Acepta Ud. _____ _____ _____?
                                              8

— Sí, señor. ¿Qué _____ tiene Ud.?
                              9

8. Complete.

1. Cuando un cliente llega a un hotel, va primero a la _____, donde habla
   con el _____.
2. Por lo general, hay que _____ una ficha y mostrarle el _____ al
   recepcionista.
3. Una persona que va sola a un hotel necesita _____ _____
   _____. Si viajan dos personas juntas necesitan _____
   _____, que puede tener dos _____ o una cama
   _____.
4. En muchos hoteles, el _____ y los _____ están incluídos en el
   precio del cuarto. A veces el _____ está incluído también.
5. Hay más ruido en un cuarto que _____ _____ la calle que en
   un cuarto que _____ al patio.
6. Muchas personas hacen una _____ cuando van a ir a un hotel. Luego
   cuando llegan le muestran su _____ al recepcionista.
7. Si el hotel no tiene cuartos _____, está _____.
8. El _____ ayuda a los huéspedes a subir sus maletas al cuarto.
9. La _____ limpia los cuartos en el hotel.
10. Algunas cosas que deben estar en el cuarto de baño son _____,
    _____, y _____.
11. En el invierno casi todos los hoteles tienen _____ y en el verano muchos
    tienen _____.
12. Cuando un huésped tiene frío mientras duerme, quiere una _____ más
    para poner en la _____.
13. Es necesario tener _____ en el armario para colgar la ropa.
14. Muchos hoteles le ofrecen a su clientela un _____ _____
    _____ para lavar y planchar su ropa.
15. Si los huéspedes quieren tomar algo en sus cuartos tienen que llamar al
    _____ _____.

---

[11] Note that in some Spanish-speaking countries, the use of the decimal point and comma is exactly the reverse of
our system. See the section on numbers in the appendix.

16. En muchos hoteles, el día que van a salir los huéspedes tienen que _____ su cuarto al mediodía.

17. Cuando los huéspedes llegan al hotel, van a la _____ y cuando salen, van a la _____.

18. Hoy día mucha gente prefiere pagar la cuenta del hotel con una _____.

Fig. 9-7

9. Answer on the basis of Fig. 9-7.
   1. ¿Da a la calle el cuarto?
   2. ¿Tiene balcón?
   3. ¿Qué tipo de cama tiene el cuarto?
   4. ¿Qué tipo de cuarto es?
   5. ¿Tiene un cuarto de baño particular?
   6. ¿Qué hay en el cuarto de baño?
   7. ¿Qué tiene el cuarto para los días que hace calor?
   8. ¿Y qué tiene para los días que hace frío?

10. Look at Fig. 9-8 and correct each false statement.
   1. Los señores están en la caja.
   2. Ellos salen del hotel.
   3. Ellos hablan con el botones.
   4. La señora está llenando una ficha.
   5. El recepcionista tiene la llave del cuarto.
   6. El señor tiene una tarjeta de crédito en la mano.

Fig. 9-8

11. Answer on the basis of Fig. 9-9.
1. ¿Qué tipo de cuarto es?
2. ¿Qué hay en la cama?
3. ¿Quién está trabajando en el cuarto?
4. ¿Qué hace ella?
5. ¿Qué hay en el armario?
6. ¿Está el lavabo en el cuarto mismo o en el cuarto de baño?
7. ¿Hay una ducha en el cuarto de baño?
8. ¿Cuántas toallas hay?
9. ¿Cuántos rollos de papel higiénico hay?

Key Words

abandonar	to vacate	*la almohada*	pillow
adelante	come in	*el armador*	hanger
el agua caliente (f)	hot water	*arreglar*	to fix up, to make up
el aire acondicionado	air conditioning	*atascado*	clogged, stopped up
la alberca	swimming pool	*la bombilla*	light bulb

Fig. 9-9

el botones	bellhop	*el cuarto de baño*	bathroom
la caja	cashier's office	*el cuarto doble*	double room
el (la) cajero (a)	cashier	*el cuarto individual*	single room
la calefacción	heat	*el cuarto sencillo*	single room
la calle	street	*la cuenta*	bill
la cama	bed	*dar a*	to face
la cama de matrimonio	double bed	*el despertador*	alarm clock
la camarera	maid	*el desayuno*	breakfast
el cargo	charge	*disponible*	available
la cobija	blanket	*la ducha*	shower
el cobro	charge	*el enchufe*	socket, outlet
el colgador	hanger	*la ficha*	registration form
completo	full	*firmar*	to sign
con dos camas	twin-bedded, with twin beds	*la frazada*	blanket
		la frisa	blanket
la confirmación	confirmation of a reservation	*funcionar*	to work
		fundido	burned out
el conserje	concierge	*el gancho*	hanger
la conserjería	conciergerie	*el grifo*	faucet, tap
el cuarto	room	*la habitación doble*	double room
el cuarto con dos camas	twin-bedded room	*la habitación sencilla*	single room
		el huésped	guest

los impuestos   taxes
el inodoro   toilet
el interruptor   light switch
el jabón   soap
el lavabo   wash basin
lavar   to wash
lavar en seco   to dry-clean
limpiar   to clean
la luz   light
la llamada telefónica   phone call
la llave   key
llenar   to fill out
lleno   full
el maletero   bell hop
la manta   blanket
la máquina de afeitar   electric razor
el mar   sea
la montaña   mountain
el mozo   bellhop
el papel higiénico   toilet paper
particular   private
pase Ud.   come in
la pastilla   bar, (of soap)

la pensión completa   room and board
la percha   hanger
la piscina   swimming pool
planchar   to iron
la recepción   reception desk
el (la) recepcionista   receptionist, clerk at
                          the reception desk
la reserva   reservation
la reservación   reservation
el retrete   toilet
la secadora para el pelo   hair dryer
el servicio   service
el servicio de cuartos
   (habitaciones)   room service
el servicio de lavado   laundry service
el suplemento   additional charge
la tarjeta de crédito   credit card
la tarjeta de recepción   registration card
la toalla   towel
la toalla de baño   bath towel
el total   total
el voltaje   voltage

Chapter 10: At the bank
Capítulo 10: En el banco

EXCHANGING MONEY (Fig. 10-1)

Fig. 10-1

¿Dónde está el *banco*?	bank
¿Dónde hay una *oficina de cambio*?	exchange bureau
Necesito *dinero* español (mexicano).	money
Quiero *cambiar* cien dólares.	exchange
Quiero cambiar cien dólares en pesos.	
¿Tiene Ud. *cheques de viajero* o *dinero en efectivo*?	travelers' checks; cash
¿Cuál es *el cambio* hoy?	rate of exchange
Está a cien pesos el dólar. (Cien pesos al dólar.)[1]	100 pesos to the dollar
¿Qué *comisión cargan (cobran)* Uds.?	commission; charge
Ud. puede pasar a *la caja*.[2]	cashier's window

---

[1] Note the use of **estar a** and the definite article with the currency being exchanged. When no verb is used, the preposition **a** is used with the currency being exchanged.

[2] In many Spanish-speaking countries, a person goes to one window to explain the transaction and must then proceed to the cashier's window to collect.

1. Complete.

El señor Jones está en España y no tiene _____ español. Quiere cambiar
$\quad\quad\quad\quad\quad\quad\quad\quad\quad\quad\quad\quad\quad$ 1

cien dólares _____ pesetas. No quiere cambiar el dinero en el hotel porque en
$\quad\quad\quad\quad\quad$ 1

los hoteles cargan una _____ más alta. Él quiere cambiarlo en el
$\quad\quad\quad\quad\quad\quad\quad\quad\quad\quad\quad\quad$ 3

_____ . Él sabe que el _____ en el banco es mejor que en el hotel.
$\quad\quad$ 4 $\quad\quad\quad\quad\quad\quad\quad\quad\quad$ 5

2. Complete.

— Quiero _____ cien dólares, por favor.
$\quad\quad\quad\quad\quad\quad\quad$ 1

— Sí, señor.

— ¿Cuál es el cambio?

— ¿Tiene Ud. _____ _____ _____ o dinero en efectivo?
$\quad\quad\quad\quad\quad\quad\quad\quad\quad\quad\quad\quad$ 2

— Cheques de viajero.

— Hoy está a cien pesetas _____ dólar.
$\quad\quad\quad\quad\quad\quad\quad\quad\quad\quad\quad\quad$ 3

— Muy bien.

— ¿Tiene Ud. su pasaporte, por favor?

— Sí, señor. Aquí lo tiene.

— Ud. puede pasar a la _____ . Allí le darán su dinero.
$\quad\quad\quad\quad\quad\quad\quad\quad\quad\quad$ 4

MAKING CHANGE

Pagué *la cuenta al contado.*[3]	bill, in cash
No me queda *dinero en efectivo.*	cash
Tengo que *cobrar un cheque.*	to cash a check
Sólo tengo *billetes de gran valor* (*grandes*).	bills of high denomination
¿Puede Ud. *cambiarme*[4] este billete de mil pesos?	change
No tengo *suelto*[5] (*monedas*).	change, coins
¿Puede Ud. cambiarme este billete de cien pesos?	

3. Complete.

La señora Ureña no pagó su cuenta con un cheque. Ella la pagó _____

_____ . Ahora no le queda _____ _____ _____ .
$\quad\quad$ 1 $\quad\quad\quad\quad\quad\quad\quad\quad\quad\quad\quad\quad$ 2

Ella tiene que ir al banco a _____ _____ _____ .
$\quad\quad\quad\quad\quad\quad\quad\quad\quad\quad\quad\quad\quad$ 3

---

[3] **Al contado** refers to payment in cash, but it can also convey the meaning of payment in one lump sum.

[4] In most areas the verb **cambiar** is used. In Mexico you will also hear **feriar**.

[5] **Suelto** means change in coins, as against a bill (bank note). Change received after paying a bill is usually **vuelta**, although its gender will vary. In many countries **vuelto** is used.

4. Complete.

Oye, amigo. No tengo _____ ninguno. ¿Me puedes cambiar este

1

_____ de cien _____?

2   3

5. Complete.
En el banco

— Quiero cambiar un cheque de viajero, por favor.

— Sí, señor. ¿Está en pesos el cheque?

— No, señor. Está en _____.

1

— Pues, no le puedo dar dólares.

— Lo sé. Lo quiero cambiar en pesos. ¿Cuál es el _____?

2

— Cien pesos _____ dólar.

3

— Está bien.

— Muy bien, señor. Ud. puede pasar a la _____.

4

En la _____

5

— Son diez mil pesos. Aquí tiene Ud. diez _____ de mil pesos cada uno.

6

— Perdón, señor. ¿Me puede _____ un _____ de mil pesos? Nece-

7   8

sito algo más pequeño.

— Aquí tiene Ud. diez _____ de cien pesos.

9

— Ay, perdón, otra vez. No tengo _____ ninguno. ¿Me puede cambiar un

10

_____ de cien pesos, por favor?

11

— Aquí tiene. Ud. una _____ de cincuenta pesos y cinco de diez pesos cada una.

12

— Muy agradecido.

A SAVINGS ACCOUNT (Fig. 10-2)

Quiero *abrir una cuenta de ahorros.*	open a savings account
Quiero *hacer un depósito.*	make a deposit
Quiero *depositar (ingresar)* cien dólares.	to deposit
No quiero *sacar (retirar)* dinero de mi cuenta de ahorros.	take out, withdraw
Allí veo el *letrero* «ahorros».	sign
Voy a la *ventanilla.*	window
Le doy mi *libreta* al *cajero.*	bank book (passbook); teller

6. Complete.

A mí me gusta ahorrar dinero. Yo tengo una _____ _____

1

_____ en el banco. Mañana yo voy a _____ cien dólares en mi

2

Fig. 10-2

cuenta. Yo trato de hacer un _____ cada mes. En el banco yo voy a la
                                    3
_____ donde veo el letrero «ahorros». Yo le doy mi _____ al cajero.
        4   5
Como Uds. pueden ver, me gusta _____ dinero pero no me gusta
                                                    6
_____ dinero de mi cuenta de ahorros.
        7

A CHECKING ACCOUNT (Fig. 10-3)

Yo tengo una *cuenta corriente* en el banco.	checking account
Quiero *cobrar* un cheque.	cash
Tengo que *endosar* el cheque antes de cobrarlo.	endorse
Quedan pocos cheques. Necesito otro(a) *talonario* (*chequera*).	
	checkbook
¿Cuál es el *saldo* de mi cuenta?	balance
El banco me manda *un estado bancario*.	a bank statement
Tengo que *conciliar* el saldo.	reconcile
Hoy día muchos bancos tienen *un cajero automático*.	automatic cashier machine

7. Complete.
1. Me quedan doscientos dólares en mi cuenta corriente. Tengo un _____ de doscientos dólares.
2. No tengo más cheques. Necesito otro _____.

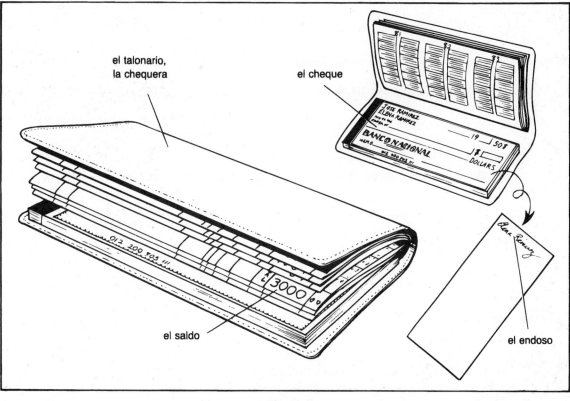

Fig. 10-3

3. ¿Me puede Ud. _____ este cheque? Sí, señor. Pero sólo si Ud. tiene una
_____ _____ en este banco.
4. Si quiero que me cobren el cheque, lo tengo que _____.
5. No quiero pagarlo con dinero en efectivo. Lo voy a pagar con un _____.

GETTING A LOAN

No lo puedo pagar *al contado.*	in cash, all at once
No lo quiero comprar *a plazos.*[6]	in installments
Voy a hacer *un préstamo.*	loan
Voy a hacer *un pago inicial*[7] de quinientos dólares.	down payment
¿Cuál es *la tasa* (*el tipo*) *de interés*?	interest rate
Está a 12 *por ciento.*	percent
Lo quiero comprar *a plazos.*	on time
Tendré que *pagar cuotas.*	installment payments
¿Cuál es *la fecha de vencimiento*?	due date (for payment)
Voy a comprar una casa. Necesito *una hipoteca.*	mortgage
Una hipoteca es un préstamo *a largo plazo*, no *a corto plazo.*	long term; short term

---

[6] **A plazos** is one of the most common ways to express the idea of buying something on time or in installments. Other expressions are **con facilidades de pago** and **a pagar por cuotas.**

[7] **Pago inicial** is a safe word to use for down payment, as it will be understood universally. Other terms one will hear, however, are **el pie** and **el pronto. El anticipo** is also used, but it often expresses a somewhat different idea, namely a down payment in anticipation of a service to be rendered.

8. Complete.

La señorita Meyers quiere comprar un carro. El carro le va a costar ocho mil dólares. La señorita Meyers lo quiere comprar _____ _____ porque no

1
tiene suficiente dinero para pagarlo _____ _____. Ella puede hacer

2
un _____ _____ de mil dólares pero tiene que ir al banco a hacer un

3
_____ para pagar los otros siete mil. Hay dos cosas importantes que ella

4
quiere saber antes de hacer el préstamo. Ella quiere saber cuál es la _____
_____ _____ y cuánto serán los _____ _____.

5   6
El señor le dice también que la _____ _____ _____ de

7
cada pago será el primero del mes.

9. Answer.
1. El señor Vargas va a comprar una casa. Él va al banco. ¿Por qué? ¿Qué necesita?
2. ¿Es una hipoteca un tipo de préstamo?
3. ¿Cuál es la tasa de interés en este momento para las hipotecas?
4. ¿Es una hipoteca un préstamo a largo plazo o a corto plazo?
5. ¿Es posible comprar un carro a plazos?
6. Si uno lo compra a plazos, ¿qué tiene que pagar?
7. ¿Las tiene que pagar mensualmente?
8. ¿Cuál es la fecha de vencimiento de muchas cuotas?

10. From the list, select the appropriate word(s) to complete each item.
(a) endosar
(b) cheques de viajero
(c) talonario
(d) cambio
(e) tasa de interés
(f) cuenta de ahorros
(g) préstamo
(h) pago inicial
(i) pago mensual
(j) fecha de vencimiento
(k) dinero en efectivo
(l) suelto
(m) cheque
(n) por ciento
(o) billete
(p) hipoteca
(q) libreta
(r) a plazos
(s) saldo
(t) al contado
(u) cuenta corriente

1. Ud. va a hacer un viaje y no quiere llevar mucho dinero en efectivo. Ud. va a comprar _____ _____ _____.
2. Ud. no quiere pagar con dinero en efectivo. Ud. prefiere pagar con un _____.
3. Para pagar con un cheque, es necesario tener una _____ _____ en el banco.
4. Si Ud. no tiene _____, tiene que cambiar un billete.
5. Antes de cobrar un cheque, Ud. lo tiene que _____.
6. Antes de cambiar dinero, Ud. debe saber el _____.
7. Si Ud. no tiene bastante dinero para comprar algo que necesita, tiene que hacer un _____ en el banco.
8. Es necesario hacer el pago en la _____ _____ _____.
9. No lo pagué al contado. Lo pagué _____ _____.
10. No puedo pagar con cheque porque no tengo mi _____ conmigo.
11. Para sacar (retirar) o depositar dinero en el banco, hay que darle a la cajera la _____.
12. A mí me gusta ahorrar dinero. Tengo una _____ _____ _____.
13. No sé cuánto me queda en mi cuenta. No sé el _____ que tengo.
14. Un préstamo para comprar una casa es una _____.
15. Aún si me hacen un préstamo, tengo que tener bastante dinero para hacer un _____ _____.

11. Complete each item with an appropriate verb.
1. Necesito dinero mexicano. Voy a _____ un cheque de viajero.
2. Tengo dinero que no necesito. Lo voy a _____ en mi cuenta de ahorros.
3. Quiero _____ un cheque.
4. Antes de cobrarlo, lo tengo que _____.
5. Quiero _____ este billete de cien dólares.
6. Para comprarlo, voy a _____ un préstamo.
7. Yo sé que ellos me van a _____ una comisión.
8. Yo lo voy a _____ a plazos.
9. Primero tengo que _____ un pago inicial.
10. Y luego tengo que _____ pagos mensuales.

12. Complete.
1. El cambio está _____ cincuenta pesos _____ dólar.
2. ¿Cuál es el cambio? Cincuenta pesos _____ dólar.
3. La tasa de interés está _____ 18 _____ ciento.
4. Quiero cambiar dólares _____ pesetas.
5. Él lo pagó _____ contado. Pero yo lo pagué _____ plazos.

Key Words

abrir	to open	*el anticipo*	deposit for a service to be
a corto (largo) *plazo*	short (long) term		rendered
ahorrar	to save	*a plazos*	on time, in installments
al contado	in cash, in one lump sum	*el banco*	bank

el billete   bill, bank note
la caja   cashier counter
el (la) cajero(a)   cashier
el cajero automático   automatic cashier machine
cambiar   to change, exchange, cash
el cambio   exchange, exchange rate
cargar   to charge
el cheque de viajero   travellers' check
la chequera   checkbook
cobrar un cheque   to cash a check
la comisión   commission
conciliar el saldo   to reconcile, to balance
la cuenta   account
la cuenta corriente   checking account
la cuenta de ahorros   savings account
la cuota   time (installment) payment
depositar   to deposit
el dinero   money
el dinero en efectivo   cash
endosar   to endorse
el estado bancario   bank statement
la fecha de vencimiento   due date
la hipoteca   mortgage
ingresar   to deposit (money or funds into an account)

el interés   interest
el letrero   sign
la libreta   passbook, bank book
la moneda   coin
la oficina de cambio   exchange bureau
pagar   to pay
pagar al contado   to pay cash, to pay in one lump sum
pagar a plazos   to pay off, to pay in installments
el pago inicial   down payment
el pago mensual   monthly payment
el pie   down payment
el pronto   down payment
el préstamo   loan
quitar   to take out
retirar   to withdraw
sacar   to take out
el saldo   balance
el suelto   change
el talonario   checkbook
la tasa de interés   interest rate
el tipo de interés   interest rate
la ventanilla   teller's window

Chapter 11:   At the post office
Capítulo 11:   En el correo

SENDING A LETTER (Fig. 11-1)

Fig. 11-1

Quiero *mandar* una *carta*.	send; letter
una *tarjeta postal*.[1]	postcard
No la puedo echar en el *buzón*.	mailbox
No tengo *sellos (estampillas)*.[2]	stamps
Tengo que ir al *correo*.[3]	post office
Voy a la *ventanilla*.	window
¿Cuánto es el *franqueo*?[4]	postage
Por correo aéreo,[5] setenta pesos.	by airmail
Compro dos estampillas de diez pesos y una de cincuenta.	
Hay también una *distribuidora automática*.	stamp machine
La quiero enviar por *correo certificado (recomendado)*.[6]	certified (registered) mail
En el sobre tengo que poner la *dirección del destinatario*.	address of the receiver
Pongo también la *dirección (las señas) del remitente*.	address of the sender
la *zona postal*.	zip code

1. Complete.

Quiero mandar esta carta. Pero no la puedo echar en el _____. Tendré que

ir al _____ por dos razones. No sé cuánto es el _____ y no tengo

_____. Tengo que comprar las (los) _____ en el _____.

(blanks 1–6)

2. Complete.

En la _____ de correos (1)

— Quiero mandar esta carta a Venezuela. ¿Cuánto es el _____, por favor? (2)

— ¿La quiere Ud. enviar por correo regular o por _____ _____? (3)

— Por correo aéreo, por favor.

— _____ _____ _____ a Venezuela, el _____ (4) (5)

será setenta pesos.

— Muy bien. Déme por favor una _____ de veinte pesos y otra estampilla (6)

_____ cincuenta pesos. (7)

— Perdón, ¿quiere Ud. certificar la carta?

— No, no la tengo que mandar por correo _____. Gracias. (8)

---

[1] A postcard can be referred to as **una tarjeta postal, una tarjeta,** or merely **una postal.** A Christmas card used to be called **una tarjeta de Navidad,** but today it is frequently referred to as **un Christmas.**

[2] **Sellos** is more common in Spain and **estampillas** is more common in Latin America.

[3] The post office is frequently called only **el correo,** but you will also hear **la casa de correos** and **la oficina de correos.**

[4] **El franqueo** in Spain and some areas of Latin America merely means "postage." In some Latin American countries, however, **el franqueo** refers more specifically to the actual cancelling of the stamp. In some post offices the client actually puts the envelope in a machine to cancel the stamp **(el franqueo)** before putting the letter in the box.

[5] **Por correo aéreo** is the most common expression, but you will also hear **por vía aérea.**

[6] **Correo certificado** is more common, but you will sometimes hear **correo recomendado.** Be careful not to use the false cognate **registrar,** which more frequently than not means "search" rather than "register."

3. Give another word for:
   1. la tarjeta
   2. mandar
   3. correo certificado
   4. sello
   5. el correo

4. Answer on the basis of Fig. 11-2.
   1. ¿Cuánto cuesta el franqueo para enviar la carta?
   2. ¿Van a enviar la carta por correo regular o por correo aéreo?
   3. ¿Cuál es el nombre del destinatario?
   4. ¿Cuál es su zona postal?
   5. ¿Cuál es el nombre de la remitente?
   6. ¿Cuántas estampillas (cuántos sellos) hay en el sobre de la carta?

Fig. 11-2

SENDING A PACKAGE

Quiero enviar este *paquete*.	package, parcel
¿Cuánto *pesa*?	weigh
No sé. ¿Lo puedo poner en la *balanza* (*báscula*)?	scale
¿Lo quiere Ud. *asegurar*?	insure
¿Es *frágil*?	fragile
¿Quiere Ud. *llenar* una *declaración para la aduana*?	fill out; customs declaration
¿Cuánto tiempo *tardará* en llegar?	will it take
En avión tarda cinco días.	by plane
En barco tarda tres meses.	by boat

5. Complete.
   1. Quiero enviar este _____ a España. Pero no sé cuánto _____. Y no lo puedo pesar porque no tengo _____. Tendré que ir al correo.
   2. Este paquete no vale mucho. Vale menos de diez dólares. No lo voy a _____ antes de enviarlo.
   3. No tengo que _____ _____ _____ para la aduana porque vale menos de diez dólares.
   4. No vale mucho pero es muy _____ porque es de cristal.
   5. Si yo lo envío en _____, tardará solamente cinco días en llegar. Si lo envío en _____, _____ unos tres meses. Pero el franqueo en avión cuesta mucho más que el _____ en barco.

OTHER WORDS YOU MAY NEED

¿Hay *correo*[7] para mí?	mail
Se reparte el correo todos los días menos los domingos.	is delivered
El cartero[8] reparte el correo por la mañana.	letter carrier
¿Tiene Ud. un *apartado postal*?[9]	post office box
¿Dónde puedo comprar un *giro postal*?	money order

6. Complete.

Yo no tengo que ir al _____ por mis cartas. El _____ las trae a la
                              1   2

casa. Él _____ el correo cada mañana a eso de las diez. A ver si tengo
                3

_____ hoy.
       4

Key Words

el apartado postal	post office box	*en barco*	by boat
asegurar	to insure	*enviar*	to send
la balanza	scale	*la estampilla*	stamp
el buzón	mailbox	*frágil*	fragile
la carta	letter	*el giro postal*	money order
el correo	mail, post office	*llenar*	to fill out
correo aéreo	airmail	*mandar*	to send
correo certificado	certified mail	*el paquete*	package, parcel
correo recomendado	certified mail	*pesar*	to weigh
correo regular	regular (surface) mail	*el (la) remitente*	sender
la declaración para la aduana	customs declaration	*repartir*	to deliver
		el sello	stamp
el (la) destinatario(a)	receiver	*las señas*	address
la dirección	address	*tardar*	to take (in the sense of time)
la distribuidora automática	stamp machine	*la tarjeta postal*	postcard
		la ventanilla	window
en avión	by plane	*la zona postal*	postal (zip) code

---

[7] The general word for mail is **correo** when you are receiving or sending mail. **Correspondencia** is used when the reference is to actually working on one's mail as, for example, writing letters.

[8] **El cartero** is also used in the feminine, **la cartera. La cartera** also means "briefcase."

[9] **Apartado postal** is used both in Spain and Latin America. In some areas of Latin America, however, you will hear **casilla postal.**

Chapter 12: At the hairdresser

Capítulo 12: En la peluquería[1]

FOR MEN

Quiero un *corte de pelo*.	haircut
El (la) peluquero(a) me corta el pelo.	barber, hairdresser
¿Un corte *a navaja* o con *tijeras*?	razor, scissors
Sólo necesito un *recorte*.	trim
No me lo corte demasiado.	don't cut it too short
Favor de *recortarme* la *barba*.	trim, beard
el *bigote*.	moustache
las *patillas*.	sideburns
Favor de *subirme* las patillas.	raise
Favor de *afeitarme*.	shave
Favor de cortar un poco más *por detrás*.	in the back
en los lados.	on the sides
arriba.	on the top
en el cuello.	on the neck
Quiero un *champú* también.	shampoo
Quiero que me lave *el pelo (los cabellos)*	hair
No quiero ningún *aceite* ni *laca (spray)*.	oil; hair spray

1. Complete.
    1. Tengo el pelo muy largo. Necesito un _____ de pelo.
    2. No tengo el pelo muy largo. Sólo necesito un _____.
    3. Acabo de lavarme el pelo. No necesito un _____.
    4. Quiero que el peluquero me recorte el _____ y las _____.
    5. Tengo las patillas muy largas. ¿Me las puede _____, por favor?
    6. No me gusta el pelo muy corto. No me lo _____ demasiado, por favor.
    7. El peluquero corta el pelo con una _____ o con _____.
    8. Yo me _____ en casa. No quiero que el peluquero me afeite.

2. Complete this exercise on the basis of Fig. 12-1.
    Favor de cortarme más . . . .
    1.
    2.
    3.
    4.

---

[1] The words **barbería** and **barbero** are also used for barber shop and barber. The use of **peluquería** and **peluquero** for both men's and women's haircutting shops has become extremely common.

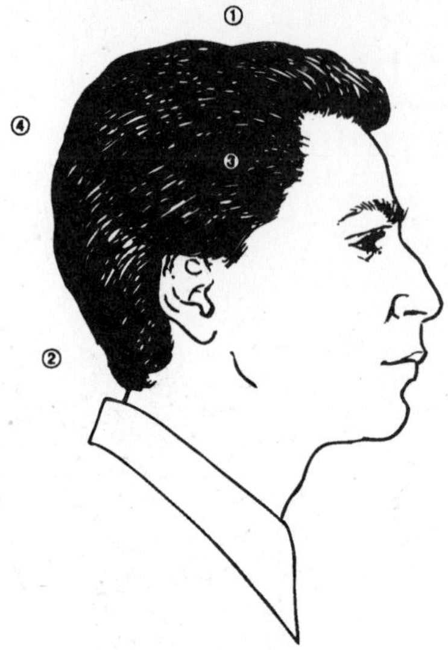

Fig. 12-1

3. Match.

A	B
1. Tengo el pelo muy largo.	(*a*) Sólo necesito un recorte.
2. Quiero que me laven el pelo.	(*b*) Favor de subírmelas.
3. No tengo el pelo muy largo.	(*c*) Necesito un corte de pelo.
4. Tengo las patillas muy largas.	(*d*) Tengo que ir a la peluquería.
5. Necesito un corte de pelo.	(*e*) Necesito un champú.
6. ¿Quiere Ud. un corte a navaja?	(*f*) No, con tijeras, por favor.

FOR WOMEN

Quiero un *corte de pelo*.	haircut
un *lavado y risado*.	wash and set
un *ondulado* (*una ondulación*) *permanente*.	permanent (wave)
un *peinado*.	comb out
un *recorte*.	trim
un *tinte*.	dye job, coloring
un *cortado a navaja*.	razor cut
No quiero *laca*.	hair spray
una *manicura*.	manicure
Quiero una *pedicura*.	pedicure
No quiero *esmalte* en las uñas.	nail polish

4. Complete.

— Buenos días. ¿Quiere Ud. un _____ permanente?
                                        1

— No, gracias, Quiero solamente un _____ y _____.
                                          2   3

— Me parece que tiene el pelo un poco largo. ¿No quiere Ud. un _____?
                                                                    4

— No gracias. Me gusta el pelo así. Y no quiero un _____ tampoco porque me
                                                          5

gusta el color que tengo.

— De acuerdo. ¿Quiere Ud. una manicura?

— Sí, por favor. Pero favor de no poner _____ en las uñas.
₆

TYPES OF HAIR AND STYLES (Fig. 12-2)

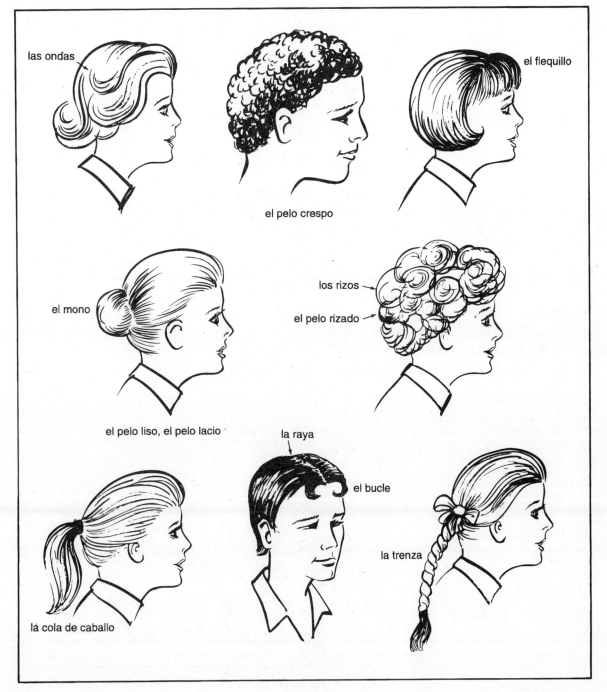

Fig. 12-2

Fig. 12-3

5. Answer.
    1. ¿Tienes el pelo liso, rizado o crespo?
    2. ¿Llevas una raya?
    3. ¿Dónde llevas la raya, a la derecha, a la izquierda o en el medio?

6. Identify the hair style. (Fig. 12-3).
    1.
    2.
    3.
    4.
    5.
    6.

MATERIALS (Fig. 12-4)

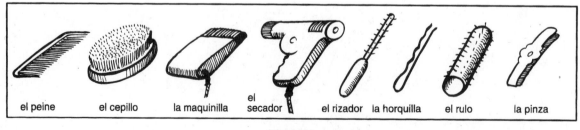

el peine   el cepillo   la maquinilla   el secador   el rizador   la horquilla   el rulo   la pinza

Fig. 12-4

7. Complete.
1. Se peina con un _____ y se cepilla los cabellos con un _____.
2. Se puede secar el pelo con una toalla o con un _____.
3. La señora que tiene el pelo liso pero que quiere tener el pelo rizado tiene que usar un _____.
4. Para tener ondas hay que poner el pelo en _____ a menos que la persona tenga ondas naturales.

Key Words

el aceite   oil
afeitar   to shave
arriba   on the top
la barba   beard
el bigote   moustache
el bucle   spit curl
el cepillo   brush
la cola de caballo   pony tail
cortar   to cut
el corte a navaja   razor cut
el corte de pelo   haircut
crespo   kinky
el cuello   neck
el esmalte   nail polish
el flequillo   bang
la horquilla   bobby pin
la laca   hair spray
lacio   straight
el lado   side
el lavado   wash
liso   straight
la manicura   manicure
el mono   bun
la navaja   razor
la onda   wave
la ondulación permanente   permanent wave

el ondulado permanente   permanent wave
la patilla   sideburn
la pedicura   pedicure
el peinado   comb out, combing
el peine   comb
el pelo   hair
la peluquería   hairdresser's shop
el (la) peluquero(a)   hairdresser
la pinza   hair clip
por detrás   in the back
la raya   part
recortar   to trim
el recorte   trim
rizado   curly
el rizador   curler
los rizos   curls
el rulo   roller
el secador   dryer
subir   to raise
las tijeras   scissors
el tinte,   dye job, coloring
la trenza   braid
la uña   nail

Chapter 13:   At the clothing store
Capítulo 13:   En la tienda de ropa

BUYING SHOES (Fig. 13-1)

Fig. 13-1

¿En qué puedo servirle?	What can I do for you?
Yo quisiera un par de zapatos.	pair of shoes
botas.	boots
sandalias.	sandals
zapatillas.	slippers
zapatos de tenis.	sneakers
¿Cual es su número?	size
¿Qué número calza Ud.?	
Mi número es 39.	
Los quiero de cuero marrón [beige (habano), blanco, negro].	leather
El tacón es demasiado alto.	heel
No me gustan los tacones altos.	high heels
No quiero suelas de goma (caucho).	rubber soles

84

Éstos no me *quedan* bien.	fit
Son demasiado *estrechos.*	narrow
anchos, amplios.	wide
Me hacen daño en los *dedos.*	hurt; toes
Quiero también un par de *cordones* (*pasadores*) y *betún.*	shoelaces; shoe polish

1. Answer on basis of Fig. 13-2.

Fig. 13-2

1. ¿Son zapatos, sandalias, o botas?
2. ¿Tienen suelas de goma los zapatos?
3. ¿Son altos o bajos los tacones?
4. ¿Tienen cordones los zapatos?

2. Complete.
    — ¿En qué puedo servirle, señor?

    — Quisiera un par de _____, por favor.
                            1

    — Muy bien. ¿Cuál es su _____?
                             2

    — Mi _____ es 37.
         3

    — ¿Prefiere Ud. un _____ bajo o un poco más alto?
                        4

    — Bajo, por favor. No me gustan los _____ altos.
                                         5

    — De acuerdo. ¿Y qué _____ quiere Ud.?
                          6

    — Marrón, por favor.

    — ¿Qué tal le gustan éstos?

    — Me gustan pero no me _____ bien. Me hacen daño en los _____.
                            7   8

    Son demasiado _____. ¿Tiene Ud. el mismo zapato pero un poco más
                   9

    _____?
        10

BUYING MEN'S CLOTHING

— ¿ *En qué puedo servirle?*	May I help you?
— Quisiera un *par de blue jeans.*[1]	pair of blue jeans
el *abrigo*	overcoat
el *bañador*	bathing suit
los *calcetines*	socks
los *calzoncillos*	underpants
la *camisa*	shirt
la *camiseta*	undershirt
el *cinturón*	belt
la *corbata*	tie
la *chaqueta*	jacket
el *gabán*	coat
la *gabardina*	raincoat
los *guantes*	gloves
el *impermeable* (*encauchado*)	raincoat
los *pantalones*	pants, slacks
los *pantalones cortos*	short pants
el *pañuelo*	handkerchief
el *saco*[2]	jacket
el *sombrero*	hat
el *suéter*	sweater
el *traje*	suit
el *traje de baño*	bathing suit
Yo quisiera una camisa de *algodón.*	cotton
franela.	flannel
gabardina.	gabardine
seda.	silk
lana.	wool
nilón.	nylon
tela sintética.	synthetic fabric
tela *inarrugable.*	wrinkle-resistant
La quiero con *mangas largas y puños.*	long sleeves; cuffs
Yo quisiera una chaqueta de *pana.*	corduroy
algodón asargado.	denim
cuero.	leather
ante (*gamuza*).	suede
lana.	worsted
estambre.	striped
Me gusta esta camisa *a rayas* (*rayada*).	striped
No me gusta aquélla *a cuadros* (*cuadrada*).	check
Esta corbata a rayas no *hace buen juego con* esta camisa a cuadros.	match, go with

---

[1] Note that the definite article cannot be used with **quisiera.** The indefinite article (un, una) is used.

[2] **Saco** is the more common word for a man's or woman's jacket in most areas of Latin America. **Chaqueta** is used in Spain and understood in Latin America.

¿Cuál es su *talla*?	size
No sé. ¿Me puede *tomar las medidas*?	take my measurements
No me queda bien. Está un poco *apretado*.	tight
¿Prefiere Ud. un pantalón con botones en la *bragueta* o	fly
prefiere Ud. una *cremallera* (un *cierre*)?	zipper?

3. List the items in a complete outfit of clothing for a man.

4. Complete.
   — Sí, señor. ¿En qué _____ _____?
                                    1
   — Quiero una camisa, por favor.

   — ¿La quiere Ud. de algodón?

   — De algodón, no. Prefiero una tela _____.
                                              2
   — Pues, como es el verano Ud. no la querrá de _____ ni de _____.
                                                         3   4
     Yo le sugiero una tela _____.
                                    5
   — Muy bien.

   — ¿Cuál es su _____, por favor?
                        6
   — Mi _____ es cuarenta y uno.
              7
   — ¿Quiere Ud. _____ cortas o largas?
                          8
   — _____ largas, por favor.
         9
   — ¿La quiere Ud. a _____ o a cuadros?
                              10
   — No. No quiero ni _____ ni _____. Quiero solamente una camisa
                              11   12
     blanca o azul porque la voy a llevar con un _____ azul. Quiero comprar
                                                        13
     también una _____ que haga buen _____ con la camisa.
                        14   15

5. Choose the one word that does **not** belong.
   1. Quiero una camisa de _____. (*a*) lana (*b*) algodón (*c*) cuero (*d*) tela sintética
   2. Quiero un pantalón de _____. (*a*) lana (*b*) pana (*c*) gabardina (*d*) seda
   3. Quiero una chaqueta de _____. (*a*) lana (*b*) pana (*c*) franela (*d*) algodón asargado
   4. Quiero guantes de _____. (*a*) cuero (*b*) ante (*c*) lana (*d*) pana

6. Complete.
   1. Esta camisa a rayas no hace muy buen juego con mi saco _____ _____.
   2. Se me rompió la _____ en la bragueta de los pantalones que compré ayer.
   3. No me gusta llevar zapatos sin _____.
   4. Con este pantalón no tengo que llevar _____.
   5. Cuando llueve, tengo que ponerme el _____.

6. Necesito ropa interior. Voy a comprarme seis _____ y seis _____.

7. No sé mi talla. El señor tendrá que tomarme las _____.

8. No me gusta el algodón. Prefiero las telas _____ o una combinación porque no se arrugan tanto.

9. Este saco no me _____ bien.

10. Este saco está muy _____. Necesito una talla más grande.

BUYING WOMEN'S CLOTHING

— ¿*En qué puedo servirle*?	What can I do for you?
— Quisiera una *bufanda*.	scarf
el *abrigo*	coat
la *bata*	dressing gown, beach wrap
la *blusa*	blouse
los *blue jeans*	blue jeans
el *bolso*[3]	pocketbook
las *bragas*[4]	panties
la *combinación*	full slip
las *enaguas*	half-slip
la *faja*	girdle
la *falda*	skirt
los *guantes*	gloves
el *impermeable* (el *encauchado*)	raincoat
las *medias*[5]	stockings
los *panties*[6]	pantyhose
el *pañuelo*	handkerchief
el *sombrero*	hat
el *sostén*	brassiere
el *suéter*	sweater
el *traje de baño*	bathing suit
el *traje pantalón*	pants suit
el *vestido*	suit, dress
Yo quisiera una blusa de *algodón*.	cotton
seda.	silk
nilón.	nylon
tela sintética.	synthetic fabric
tela inarrugable.	wrinkle-resistant fabric
¿La prefiere Ud. con *mangas* largas o cortas?	sleeves
Quiero una blusa *a rayas*.	striped
a cuadros.	check
con lunares (*bolitas*).	with polka dots
sin encaje.	with no lace

---

[3] Usage of gender will vary.

[4] The term **los calzones** is also sometimes used. **Las bragas** can sometimes refer to children's underpants.

[5] In some areas of Latin America **medias** refers to men's socks as well as to stockings. The more common word for socks, however, is **calcetines**.

[6] Also called **media pantalón**.

Quisiera una falda de *pana*.	corduroy
lana.	wool
ante (gamuza).	suede
estambre.	worsted
Prefiero una *combinación* de algodón y otra *tela*.	blend; fabric
Esta blusa *hace buen juego con* la falda.	matches, goes well with
¿Cuál es su *talla*?	size
Mi talla es cuarenta.	
No sé. ¿Me puede *tomar las medidas*?	take my measurements

7. List the items in a complete outfit of clothing for a woman.

8. Answer based on Fig. 13-3.
    1. Es una blusa _____.
    2. Es una camisa _____.
    3. Es una bufanda _____.

Fig. 13-3

9. Complete.
1. Me hace falta ropa interior. Voy a compar unas _____, una _____, y un _____. Pero no me hace falta una _____.
2. No quiero una blusa de algodón porque se arruga demasiado. Prefiero una _____ de algodón y tela sintética.
3. Una blusa a rayas no hace buen _____ con una falda _____.
4. No sé mi talla. Tendrá que tomarme las _____.

10. Choose the appropriate word.
1. Quisiera un bolso de _____. (*a*) cuero (*b*) tela inarrugable
2. No, no quiero una falda. Prefiero _____. (*a*) un traje pantalón (*b*) una bufanda
3. ¿Tiene Ud. _____ de nilón? (*a*) zapatos (*b*) medias
4. Compré un pañuelo de _____. (*a*) cuero (*b*) seda
5. Hace frío. Quiero un _____. (*a*) suéter (*b*) traje de baño

Key Words

a cuadros	check (in design)	*el cierre*	zipper
a rayas	striped	*el cinturón*	belt
el abrigo	overcoat	*la combinación*	slip
el algodón	cotton	*la combinación*	blend (of fabrics)
el algodón asargado	denim	*con lunares*	with polka dots
amplio	wide	*la corbata*	necktie
ancho	wide	*los cordones*	shoelaces
el ante	suede	*la cremallera*	zipper
apretado	tight	*cuadrado*	checked (in design)
el bañador	bathing suit	*el cuero*	leather
la bata	dressing gown, beach wrap	*la chaqueta*	jacket
el betún	shoe polish	*el dedo (del pie)*	toe
los blue jeans	blue jeans	*las enaguas*	half-slip
la blusa	blouse	*el encauchado*	raincoat
la bolita	polka dot	*el estambre*	worsted
el bolso	pocketbook	*estrecho*	narrow
las botas	boots	*la faja*	girdle
el botón	button	*la falda*	skirt
las bragas	panties	*la franela*	flannel
la braguetá	fly	*el gabán*	coat
la bufanda	scarf	*la gabardina*	gabardine
los calcetines	socks	*la gabardina*	raincoat
calzar	to take a shoe size	*la gamuza*	suede
los calzoncillos	underpants	*los gemelos*	cufflinks
los calzones	panties	*la goma*	rubber
la camisa	shirt	*los guantes*	gloves
la camiseta	undershirt	*hacer buen juego con*	to match, go well with
el caucho	rubber	*hacer daño*	to hurt

el impermeable   raincoat
la lana   wool
largo   long
la manga   sleeve
las medias   stockings
la medida   measurement
el nilón   nylon
el número   size (of a shoe)
la pana   corduroy
los pantalones   pants, slacks
los panties   pantyhose
el pañuelo   handkerchief
el par   pair
el pasador   shoelace
el puño   cuff
quedarle bien (a alguien)   to fit (someone)
rayado   striped
el saco   jacket
las sandalias   sandals

la seda   silk
el sombrero   hat
el sostén   brassiere
la suela   sole (of a shoe)
el suéter   sweater
el tacón   heel
la talla   size (of clothing)
la tela inarrugable   wrinkle-resistant fabric (material)
la tela sintética   synthetic fabric
el traje   suit
el traje de baño   bathing suit
el traje pantalón   pants suit
el vestido   dress, woman's suit
las zapatillas   slippers
los zapatos   shoes
los zapatos de tenis   tennis shoes, sneakers

Chapter 14: At the dry cleaner[1]
Capítulo 14: En la tintorería

Tengo mucha *ropa sucia*.	dirty clothes
Voy a la *tintorería*.	dry cleaner's shop
¿Me puede *lavar y planchar* esta camisa?	wash; iron
No quiero *almidón*.	starch
¿Me puede *limpiar en seco* este traje?	dry-clean
¿Cuándo estará *listo(a)*?	ready
La (lo) *necesito* para	need
¿Va a *encogerse* el suéter al lavarlo?	shrink
Hay un *hueco* aquí.	hole
¿Lo puede Ud. *remendar*?	mend
¿Puede *quitar* esta *mancha*?	remove; stain
¿Puede *coser el botón*?	sew on the button
¿Puede *zurcir* esto?	darn
El *forro* está *descosido*.	lining; unstitched
¿Lo puede Ud. *coser*?	sew
El (la) *sastre* no está hoy.	tailor

1. Complete.
1. Este suéter de lana va a _____ si yo lo lavo en agua. Lo tendrán que _____ _____ _____ en la _____.
2. Esta camisa está _____. La tengo que lavar. Y después de lavarla, la tengo que _____.
3. Cuando lavan mis camisas, prefiero que no pongan _____.
4. El _____ de este saco está _____. ¿Me lo pueden _____?
5. Hay un hueco en esta falda. ¿Me lo pueden _____?
6. ¿Me puede _____ este botón?
7. Se me derramó (spilled) algo en la camisa. ¿Puede Ud. quitar la _____?
8. ¿Me puede Ud. _____ estos calcetines?

2. Complete.
En la tintorería
— Buenas tardes. ¿Me puede _____ y _____ esta camisa?
                                      1   2
— Sí, señor. ¡Cómo no! ¿Quiere Ud. _____?
            3
— Sí, un poco, por favor, ¿Y ve Ud. que aquí tengo una mancha? ¿Cree Ud. que me la puede _____?
          4
— ¿Sabe Ud. de qué es?

---

[1] For articles of clothing and fabrics, see Chap. 13.

— Sí, es de café.

— Pues, podemos intentar pero no se lo puedo prometer. _____ una
_____ de café es muy difícil.

<small>5</small>

<small>6</small>

— Sí, lo sé. ¿Y me puede lavar este suéter?

— Lavarlo, no, señor. Es de lana. Al lavarlo, el suéter va a _____. Lo tendremos
que _____ _____ _____.

<small>7</small>

<small>8</small>

— Muy bien. ¿Lo puedo tener para mañana?

— La camisa, sí. Pero el suéter, no. Para la limpieza en seco necesitamos dos días.

— Está bien.

Key Words

el almidón	starch	*la mancha*	stain, spot
coser	to sew	*planchar*	to iron
descosido	unstitched	*quitar*	to remove, get out
encogerse	to shrink	*remendar (ie)*	to mend
el forro	lining	*la ropa*	clothing, clothes
el hueco	hole	*el (la) sastre*	tailor
lavar	to wash	*sucio*	dirty
limpiar en seco	to dry-clean	*la tintorería*	dry cleaner's shop
la limpieza en seco	dry cleaning	*zurcir*	to darn
listo	ready		

Chapter 15: At the restaurant[1]
Capítulo 15: En el restaurante

GETTING SETTLED (Fig. 15-1)

el rincón

la ventana

el mesero

el aperitivo

el menú

la bandeja

Fig. 15-1

Éste es un restaurante[2] *de lujo.*	luxurious
caro.	expensive
económico.[3]	inexpensive

---

[1] Refer to the appendix (pages 201–203) for a listing of foods you may wish to order.

[2] The word **restaurante** is often pronounced "restorán," but it is never written that way.

[3] **Económico** is the word used in many areas for an unpretentious, relatively inexpensive restaurant. Many such restaurants serve excellent food.

[4] The word **mesero** is used more frequently in Latin America; **camarero** is used more frequently in Spain.

[5] **El menú** is universally understood, although you will see **la carta** and **la minuta.**

Tenemos una *reservación* (*reserva*) a nombre de   reservation
_____.

Hemos reservado una mesa para tres personas.   have reserved
¿Nos puede dar una mesa *en el rincón*?
                        cerca de la ventana?
                        afuera en el patio?

                                                       in the corner
                                                       near the window
                                                       outside on the patio
Aquí viene el *mesero* (*camarero*).[4]   waiter
            la *mesera* (*camarera*).   waitress
¿Desean Uds. algún *aperitivo*?   aperitif
¿Nos puede traer el *menú* (*la carta, la minuta*)?[5] menu

1. Complete.
   1. Yo no he _____ una mesa. Espero que tengan una _____ disponible.
   2. Éste es un restaurante caro. Es un restaurante _____ _____.
   3. Los precios en los restaurantes de _____ son más altos que en los restaurantes _____.
   4. Hace muy buen tiempo esta noche. Yo prefiero sentarme _____ en el patio.

2. Complete.
   En el restaurante
   — Buenas noches, señores. ¿Tienen Uds. una _____?
                                                1
   — Sí, señor. He _____ una _____ para tres personas.
                    2   3
   — ¿Y a qué nombre, por favor?

   — A _____ de _____.
         4   5
   — ¿Prefieren Uds. una mesa aquí en el _____ o prefieren comer
                                          6
   _____ en el _____?
         7   8
   — Aquí está bien.

   — ¿Desean Uds. algún _____?
                         9
   — Sí, creo que vamos a tomar un cóctel.[6]

3. Complete.
   El _____ trabaja en un restaurante. Cuando se sientan los clientes, él
        1
   les pregunta si quieren algún _____. Y luego les trae el _____. Los
                                  2   3
   clientes leen el _____ para decidir lo que van a pedir para comer.
                     4

---

[6] **Cóctel** can mean a cocktail, but it more frequently means a cocktail party.

LOOKING AT THE MENU

Entremeses		Appetizers
Sopas	*Ensaladas*	Soups, Salads
Pescados	*Mariscos*	Fish, Shellfish
Carnes	*Aves*	Meats, Fowl
Legumbres (Verduras)		Vegetables
Frutas y Quesos		Fruits and Cheeses
Postres		Deserts

Yo no tengo mucha hambre.
Voy a tomar solamente una sopa y un *plato*[7] *principal.*　　　main course
Yo tengo mucha hambre.
De primer plato voy a pedir una sopa.　　　as a first course
De segundo plato voy a pedir un pescado.　　　as a second course
¿No tienen Uds. *un menú del día (menú turístico, cubierto,*　　fixed menu
　platos combinados)?[8]
¿Cuál es la *especialidad de la casa*?　　　house specialty
Habla el mesero (camarero):
¿Qué desean como primer plato?
¿Qué les apetece?[9]
Yo les *recomiendo (sugiero)* . . . .　　　recommend (suggest)
¡Buen provecho![10]
Habla el cliente:
¿Tiene Ud. la *lista (carta) de vinos*?　　　wine list

---

[7] The word **plato** can refer to a plate or a course. As in the United States, the fancier restaurants in the Spanish-speaking world serve in courses. In many Latin American countries the main course will be accompanied by vegetables, as in the United States. In Spain, however, the tendency is to eat each dish separately. The vegetables, for example, are quite frequently taken as a separate course.

[8] Most restaurants offer a fixed menu at a fixed price. Several selections are given for each course. The fixed-price menu is almost always less expensive than ordering each course separately. The terms **menú del día, menú turístico, cubierto,** and **platos combinados** are all used for such a fixed menu. Note that the word **cubierto** has several other meanings. In restaurant jargon it can refer to the number of place settings at the table. In the case of establishments that require a cover charge, the term **cubierto** is used to denote this charge. **El cubierto** also means the cutlery needed for each place setting.

[9] **¿Qué les apetece?** is a widely used expression without an exact English equivalent. It is a polite expression that conveys the meaning: What do you think you would find appetizing?

[10] The expression **¡buen provecho!** or **¡buen apetito!** is used frequently. A waiter will often say it as soon as he or she finishes serving the entire table. Also, if one unexpectedly encounters friends or acquaintances who are eating, one may say **¡buen provecho!** to those eating.

Fig. 15-2

4. Answer on the basis of Fig. 15-2.
   1. ¿Es un restaurante de lujo o económico?
   2. ¿Cuántas personas hay a la mesa?
   3. ¿Dónde está la mesa?
   4. ¿Quién les sirve?
   5. ¿Qué tiene el mesero en la bandeja?
   6. ¿Qué tiene el mesero en la mano?

5. Complete.
   1. En muchos restaurantes hay un _____ _____ _____
      que ofrece una comida completa a un precio fijo.
   2. En muchos restaurantes españoles la _____ _____
      _____ _____ es la paella.
   3. En muchas regiones una comida completa consiste en cinco o seis _____.
   4. Cuando no tengo mucha hambre, prefiero tomar solamente un _____.
   5. En algunos países se come la ensalada antes del _____ _____ y
      en otros países se come después.
   6. No sé qué vino voy a pedir. Tengo que ver la _____ _____
      _____.
   7. No sé lo que voy a comer. Posiblemente el mesero me puede _____ algo.

ORDERING MEAT OR FOWL (Fig. 15-3)

Fig. 15-3

¿Cómo le gusta la carne?
A mí me gusta *poco asada* (*casi cruda*).   rare
       un poco roja.   medium rare
       a término medio.   medium
       bien asada (*bien cocida, bien hecha*).   well done
Quiero una *chuleta*[11] *de cordero*.   lamb chop
      una *chuleta de ternera*.   veal cutlet
Quiero un *escalope*.[12]
Yo voy a comer un biftec.[13]

---

[11] The word **chuleta** can mean either chop or cutlet.

[12] An **escalope** is a filet of any type of meat that is either breaded (**empanado**) or dipped in egg (**rebozado**) and then fried. In some countries the word **apanado** rather than **empanado** is used.

[13] The word "steak" can be translated into Spanish in many different ways. **Biftec** and **bistec** are both commonly used. You will also see and hear **filete** and **entrecote**. **Filete** can be a filet of any type of meat or fish. **Entrecote** is used for meat only. The word **lomo** refers to any cut of meat from the loin area. A **lomo de carne de res** is very similar to our sirloin steak. **Solomillo** or **lomo fino** is a very tender cut of beef and is somewhat similar to a tenderloin. In many areas of Latin America the word **churrasco** often refers to a grilled steak.

A mí me gusta la carne *asada.*   roasted
                (*asada*) *al horno.*   baked
                a la parrilla.   broiled, grilled
                estofada (*guisada*).   stewed
                picada.   diced, minced
                en su jugo.   in its juices
                salteada.   sautéed

6. Place an order for meat prepared in the following manners.
    1. Cooked on a grill
    2. Cooked in its natural juices
    3. Baked in the oven
    4. Cooked with liquid over a low heat on top of the stove
    5. Cooked in a roasting pan
    6. Diced into small pieces
    7. Cooked lightly in butter in a frying pan

Fig. 15-4

7. Identify each item in Fig. 15-4.

8. Complete.

La mayoría de la gente prefiere el cerdo _____ _____. Yo creo

1

que la mayoría de la gente prefiere el pollo _____ _____ también.

2

Pero a muchos les gusta el biftec o _____ _____ o

3

_____ _____ _____.

4

ORDERING FISH OR SEAFOOD (SHELLFISH)

Me gusta mucho el pescado *cocido al vapor.*	steamed
escalfado.	poached
hervido.	boiled
(cocido) al horno.	baked
frito.	fried
a la romana.	deep-fried
salteado.	sautéed
a la parrilla (plancha).[14]	broiled, grilled
ahumada.	smoked
Algunos pescados tienen muchas *espinas.*	bones

9. Place an order for fish prepared in the following manners.
1. Boiled
2. Cooked on a rack over boiling water
3. Sautéed in butter
4. Fried in a frying pan
5. Breaded and deep-fried in oil
6. Cooked on a flat iron grill

SOME PROBLEMS YOU MAY HAVE

Nos (me) hace falta *un vaso.*	glass
una taza.	cup
un platillo.	saucer
un cuchillo.	knife
un tenedor.	fork
una cuchara.	soup spoon
una cucharita.	teaspoon
una servilleta.	napkin
un salero.	salt shaker
un pimentero.	pepper shaker
un cubierto.	place setting

---

[14] **A la parrilla, a la plancha,** and **a la brasa** are all used to express "grilled" or "broiled." There is, however, a slight technical difference. **A la parrilla** is used more frequently for meats since it means grilled on a grating. **A la plancha** is more often used for seafood such as shrimp since it means "grilled on a flat surface." **A la brasa** means grilled over coals and is most commonly used for chicken.

Pimienta, por favor.	pepper
Sal,	salt
Agua,	water
Azúcar,	sugar
El *mantel* está *sucio*.	tablecloth; dirty
Esta carne está *demasiado cruda*.	too rare
demasiado hecha (*cocida*).	too well-done
demasiado dura.	too tough
La comida está *fría*.	cold
Esto está muy *salado*.	salty

10. Complete.
1. En la mesa la sal está en un _____ y la pimienta está en un _____. El _____ está en un azucarero.
2. Por lo general un cubierto consiste en una _____, una _____, un _____, y un _____.
3. Hay demasiado sal en la salsa. Está muy _____.
4. No puedo cortar la carne con este cuchillo. Está muy _____ la carne.

11. Identify each item in Fig. 15-5.

Fig. 15-5

GETTING THE CHECK

La *cuenta*, por favor.	check
¿ Está incluído el servicio?	Is the service charge included?
Voy a *dejar una propina.*	leave a tip
¿Acepta Ud. *tarjetas de crédito?*	credit cards
¿Me puede dar un *recibo?*	receipt

12. Complete.

Cuando terminamos con la comida en el restaurante, yo le pedí la _____ al
mesero. Él me la trajo. Yo le pregunté si el servicio estaba _____ . Él me dijo
que sí pero yo decidí dejarle más _____ porque nos dio muy buen servicio.
Desgraciadamente el restaurante no aceptaba _____ _____
_____ . Por eso tuve que pagar con dinero en efectivo y le pedí un
_____ al mesero.

El otro día algunos amigos y yo fuimos a un restaurante. Cuando llegamos, le explicamos
al jefe que teníamos una reservación para cuatro personas. Él nos dio una mesa muy buena en
el rincón. Decidimos no sentarnos en el patio porque hacía un poco fresco. Vino el mesero y
nos preguntó si deseábamos un aperitivo. Todos decidimos que sí, que íbamos a tomar algo.
Mientras tomábamos el aperitivo, el mesero nos trajo el menú. Había un menú turístico pero
no nos apetecía mucho. Cada uno de nosotros pedimos tres platos y cada uno pidió algo
distinto.

Cuando vino el mesero con el primer plato nos dimos cuenta de que faltaba un cubierto.
El mesero volvió en seguida con un vaso, una cuchara, una cucharita, un tenedor, un cuchillo,
y una servilleta. Luego el mesero nos preguntó si nos apetecía un vaso de vino. A mí me gusta
el vino tinto pero a los otros les gusta más el vino blanco. Así pedimos una botella de vino
blanco. La comida salió riquísima. Todo estaba delicioso aunque todos habíamos comido algo
distinto. Es raro que en el mismo restaurante se preparen bien mariscos, pescados, carnes, y
aves.

El mesero nos preguntó si deseábamos algún postre pero todos ya habíamos comido
demasiado. Nadie tomó postre pero todos queríamos (café) expreso. Cuando terminamos con
el café, yo le pedí la cuenta al mesero. Él me dijo que el servicio estaba incluído pero yo le dejé
más propina porque nos dio un servicio muy bueno.

13. Complete.
1. Los amigos comieron en un _____ .
2. Ellos se sentaron en el _____ .
3. Tuvieron una _____ para cuatro personas.
4. No se sentaron en el _____ porque hacía un poco fresco.
5. Todos decidieron tomar un _____ .
6. El _____ les dio el menú.
7. El _____ _____ no les apeteció.
8. Cada uno pidió tres _____ distintos.

14. Answer.
1. ¿Qué faltaba en la mesa?
2. ¿Qué vino tomaron ellos?
3. ¿Cómo estaba la comida?
4. ¿Qué se preparaba bien en aquel restaurante?
5. ¿Tomaron postre?
6. ¿Qué querían todos?
7. ¿Estaba incluído el servicio en la cuenta?
8. ¿Qué dejaron para el mesero? ¿Por qué?

Key Words

afuera   outside, outdoors
ahumado   smoked
a la brasa   charcoal grilled
a la parrilla   grilled, broiled
a la plancha   grilled, broiled
a la romana   breaded and deep-fried
el aperitivo   aperitif
asado   roasted
(asado) al horno   baked
a término medio   medium (cooked)
las aves   fowl
el azúcar   sugar
bien asado   well done
bien cocido   well done
bien hecho   well done
el biftec, bistec   steak
el camarero   waiter
la carne   meat
caro   expensive
la carta   menu, list
la carta de vinos   wine list
casi crudo   rare
cocido al vapor   steamed
cocinado(a)   cooked
el cordero   lamb
crudo   rare, raw
el cubierto   place setting
la cuchara   soup spoon
la cucharita   teaspoon
el cuchillo   knife
la cuenta   bill, check
la chuleta   chop cutlet
de lujo   luxurious
demasiado cocido   too well-done, overcooked

demasiado hecho   too well-done, overcooked
duro   tough
económico   economical, inexpensive restaurant
en su jugo   pot roasted, in its juices
la ensalada   salad
los entremeses   hors d'oeuvres
la especialidad de la casa   house specialty
la espina   bone (for fish only)
estofado   stewed
frío   cold
frito   fried
la fruta   fruit
guisado   stewed
hervido   boiled
incluído   included
la legumbre   vegetable
la lista de vinos   wine list
el mantel   tablecloth
el marisco   shellfish
el menú   menu
el menú del día   fixed menu
la mesa   table
el mesero   waiter
la minuta   menu
el muslo   leg, thigh (of a chicken)
el patio   patio, terrace
la pechuga   breast (of fowl)
el pescado   fish (as a food: does not refer to live fish)
picado   diced, minced
el pimentero   pepper shaker
la pimienta   pepper

el platillo   saucer
el plato   plate; course
platos combinados   fixed menu
el plato principal   main course
poco asado   rare
el pollo   chicken
el postre   dessert
la propina   tip
el queso   cheese
el recibo   receipt
recomendar (ie)   to recommend
la reservación   reservation
reservar   to reserve
el restaurante   restaurant
el rincón   corner
la sal   salt
salado   salty

el salero   salt shaker
salteado   sautéed
el servicio   service; service charge
la servilleta   napkin
la sopa   soup
sucio   dirty
sugerir (ie, i)   to suggest
la tarjeta de crédito   credit card
la taza   cup
el tenedor   fork
la ternera   veal
el vaso   glass
la ventana   window
la verdura   vegetable
el vino   wine
el vino tinto   red wine

Chapter 16: Shopping for food[1]
Capítulo 16: Comprando los comestibles

TYPES OF STORES

Tengo que ir a la *panadería*.[2]	bakery (bread store)
pastelería.	bakery (pastry shop)
lechería.	dairy store
huevería.	egg store
carnicería.	butcher shop
charcutería.	pork store
pescadería.	fish store
marisquería.	shellfish store
frutería.[3]	fruit and vegetable store
Tengo que comprar *comestibles* (*abarrotes*).	food (groceries)
Voy a la (*tienda de*) *abarrotes*.[4]	grocery store
Voy a la *tienda de ultramarinos*.	
Voy a la *bodega* (*pulpería*).	
Voy al *colmado*.	
Voy al *supermercado*.	supermarket
Empujo el carrito.	I push the cart
Empujo el carrito por los *pasillos*	aisles

1. Complete.
    1. Se venden pasteles, tortas, y bizcochos en una _____.
    2. Se venden la carne de res y la ternera en la _____.
    3. Se venden frutas y vegetales en una _____.
    4. Se venden los productos que vienen de una vaca en la _____.
    5. Se venden pescados en una _____.
    6. Se vende pan en una _____.
    7. Se venden los productos de puerco en una _____.
    8. Se venden mariscos en una _____.

2. Identify the stores where you would find the following.
    1. judías verdes (ejotes)
    2. panecillos

---

[1] Refer to the appendix (pages 201–203) for food items mentioned in this unit.

[2] Note that in many Spanish-speaking countries it is still quite common to shop in individual stores that sell specific types of foods even though supermarkets do exist.

[3] Although the word **verdulería** exists, both vegetables and fruits are usually sold at the **frutería.**

[4] Note that there are several words to express grocery store. **Tienda de abarrotes** is very common in many areas. You will hear people say, **"Voy a la abarrotes."** The article **la** is used, since **tienda de abarrotes** is understood. You will also sometimes hear and see **abarrotería**. **La bodega** is common throughout most of Latin America. **Pulpería** conveys the idea of general store. **La tienda de ultramarinos** is commonly used in Spain. **Colmado** or **bodega** is used in Puerto Rico.

   3. carne de res
   4. lenguado
   5. langosta
   6. manzanas
   7. leche
   8. huevos
   9. queso
   10. chuletas de cerdo
   11. fiambres
   12. salchicha
   13. crema

3. Complete.

Si quiero comprar comestibles, en España iré a la tienda de _____ , en

México a la tienda de _____ . En Puerto Rico iré al _____ y en otras
                             2   3

partes de Latino-America iré a la _____ .
                                         4

SPEAKING WITH THE VENDORS

¿ A cómo es la ternera?	How much
A doscientos pesos el kilo.	
Tiene muy buena pinta.	it looks good
¿ A cuánto están[5] los tomates hoy?	How much
Están a setenta y cinco el kilo.	
Están muy *frescos*.	fresh
Déme (póngame) medio kilo, por favor.	give me
Déme seis *lonchas (lonjas)*[6] de tocino.	slices of bacon
Déme una *tajada* de aquel queso.	slice
Déme un *manojo (un atado)*[7] de zanahorias.	bunch
Déme un *repollo* de lechuga. Déme una lechuga.	head
Déme quinientos gramos de chuletas de cerdo.	
Déme una *docena* de huevos.	dozen
Quiero un *bote (una lata)* de atún.[8]	can of tuna

---

[5] Note that the expressions **¿A cómo es (son)?** and **¿A cuánto está(n)?** are frequently used when asking the price of food items. When asking the price of other types of merchandise **¿Cuánto es (son)?**, **¿Cuánto cuesta(n)?** and **¿Cuál es el precio de . . . ?** are more common.

[6] The word for "slice" varies depending upon what is sliced. Although there are no hard and fast rules as to when to use which word, the following can be used as a guideline. **Loncha** or **lonja** is used for most meats unless one wishes to be more specific and ask for **un filete, un medallón,** etc. **Rebanada** is used for a slice of bread or cake. A slice of something that is definitely round in shape is often **una rueda** or **una rodaja. Raja** is also used for a slice of fruit. **Tajada** is a general word and can be used when one wants a slice of something without being precise about the size or shape.

[7] The word for "bunch" also varies. **Un manojo** or **un atado** is used for those items that have been bunched together into a sales unit, for example, carrots or beets. Note that the literal meaning of **manojo** is "a handful" and that of **un atado** is "that which has been tied together." The word for a bunch of something that actually grows in a bunch is **un racimo;** thus a bunch of grapes is **un racimo de uvas.** A bunch of flowers is **un ramo de flores.**

[8] **Bote** and **lata** can be almost used interchangeably.

Quiero una *bolas de papas fritas.*[9]	bag of potato chips
Quiero un *envase* de crema.	container
Quiero una *caja de polvos* (*jabón en polvo*) para la máquina de lavar.	box of soap suds
Quiero un *paquete de espinacas congeladas.*	package of frozen spinach
¿Puede poner todo esto en una *bolsa?*	bag (sack)
¿Lo puede *envolver* en papel?	wrap
¿Lo puedo llevar en la *canasta* (*cesta, el capacho*)?	basket
Quiero devolver estos *cascos* (*envases*).[10]	empty bottles

4. Complete.

1. **En la frutería**
   — Buenas tardes, señor.
   — ¿ _____ _____ _____ la lechuga hoy?
                                        1
   — A treinta pesos el repollo (la pieza).

2. **En la frutería**
   — ¿Son de aquí los tomates?

   — Sí, están muy _____.
                          1
   — Es   verdad   que   tienen   muy   buena   _____.   ¿A
                                                        2

   _____ _____ hoy?
              3

   — Están a ochenta pesos el kilo.

   — _____ medio kilo, por favor.
             4

   — Aquí los tiene. Medio kilo de tomates. _____ pesos.
                                                    5

   — Gracias. ¿Me los puede poner en una _____ o envolverlos en papel?
                                                  6

5. Choose the appropriate word.

1. Déme _____ _____ de huevos, por favor. (*a*) una docena (*b*) un bote (*c*) un repollo
2. Déme dos _____ de uvas. (*a*) repollos (*b*) chuletas (*c*) racimos
3. Déme _____ de zanahorias. (*a*) un casco (*b*) una caja (*c*) un manojo
4. Déme _____ _____ de agua mineral. (*a*) un envase (*b*) una botella (*c*) un paquete
5. Déme cuatro _____ de cerdo. (*a*) chuletas (*b*) bolsas (*c*) gramos
6. Déme seis _____ de aquel jamón. (*a*) cajas (*b*) lonchas (*c*) botellas
7. Déme _____ _____ de harina. (*a*) una caja (*b*) una botella (*c*) una tajada

---

[9] **Bolsa** is the most common word for "bag," be it made of paper or some form of plastic. **Bolsa** is also used for any item actually packaged in a bag.

[10] It is still common in many Spanish-speaking countries to return empty bottles other than liquor bottles. The word for such empty bottles is **botes** in Mexico, **cascos** or **envases** in other areas.

8. Déme _____ _____ de salsa de tomate. (*a*) una caja (*b*) una lata (*c*) una bolsa

6. Complete.
1. No, el pescado no está fresco. Está _____.
2. Lo siento. No tengo bolsas pero se lo puedo _____ en papel.
3. Tengo que _____ estos envases.
4. Él me va a _____ la lechuga en papel.

7. Complete.
1. un _____ de lechuga
2. una _____ de tomates
3. un _____ de zanahorias congeladas
4. un _____ de remolachas
5. un _____ de coliflor
6. un _____ de uvas
7. medio _____ de cerezas
8. cuatro _____ de cerdo
9. seis _____ de jamón
10. seiscientos _____ de ternera
11. una _____ de atún
12. dos _____ de agua mineral
13. una _____ de azúcar

Key Words

abarrotes   groceries
¿a cómo es (son)?   how much is (are)?
¿a cuánto está(n)?   how much is (are)?
el atado   bunch
la bodega   grocery store (Latin America)
la bolsa   bag
el bote   can
la caja   box
la canasta   basket
el capacho   basket, pannier
la carnicería   butcher shop
el carrito   cart
el casco   empty bottle to be returned
la cesta   basket
el colmado   grocery store (Puerto Rico)
los comestibles   food
congelado   frozen
la charcutería   pork store
déme   give me

devolver (ue)   to return (something)
la docena   dozen
el envase   empty bottle to be returned, container
envolver (ue)   to wrap
fresco   fresh
la frutería   fruit and vegetable store
el gramo   gram
la huevería   egg store
el jabón en polvo   soap powder
el kilo   kilogram
la lata   can
la lechería   dairy store
la loncha   slice
la lonja   slice
el manojo   bunch
la marisquería   shellfish store
la panadería   (bread) bakery store
el paquete   package
el pasillo   aisle (of a supermarket)

la pastelería   bakery, pastry shop
la pescadería   fish market
póngame   give me
la pulpería   grocery store, general store
la rebanada   slice
el repollo   head (of lettuce, etc.)

el supermercado   supermarket
la tajada   slice
tener buena pinta   to look good
la tienda de abarrotes   grocery store
la tienda de ultramarinos   grocery store

Chapter 17:   At home
Capítulo 17:   En casa, El hogar

THE KITCHEN[1] **(Fig. 17-1)**

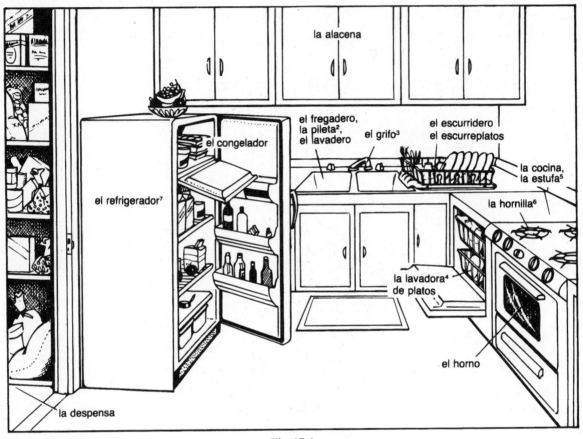

Fig. 17-1

---

[1] Refer to the appendix (pp. 201–203) for the foods mentioned in this unit.

[2] The most commonly used word for "sink" in Spain is **fregadero. Pileta** is more common in Latin America, where you will also hear **pila. Pila** can also mean the baptismal font in a church.

[3] **Grifo** is the most commonly used word for "faucet" or "tap." In Spain and some areas of Latin America you will also hear **la llave** and **el robinete.** La pluma is used in Puerto Rico and Venezuela.

[4] The word for "automatic dishwasher" will vary. **Lavadora** is probably the most commonly used term, but you will also hear **el lavaplatos, el (la) lavador(a) de platos, la lavadora de vajilla.** Note too that many items of machinery or equipment, such as **lavadora,** that end in **-or(a)** will vary in gender. Words such as **refrigerador** and **lavador** are actually adjectives that are made into nouns by using the article **el** or **la.** In some countries people think in terms of **el (aparato) lavador** and therefore the masculine form is used. In other areas people think in terms of **la (máquina) lavadora** and therefore the feminine form is used.

[5] Either **cocina** or **estufa** can mean "stove" or "range." **Cocina** with this meaning is a relatively new entry in the *Diccionario de la Real Academia.* Please note that these words can be used interchangeably in describing the type of range: **una cocina eléctrica, una estufa eléctrica, una cocina de gas, una estufa de gas.**

[6] The gender will vary. In some areas **hornillo** is used.

[7] See note 4 concerning words ending in **-or(a).**

WASHING THE DISHES

Lavo (*friego*)[8] *los platos* (*la vajilla*)[9] en la pileta.	wash the dishes
Abro el grifo y lleno la pileta de agua.	turn on the faucet
Antes, tapo el *desagüe* con un *tapón*.	drain; plug
Echo un poco de *polvo de lavar*.	soap powder
Lavo (friego) los platos con *un estropajo* (*fregador*).	dishrag
Luego los pongo en el *escurridero*.	drainboard
Los seco con un *paño* (*secador*).	dish towel

1. Complete.

Tengo un montón de platos sucios. Los tengo que lavar. Primero tapo el _____ de _____ _____ con un _____. Abro el
₁ ₂ ₃
_____ y lleno _____ _____ de agua. Echo un poco de
₄ ₅
_____ _____ _____ y luego empiezo mi trabajo. Friego
₆
los platos con un _____ y luego los pongo en el _____. Después de
₇ ₈
lavarlos, los tengo que _____. Los seco con un _____. ¿No sería
₉ ₁₀
más fácil tener _____ _____?[10]
₁₁

COOKING (Fig. 17-2)

Tengo que preparar la comida.	
Voy a *cocinar*.[10]	
Voy a *guisar* la carne.	cook
Voy a *cocer* los huevos en una olla.	cook
Voy a *hervir* el agua en una caldera.	boil
Voy a *freír* las papas en una (un) sartén.	fry
Voy a *asar* la carne en el horno.	roast
Voy a *saltear* las legumbres.	sautée
Voy a *derretir* la mantequilla.	melt
Lo voy a guisar *a fuego lento*.	on a low (slow) flame
Lo voy a *tapar*.	to cover

---

[8] The word **fregar (ie)** actually means "to scrub." It is, however, the most commonly used verb in Spain to express "wash the dishes." It is also used in areas of Latin America. However, in many areas of Latin America people prefer to say **lavar los platos,** since **fregar** is used figuratively to mean "bother, annoy, pester." In certain areas of the very southern part of South America, **fregar** is a completely vulgar term.

[9] **La vajilla** encompasses all those items needed to set a table. Another useful word is **los cacharros,** which equates with the English "pots and pans." In some areas of Latin America, however, **un cacharro** can mean any old piece of junk.

[10] The various words for "to cook" can also be rather confusing. The two most general words are **cocinar** and **guisar. Cocer (ue)** means to cook, but usually in water. It is the verb that is used for cooking eggs, for example. Interestingly enough it is also the verb used for making bread. The verb **hervir (ie,i)** means to boil. Note that the verb **cocer** would never be used in the sense "to boil water," which in a recipe would read **hiérvase el agua.** "Bring to the boiling point" is **"llévese (póngase) a la ebullición."** The verb **freír (i,i)** means to fry, and the verb **saltear** means to sautée. **Asar** basically means to roast, but **asar en el horno** means to bake and **asar a la parrilla** means to grill or broil. The nouns for cooking are **la cocina** and **la cocción. La cocina** means the cooking style or cuisine. **La cocción** refers to the duration of cooking.

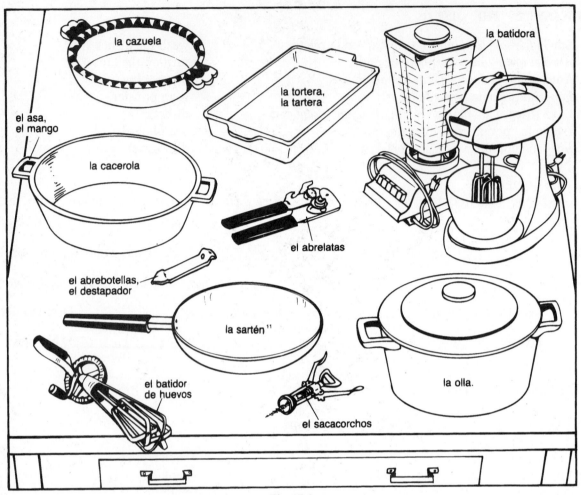

Fig. 17-2

Lo voy a *llevar a la ebullición*.   bring to a boil
Tengo que *picar* (*cortar*) las cebollas con un cuchillo.   dice
Tengo que *pelar* las frutas.   pare, peel
Tengo que trinchar la carne con un *trinchante* (*trinche*).   carving knife
Tengo que *colar* (*cernir*) el arroz en un *colador* (*una*   strain; strainer
  cernidera).

2. Tell which pot you need.
  1. Voy a hervir agua.
  2. Voy a asar carne y vegetales en el horno.
  3. Voy a hacer una torta.
  4. Voy a freír papas.

---

[11] The terms for cooking utensils can be a bit confusing. If one were to look up the word "saucepan" in a bilingual dictionary, one would probably find both **cacerola** and **cazuela.** If one looks up "pot" or "pan," there are even more entries. Here are some simple guidelines that may help anyone interested in cooking. **Una sartén (un sartén)** is a frying pan or a skillet. **Una tortera (tartera) (un molde)** is a baking pan for cakes, etc. **Una olla** is a convex pot, rather high, with two handles. **Un puchero** is a big pot, larger than **una olla,** and it usually has only one handle. **Una cacerola** is a round pan, often of metal, with low sides and two handles. **Una cazuela** is usually made of ceramic or clay; it is wide and not very deep. **Una caldera** is a large pot usually used for boiling water. In addition the word **el pote** can be used for any round pot with one handle.

3. Tell what utensil you need.
   1. Voy a trinchar la carne.
   2. Voy a pelar las papas.
   3. Voy a batir los huevos.
   4. Voy a colar el arroz.
   5. Voy a sacar el corcho de una botella de vino.
   6. Voy a abrir una lata de atún.

4. Answer on the basis of Fig. 17-3.
   1. ¿Hay una lavadora en la cocina?
   2. ¿Cuántos grifos tiene la pileta?
   3. ¿Hay platos en el escurridero?
   4. ¿Tiene despensa la cocina?
   5. ¿Hay comestibles en la alacena?
   6. En la cocina, ¿hay una estufa de gas o una estufa eléctrica?
   7. ¿Cuántas hornillas tiene la estufa?
   8. ¿Hay cubitos de hielo en el refrigerador?
   9. ¿En qué parte del refrigerador están los cubitos de hielo?

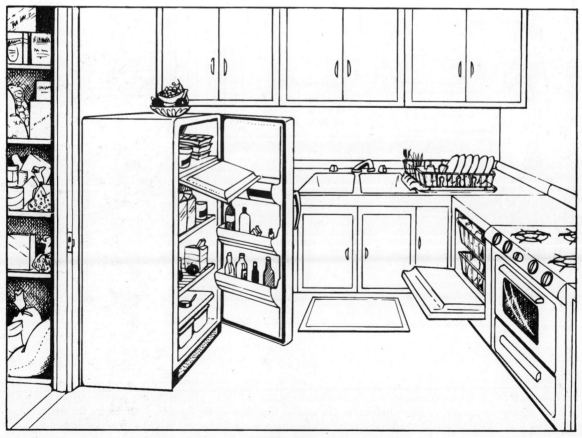

Fig. 17-3

5. Complete.
1. Voy a _____ las cebollas y luego las voy a _____ con aceite en una sartén.
2. Voy a preparar huevos pasados por agua. Los voy a _____ ahora.
3. Voy a _____ el cordero en el horno.
4. Antes de _____ el arroz, tengo que _____ el agua a la ebullición.

6. Give the Spanish verb for:
1. bake something in the oven
2. fry something in a frying pan
3. sautée something in butter
4. boil something such as potatoes
5. roast pork in the oven
6. melt butter

THE BATHROOM[12] (Fig. 17-4)

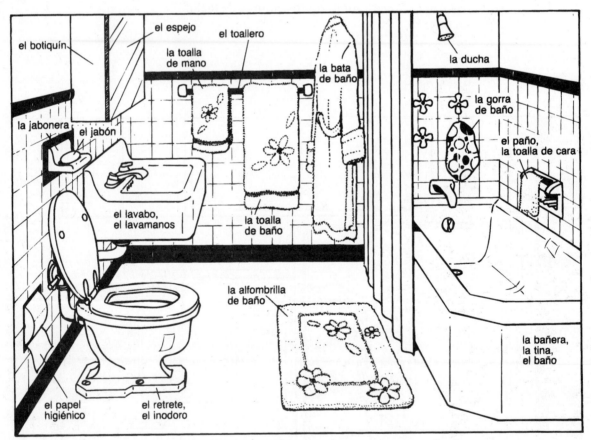

Fig. 17-4

[12] A useful word to learn in connection with a bathroom is that for "tile." The larger tiles used on bathroom walls and around the shower are called **baldosas.** The smaller tiles used on the floor (and sometimes the wall) are **los baldosines.** The tile floor in a bathroom is called **el embaldosado.** The larger glazed tiles are **azulejos.**

Por la manaña . . .
me baño o *me ducho.*   bathe; shower
me lavo el pelo.   wash my hair
me seco con una toalla.   dry myself
me cepillo los dientes con pasta dentífrica (dentífrico).   brush my teeth
me afeito con jabón de afeitar y una *navaja.*   shave with shaving soap;
                                                                             razor

me pongo el maquillaje.   put on makeup
me peino.   comb my hair

7. Complete.
    1. Me lavo las manos en el _____. Cuando me lavo las manos uso
        _____ y un(a) _____.
    2. Después de usar el jabón, lo pongo en la _____.
    3. A veces me baño en _____ _____ o me ducho en la
        _____.
    4. Después de ducharme (o bañarme) me seco con una _____.
    5. Las toallas cuelgan del _____.
    6. Me miro en el _____ mientras que me peino.

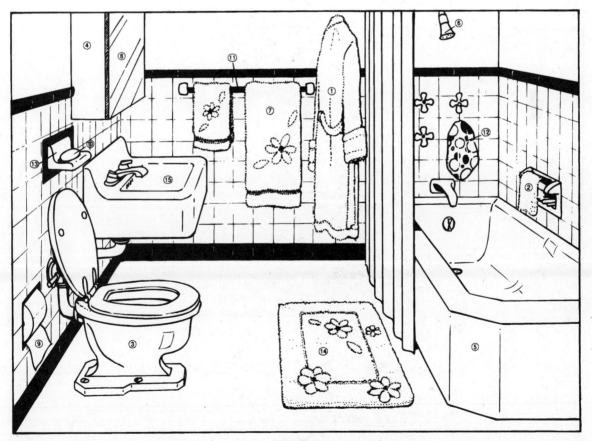

Fig. 17-5

7. Me cepillo los dientes y luego pongo la _____ _____ en el
    _____.

8. Si no quiero mojarme el pelo, me pongo una _____ _____
    _____ antes de ducharme.

9. El _____ está al lado del lavabo.

10. Después de bañarme y secarme, me pongo una _____ _____
    _____.

11. No quiero mojar el embaldosado. Voy a ponerme en la _____
    _____ _____.

8. Label each item in Fig. 17-5.

THE DINING ROOM (Figs. 17-6 and 17-7)

La señora *pone la mesa*.	sets the table
Los conmensales se sientan a la mesa.	diners
Alguien *sirve* (*a*) la mesa.	serves
Después de la sobremesa, los conmensales *se levantan de* la mesa.	get up from
El señor *quita la mesa*.	clears the table
Pone todo en una *bandeja*.	tray

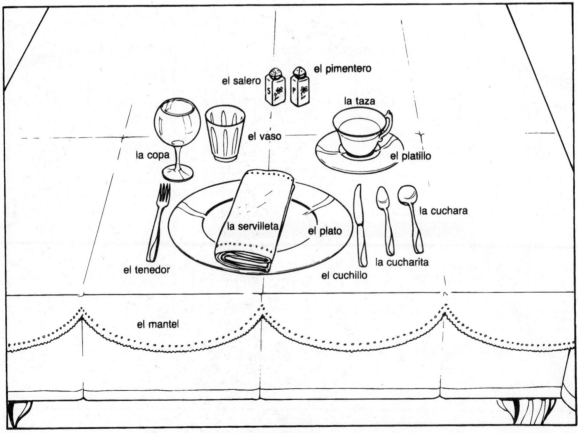

Fig. 17-6

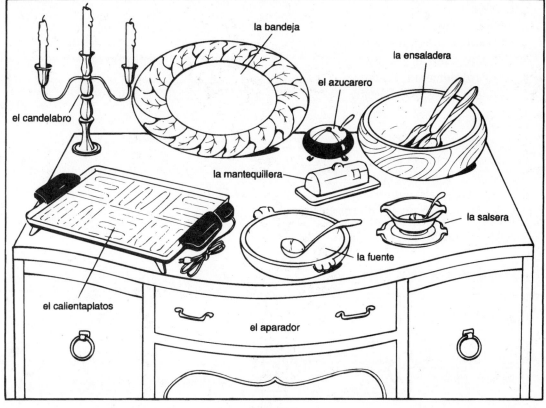

Fig. 17-7

Fig. 17-8

9. Complete.
1. Quiero azúcar. Páseme _____ _____, por favor.
2. Quiero mantequilla. Páseme _____ _____, por favor.
3. Quiero más sal. Páseme. _____ _____, por favor.
4. Quiero pimienta. Páseme _____ _____, por favor.
5. Quiero más salsa. Páseme _____ _____, por favor.

10. Complete
1. Se sirve la ensalada en una _____.
2. Se sirve la sopa en una _____.
3. Se sirve la carne en una _____.
4. Se sirve la salsa en una _____.
5. Se puede calentar los platos en un _____.

11. Identify each item in Fig. 17-8.

THE LIVING ROOM (Fig. 17-9)

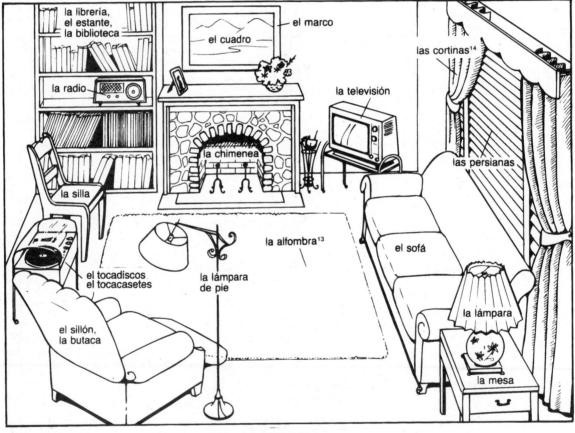

Fig. 17-9

---

[13] **La alfombra** is the word used for an area rug, even a large one. In many areas wall-to-wall carpeting is **la moqueta.**

[14] There are quite a few words for the various types of window coverings. **Cortinas** is the word for "curtains." **Las celosías** are shutters used on the exterior of many windows in Spain. They are made of wood and can often be opened and closed by a strap in the house. **Persianas** or **persianas venecianas** are venetian blinds. **Los visillos** are thin, almost transparent curtains such as sheer curtains.

La familia se sienta en la sala.
Hablan (charlan, platican, conversan).   chat
Miran (ven) la televisión.   watch
Escuchan un programa de radio.   listen to
Escuchan discos (cintas).   records (tapes)
Leen el *periódico* (la *revista*).   newspaper (magazine)
Reciben a sus *convidados (invitados).*   guests

12. Complete.
1. Hay _____ y _____ en la ventana.
2. La señora tiene muchos libros en _____ _____.
3. Cuando hace frío pongo _____ _____ cerca de _____ _____ y me siento allí.
4. La lámpara está en una _____ al lado del _____.
5. El cuadro tiene _____ _____ de madera.
6. De noche yo miro la _____ y _____ la radio.
7. Una _____ cubre una parte del piso. La _____ cubre todo el piso.
8. Solamente una persona puede sentarse en una _____ pero tres o cuatro pueden sentarse en un _____.
9. Esta noche voy a estar solo(a). No vienen _____.

IN THE BEDROOM (Figs. 17-10 and 17-11)

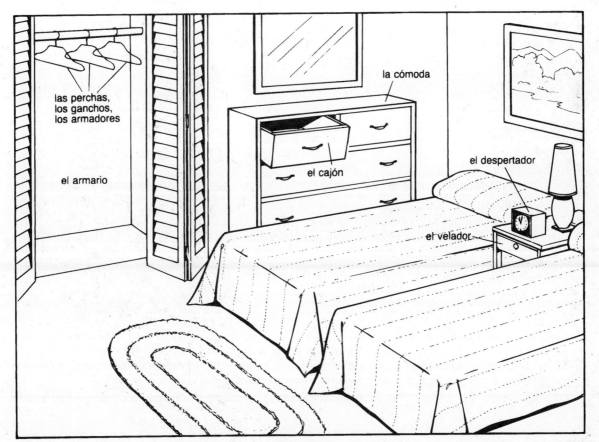

Fig. 17-10

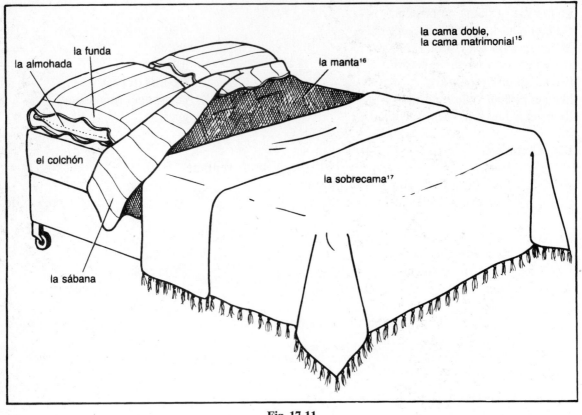

Fig. 17-11

Voy a *acostarme*.	go to bed
Voy a *poner el despertador*.	set the alarm clock
Duermo ocho horas.	sleep
Me duermo en seguida.	fall asleep
Me levanto a las ocho.	get up
Hago (tiendo) la cama.	make the bed

13. Complete.
1. Hay dos camas en el dormitorio. En el _____ entre las dos camas hay una lámpara y un _____.
2. Una cama para dos personas es una _____.
3. En una cama de matrimonio hay generalmente dos _____. Para cubrir las almohadas se ponen _____.
4. Cuando hago la cama, arreglo primero las _____, luego las _____, y al final la _____.

---

[15] **La cama de matrimonio** is the general word for "double bed." The general word for "bed" is **la cama.** Note that the definite article **la** is always used with **cama** when one is in bed to sleep or rest: **Estoy en la cama** means "I am in bed (resting)." When **cama** is used without the article, it means that a person is in bed because of sickness: **Estoy en cama** means "I am sick in bed"; **tengo que guardar cama** means "I have to stay in bed."

[16] Other commonly used words for "blanket" are **la frazada** and **la cobija.** In Puerto Rico you will also hear **la frisa.**

[17] Other words for "bedspread" are **la cubrecama** and **la colcha.**

5. Hay cinco _____ en la cómoda.
6. No puedo colgar nada en el armario porque no hay _____.

14. Name six items that go on a bed.

15. Answer.
1. ¿A qué hora te acuestas?
2. ¿Pones el despertador antes de acostarte?
3. ¿Cuántas horas duermes cada noche?
4. ¿Te duermes en seguida o pasas tiempo dando vueltas en la cama?
5. ¿A qué hora te levantas?
6. ¿Haces la cama en seguida?

HOUSEWORK

Tengo que lavar la *ropa sucia*.	dirty clothes
Tengo que *hacer el lavado*.	do the laundry
Voy a ponerlo en la *lavadora*.	washing machine
Tengo que hacer *el planchado*.	ironing
¿Dónde están la *plancha* y la *tabla de planchar*?	iron; ironing board
Tengo que *limpiar (quitar) el polvo de los muebles*.	dust the furniture
¿Dónde está el *paño*?	dust cloth
Tengo que *aspirar* la moqueta.	vacuum-clean
¿Dónde está la *aspiradora*?	vacuum cleaner
Tengo que *pulir* los muebles.	shine
Tengo que *barrer (escobar) el piso (suelo)*.	sweep the floor
¿Dónde está *la escoba*?	broom
Tengo que *fregar el piso (baño)*.	scrub the floor (bathtub)
¿Dónde están los *trapos*?	rags
¿Dónde está el *estropajo*?	mop
¿Dónde está la *esponja*?	sponge
Tengo que *tirar la basura*.	throw out the garbage
Tengo que vaciar el *basurero*.	garbage can
Tengo que vaciar el *balde de basura (cubo de basura, tarro de basura)*.	garbage can

16. Complete.

Hoy tengo mucho que hacer. Tengo un montón de ropa sucia. Primero tendré que hacer el _____ (1). Gracias a Dios tengo una _____ (2) que facilita mucho el trabajo. Pero después de terminar con el lavado, tengo que hacer el _____ (3).

Voy a poner la _____ (4) y la _____ (5) de planchar en la cocina ahora.

Después de hacer el lavado y el planchado tengo que _____ (6) la moqueta en la sala. Antes de poner el lavado en la lavadora voy a quitar la _____ (7) y ponerla en la sala. Posiblemente podré _____ (8) la moqueta mientras esté la ropa

en la _____ . Y también tengo que _____ el polvo de los muebles.
 9   10

Cuando tengo las ventanas abiertas, entra mucho polvo de la calle.

17. Match what you are doing in column A with what you need in column B.

A	**B**
1. planchar	(a) trapos
2. barrer	(b) la tabla de planchar
3. fregar la tina	(c) un paño limpio
4. limpiar el polvo	(d) la escoba
5. aspirar la moqueta	(e) los muebles
	(f) la aspiradora

18. Complete.

Después de preparar una comida grande siempre hay mucha _____ . La
                                                                    1

tiro en el _____ y luego tengo que quitarlo de la cocina para vaciarlo.
            2

SOME MINOR PROBLEMS AROUND THE HOME

Voy a *poner* (*encender*) *la luz.*	turn on the light
No enciende.	it won't go on
¿Está *fundida la bombilla* (*quemado el foco*)?	light bulb blown out
Ay, no. Tengo que *enchufar* la lámpara.	plug in
Aquí está el *enchufe.*	plug
Las luces *se han apagado.*	gone out
Yo no *las he apagado.*	turn them off
Se quemó un fusible.	a fuse blew
Tengo que chequear *el tablero* (*cuadro, panel*) *de fusibles.*	fuse box
¿Dónde está el *interruptor*?[18]	light switch
Tendré que llamar *al* (*a la*) *electricista.*	electrician
No puedo *vaciar el fregadero.*	empty the sink
He quitado el *tapón.*	plug, stopper
Está *atascado.*	clogged up
Está goteando agua de la ducha.	dripping, leaking
Tendré que llamar *al plomero* (*fontanero*).	plumber
La *cañería* es muy vieja.	pipes (plumbing)

19. Complete.

No puedo encender la luz. No sé lo que pasa. ¿Estará _____ la
                                                              1

_____ de la lámpara? Ay, no. ¡Mira! La lámpara no está enchufada. La tengo
      2

que _____ . ¿Pero dondé está el _____ ?
          3   4

---

[18] Other words for "light switch" are **el apagador** and **el suiche.** In Spain you will also hear **la llave.**

20. Complete.

No tengo luces. ¿Qué ha pasado? No las he _____. Posiblemente

_____ _____ un fusible. Tendré que chequear el _____

_____ _____. Si no se ha quemado un _____ que yo

puedo reemplazar fácilmente, tendré que llamar _____ _____.

21. Complete.

— El fregadero está lleno de agua y no lo puedo _____.

— Pues, ¿has quitado el _____ del desagüe?

— Claro que lo he quitado.

— Pues, estará _____. Tendremos que llamar

_____ _____. Pronto tendremos que reemplazar toda la

_____ en esta casa.

Key Words

The kitchen

a fuego lento	on a slow heat, on low flame
el abrebotellas	bottle opener
el abrelatas	can opener
la alacena	kitchen closet, cupboard
asar	to roast
el batidor de huevos	eggbeater
la batidora	mixer, blender
la cacerola	casserole, (type of) pot
la cazuela	(type of) pot, casserole meal
la cernidera	strainer
cernir (ie)	to strain, to sift
cocer (ue)	to cook (in water)
la cocina	kitchen, stove, range, cuisine
cocinar	to cook
el colador	strainer, colander
colar (ue)	to strain
la congeladora	freezer
derretir (i,i)	to melt

el desagüe	drain
la despensa	pantry
el destapador	bottle opener
el escurridero	rinsing board, drainboard
el estropajo	dishrag, mop
la estufa	stove, range
el fregadero	sink
el fregador	dishrag
fregar (ie)	to wash (dishes), to scrub
freír (i,i)	to fry
el grifo	faucet, tap
guisar	to cook
hervir (ie,i)	to boil
la (el) hornilla(o)	burner on a stove
el horno	oven
el lavadero	sink
la lavadora (de platos, de vajilla)	dishwasher
lavar	to wash
llevar a la ebullición	to bring to a boil

el mango   handle
la olla   (type of) pot
el paño   cloth
pelar   to pare, peel
picar   to dice
la pila   sink
la pileta   sink
el polvo de lavar   washing powder
el refrigerador   refrigerator
el sacacorchos   corkscrew
saltear   to sautée
la (el) sartén   frying pan
el secador   dish towel
la tapa   cover, lid
tapar   to cover, put a lid on
el tapón   plug, stopper
el tarro de basura   garbage can
la tortera (tartera)   baking pan
el trinchante   carving knife
trinchar   to carve
el trinche   carving knife
la vajilla   dishware

The bathroom

afeitarse   to shave
la alfombrilla de baño   bath mat
la baldosa   tile
el baldosín   small tile
bañarse   to bathe, take a bath
la bañera   bathtub
el baño   bath, bathtub
la bata de baño   bathrobe
el botiquín   medicine cabinet
cepillarse los dientes   to brush one's teeth
el cuarto de baño   bathroom
el dentífrico   toothpaste
la ducha   shower
ducharse   to take a shower
el espejo   mirror
la gorra de baño   bath cap
el inodoro   toilet
el jabón   soap
el jabón de afeitar   shaving soap
la jabonera   soap dish
el lavabo   washbasin
el lavamanos   washbasin
lavarse   to wash

el maquillaje   makeup
la navaja   razor
el paño   face cloth
el papel higiénico   toilet paper
la pasta dentífrica   toothpaste
peinarse   to comb one's hair
ponerse   to put on
el retrete   toilet
secarse   to dry one's self
la tina   bathtub
la toalla   towel
la toalla de baño   bath towel
el toallero   towel rack

The dining room

el aparador   buffet, sideboard, credenza
el azucarero   sugar bowl
la bandeja   tray
el calientaplatos   plate warmer
el candelabro   candelabra
el comedor   dining room
el conmensal   (fellow) diner
la copa   stem glass
la cuchara   soup spoon, tablespoon
la cucharita   teaspoon
el cuchillo   knife
la ensaladera   salad dish, salad bowl
la fuente   serving platter
levantarse de la mesa   to get up from the table
el mantel   tablecloth
el mantequero   butter dish
la mantequillera   butter dish
el pimentero   pepper shaker
el platillo   saucer
el plato   plate, dish
poner la mesa   to set the table
quitar la mesa   to clear the table
el salero   salt shaker
la salsera   gravy boat
la servilleta   napkin
servir (i,i)   to serve
la sobremesa   conversation at table after a meal; desert
la sopera   soup bowl
la taza   cup
el tenedor   fork
el vaso   glass

The living room

la alfombra   rug, carpet
la biblioteca   bookcase
la butaca   armchair
la cinta   tape
el convidado(a)   guest
la cortina   curtain
el cuadro   picture, painting
charlar   to chat
la chimenea   fireplace
el disco   record
el estante   bookcase, bookshelf
la lámpara   lamp
la lámpara de pie   floor lamp
la librería   bookcase
el living   living room
el marco   frame
la mesa   table
la moqueta   wall-to-wall carpeting
el periódico   newspaper
la persiana   venetian blind
platicar   to chat
la radio   radio
la revista   magazine
la sala de estar   living room
la silla   chair
el sillón   armchair
el sofá   sofa, divan
la televisión   television

The bedroom

acostarse (ue)   to go to bed
la alcoba   bedroom
la almohada   pillow
el armador   hanger
el armario   closet
el cajón   drawer
la cama   bed
la colcha   bedspread
el colchón   mattress
la cómoda   bureau, chest of drawers
el cuarto   bedroom
la cubrecama   bedspread

el despertador   alarm clock
dormir (ue,u)   to sleep
dormirse (ue,u)   to fall asleep
el dormitorio   bedroom
la frazada   blanket
la frisa   blanket
la funda   pillowcase
el gancho   hook, hanger
hacer la cama   to make the bed
levantarse   to get up
la manta   blanket
la percha   hanger
poner   to set (alarm clock)
la recámara   bedroom
la sábana   sheet
la sobrecama   bedspread
el velador   night table

Housework

la aspiradora   vacuum cleaner
aspirar   to vacuum-clean
el balde de basura   garbage can
barrer   to sweep
la basura   garbage
el basurero   garbage can
el cubo de basura   garbage can
la escoba   broom
escobar   to sweep
la esponja   sponge
el estropajo   dishrag, mop
fregar (ie)   to scrub, to wash (dishes)
el lavado   laundry
la lavadora   washing machine
lavar   to wash
limpiar el polvo   to dust
el paño   cloth
el piso   floor
la plancha   iron
el planchado   ironing
planchar   to iron
pulir   to polish
los quehaceres domésticos   housework
la ropa   clothes
sucio   dirty
el suelo   floor
la tabla de plancha   ironing board
el trapo   rag

Some minor problems around the home

apagar la luz   to turn out (off)
                   the light
atascado   clogged, stopped up
la bombilla   light bulb
la cañería   pipes, plumbing
el cuadro de fusibles   fuse box
el desagüe   drain
el (la) electricista   electrician
encender (ie) la luz   to turn on the
                   light
enchufar   to plug in
el enchufe   plug
el enchufe hembra   socket
el (la) fontanero(a)   plumber

fundido   blown out
el fusible   fuse
gotear   to drip, leak
el interruptor   light switch
la llave   light switch
el panel de fusibles   fuse panel, fuse box
el (la) plomero(a)   plumber
poner la luz   to turn on the light
quemarse un fusible   to blow a fuse
quitar   to take out
el suiche   switch
el tablero de fusibles   fuse box
el tapón   plug, stopper
vaciar   to empty

Chapter 18:   At the doctor's office

Capítulo 18:   En la consulta (el consultorio) del médico[1]

I HAVE A COLD

Habla el (la) paciente:	
Yo no estoy bien. Estoy *enfermo(a)*.	sick
Creo que *tengo un catarro*.	a cold
tengo un resfriado.	
tengo un resfrío.	
estoy resfriado(a).	
estoy constipado(a).[2]	
No sé si tengo (*la*) *gripe*.	grippe, influenza
Me duele la garganta.	My throat hurts.
el *oído*.	ear
Tengo una *fiebre*.	fever
escalofríos.	chills
una *fiebre intermitente*.	chills and fever
las *glándulas hinchadas*.	swollen glands
un *dolor de cabeza*.	a headache
una *tos*.	cough
mucha congestión (flema).	a lot of congestion
Habla el (la) médico(a):	
¿Cuáles son sus *síntomas*?	symptoms
¿Se siente Ud. *mareado(a)*?	dizzy, nauseous
Abra Ud. la boca.	open your mouth
Le quiero *examinar* la garganta.	examine
Respire Ud. hondo (profundo).	take a deep breath
¿Le duele el *pecho*?	chest
Le voy a tomar la temperatura.	
¿Tiene Ud. una alergia a la penicilina?	
Le voy a poner (dar) una inyección.	
Súbase la manga.	roll up your sleeve
Desvístase hasta la cintura.	strip to the waist
Le voy a *recetar* unos antibióticos.	prescribe
Ud. tiene que tomar tres *píldoras* (*pastillas, comprimidos*) al día.	pills

---

[1] One of the most common ways to express doctor's office is **consulta del médico**. You will also hear **el consultorio del médico** and **el gabinete del médico**. Note that **la médica** is used for a female doctor. When speaking about a medical doctor, **médico(a)** is used. When addressing the doctor directly, however, **doctor(a)** is used.

[2] As you can see, there are several ways to say "I have a cold" in Spanish. **Tengo un resfrío** or **estoy resfriado** is probably more common in Latin America than in Spain. Be careful of the false cognate **constipado,** which does in fact mean a "cold" and not "constipated." The word for "constipated" in Spanish is **estreñido(a)**.

1. Complete.

El pobre señor Prieto no está bien. Está _____. Tiene la
^{1}
_____ muy roja y le duele mucho. A veces tiene mucho frío y a veces tiene
$_2$
mucho calor. Tiene una _____ _____. Tiene las glándulas
$_3$
_____, una _____, y mucha _____. Él no sabe si tiene sólo
$_4$ $_5$ $_6$
un _____ o si tiene _____. Él tiene que ir a ver al médico.
$_7$ $_8$

2. Complete.

En la _____ del médico
$_1$

— Buenos días, doctor.

— Buenos días. ¿Qué tiene Ud.?

— Pues, yo no sé si tengo un _____ o si tengo _____.
$_2$ $_3$

— ¿Cuáles son sus _____?
$_4$

— Me duele la _____ y tengo mucha _____.
$_5$ $_6$

— Muy bien. Abra Ud. la _____, por favor. Le quiero examinar la
$_7$
_____. Es verdad que está muy roja. Ud. tiene las _____ un poco
$_8$ $_9$
hinchadas también. _____ Ud. hondo, por favor. ¿Le duele el
$_{10}$
_____ cuando respira?
$_{11}$

— Un poco, pero no mucho.

— ¿Tiene Ud. una _____?
$_{12}$

— Sí, estoy tosiendo bastante.

— Abra Ud. la boca otra vez. Le voy a tomar la _____. Está a 38. Un poco alta.
$_{13}$
Ud. tiene _____ también. ¿Sabe Ud. si tiene una _____ a algunas
$_{14}$ $_{15}$
medicinas?

— No, no lo creo.

— Pues, súbase la _____, por favor. Le voy a dar una _____ de peni-
$_{16}$ $_{17}$
cilina y le voy a _____ un antibiótico. Ud. tiene que tomar tres
$_{18}$
_____ al día. Estará mejor dentro de algunos días.
$_{19}$

3. Complete.

1. Cuando alguien tiene un _____, por lo general no tiene fiebre. Sin embargo, es bastante común tener una _____ con la _____.
2. A veces una persona que tiene fiebre se siente fría un momento y caliente el otro.

Cuando se siente fría es posible que tenga _____ también.

3. El paciente tiene que abrir la _____ cuando el médico le _____ la garganta.

4. Cuando el médico le va a poner una _____ en el brazo, es necesario subirse la _____.

A PHYSICAL EXAMINATION

Historial clínico (médico)	medical history
¿Ha sufrido Ud. o alguien en su familia de alergias?	
artritis?	
asma?	
cáncer?	
diabetes?	
una *enfermedad del corazón*?	heart disease
una *enfermedad mental*?	mental illness
una *enfermedad venérea*?	venereal disease
epilepsia?	
tuberculosis?	
Cuando Ud. era niño(a), ¿tenía poliomielitis?	
sarampión?	measles
viruelas?	chicken pox
paperas?[3]	mumps

LOS ÓRGANOS VITALES (Figs. 18-1 and 18-2)

¿Cuál es su *grupo (tipo) sanguíneo*?	blood type
¿Tiene Ud. problemas con su período menstrual (*regla*)?	
¿Ha tenido Ud. una operación?	
Sí, me han sacado *las amígdalas*.	tonsils
el apéndice.	appendix
Habla el médico:	
Súbase la manga, por favor.	
Le quiero tomar la *presión sanguínea* (la *tensión arterial*).	blood pressure
Le voy a tomar *una prueba* (*muestra*) de *sangre*.	blood sample
Quiero hacer un *análisis de sangre*.	blood analysis
Le voy a tomar el pulso.	
Le voy a hacer unos *rayos equis de los pulmones*.	x-rays of the lungs
Los voy a *auscultar*.	examine with a stethoscope
Le voy a dar un electrocardiograma.	
Necesito una *muestra* de *orina*.	sample; urine
heces.	feces

---

[3] Some other diseases you may have to know for travel purposes are: **la viruela** (smallpox), **el paludismo** (malaria), **la fiebre amarilla, el tifus, la fiebre tifoidea, los tétanos.**

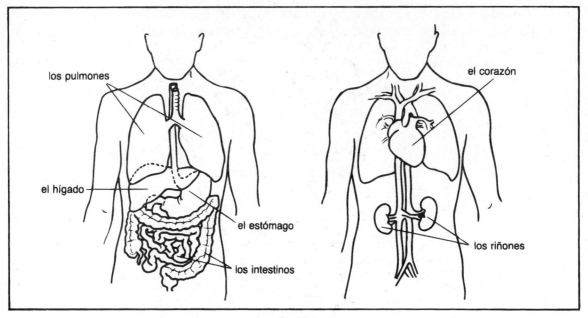

Fig. 18-1

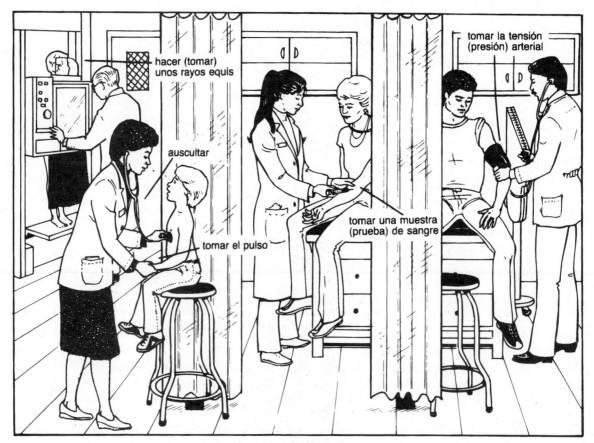

Fig. 18-2

4. Complete.
1. Una persona que tiene una _____ _____ _____ puede sufrir un ataque cardíaco (al corazón).
2. Él no puede soportar la penicilina. Tiene una _____.
3. En el pasado muchos niños sufrían de _____, _____, _____ o _____. Todas son enfermedades contagiosas. Hoy día hay inyecciones de inmunización contra estas _____.
4. Una persona que tiene _____ tiene problemas en respirar.
5. El corazón, el hígado, y los riñones son _____ _____.
6. Si por acaso una persona tiene un accidente, es importante saber su _____ _____.
7. Los psiquíatras tratan las _____ _____.
8. _____ _____, _____, y _____ son órganos vitales.
9. Yo nunca he _____ de epilepsia.
10. El asma es una enfermedad de los _____.
11. Cada vez que yo voy a ver al médico él me toma la _____ _____.
12. Ella me va a tomar una muestra de sangre porque quiere hacer un _____.
13. Si hay la menor posibilidad de una enfermedad del corazón, el médico le dará un _____.
14. Muchas veces si una persona tiene mal al _____, vomita o tiene diarrea.

5. Select the normal procedures for a medical or physical examination.
1. El médico le toma la temperatura.
2. El médico le toma la tensión arterial.
3. El médico le hace una operación.
4. El médico le toma unos rayos equis de los pulmones.
5. El médico le toma una prueba de sangre para hacer un análisis de sangre.
6. El médico le toma el pulso.
7. El médico le da una inyección de penicilina.
8. El médico le da un electrocardiograma.
9. El médico le receta unos antibióticos.
10. El médico lo ausculta.
11. El médico le pide una muestra de orina.
12. El médico examina ciertos órganos vitales.

I HAD AN ACCIDENT (Fig. 18-3)

Se me (le) rompió el *dedo*.	finger
el *brazo*.	arm
la *muñeca*.	wrist
la *pierna*.	leg
el *tobillo*.	ankle
la *cadera*.	hip
la *rodilla*.	knee
el *codo*.	elbow
el *hombro*.	shoulder

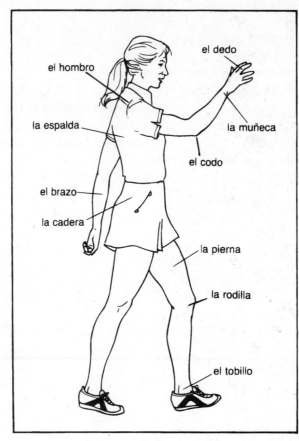

Fig. 18-3

Se me torció la espalda.	sprained my back
Me duele aquí.	It hurts me here.
El médico quiere *radiografiar (tomar una radiografía de) la herida.*	x-ray the wound
Tiene una *fractura complicada.*	compound fracture
El médico (cirujano ortopédico) tiene que *ensalmar (acomodar) el hueso.*	set the bone
Luego lo tiene que *enyesar (entablillar).*	put it in a cast
El paciente tendrá que andar *con muletas.*	on crutches
Se me (le) cortó el dedo.	
la *mejilla.*	cheek
el *pie.*	foot
El médico le va a *tomar (coger) puntos.*[4]	stitch
Luego le va a *vendar* la herida.	bandage
Le va a poner una *venda (un vendaje).*[5]	bandage
Va a *quitarle los puntos* en cinco días.	take out the stitches

---

[4] **Puntos** is the commonly used word for "stitches." The noun **sutura** and the verb **suturar** also exist.

[5] **Una venda** is usually smaller than **un vendaje**. The comparison between Band-Aid and bandage could be made.

6. Complete.

El pobre Juanito tuvo un accidente. Se cayó y se le rompió

_____ _____. Sus padres lo llevaron al hospital. El médico les dijo
1

que quería _____ la herida para saber si Juanito sufrió una rotura o una dis-
2

locación. La radiografía indicó una rotura. Así el _____ ortopédico tuvo que
3

_____ el hueso y luego lo tuvo que _____. El pobre Juanito tendrá
4$$5

que andar con _____ por unas semanas.
6

7. Complete.
1. Se le cortó el dedo. El médico no va a enyesar la herida pero la va a _____.
2. Antes de vendarla, le tiene que tomar (coger) _____ porque es una corta-
   dura bastante profunda.

8. Identify each item in Fig. 18-4.

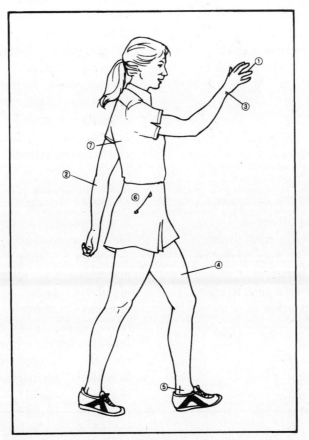

Fig. 18-4

Key Words

acomodar   to set (a bone)
la alergia   allergy
las amígdalas   tonsils
el análisis   analysis
el antibiótico   antibiotic
el apéndice   appendix
la artritis   arthritis
el asma (f)   asthma
el ataque al corazón   heart attack
auscultar   to examine with a
          stethoscope
la boca   mouth
el brazo   arm
la cadera   hip
el cáncer   cancer
el catarro   cold
la cintura   waist
el (la) cirujano(a)
     ortopédico(a)   orthopedic surgeon
coger puntos   to stitch
el comprimido   pill, tablet
la congestión   congestion
constipado (estar)   to have a cold
la consulta del médico   doctor's office
el corazón   heart
cortar   to cut
el dedo   finger
desvestirse (i, i)   to undress
la diabetes   diabetes
la diarrea   diarrhea
el dolor   pain, ache
el electrocardiograma   electrocardiogram
la enfermedad   illness, disease
la enfermedad mental   mental illness
la enfermedad venérea   veneral disease
ensalmar   to set (a bone)
entablillar   to put into a cast, to splint
enyesar   to put into a cast
la epilepsia   epilepsy
los escalofríos   chills
la espalda   back
el estómago   stomach
estreñido   constipated
examinar   to examine
la fiebre   fever
la fiebre intermitente   chills and fever

la flema   congestion, phlegm
la fractura complicada   compound
               fracture
la garganta   throat
la glándula   gland
la gripe   flu, grippe
el grupo sanguíneo   blood type
las heces   feces
la herida   wound
el hígado   liver
hinchado   swollen
el hueso   bone
los intestinos   intestines, bowels
la inyección   injection
la manga   sleeve
mareado   dizzy, nauseous
el (la) médico(a)   doctor
la mejilla   cheek
la muestra   sample
la muleta   crutch
la muñeca   wrist
el oído   ear
la operación   operation
la orina   urine
las paperas   mumps
la pastilla   pill
el pecho   chest
la penicilina   penicillin
el período menstrual   menstrual period
el pie   foot
la pierna   leg
la píldora   pill
la poliomielitis   polio
la presión sanguínea   blood pressure
la prueba   sample
los pulmones   lungs
el pulso   pulse
el punto   stitch
radiografiar   to x-ray
los rayos equis   x-rays
recetar   to prescribe
la regla   menstruation
resfriado   cold
el resfrío   cold
los riñones   kidneys
romper   to break

la sangre   blood
el sarampión   measles
el síntoma   symptom
la temperatura   temperature
la tensión arterial   blood pressure
el tipo sanguíneo   blood type
el tobillo   ankle
tomar puntos   to stitch
torcer (ue)   to sprain

la tos   cough
toser   to cough
la tuberculosis   tuberculosis
la venda   bandage
el vendaje   bandage
vendar   to bandage
las viruelas   chicken pox
vomitar   to vomit

Chapter 19: At the hospital

Capítulo 19: En el hospital[1]

ADMITTANCE

Favor de llenar este *formulario*.	form
Indique Ud. su compañía de *seguros*.	insurance
Escriba también el número de su *póliza*.	policy

IN THE EMERGENCY ROOM (Fig. 19-1)

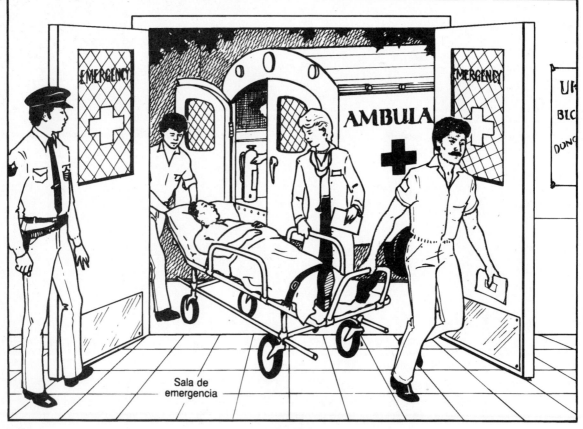

Fig. 19-1

Llega una ambulancia.	
El paciente está en una *camilla*.	stretcher
No está en una *silla de ruedas*.	wheelchair

---

[1] The word **hospital** is used throughout the Spanish-speaking world and is universally understood. In some cases, however, **hospital** more specifically refers to a large public hospital. The word **clínica** can refer to a hospital in addition to meaning "clinic." Very often a doctor or group of doctors will own their own private hospital, which is called a **clínica.**

Lo llevan a la *sala de emergencia*.	emergency room
En seguida un(a) *enfermero(a)* le toma el pulso.	nurse
Le toma la *presión sanguínea* (*tensión arterial*).	blood pressure
El (la) *médico(a)* lo examina.	doctor
Un *médico residente* (*interno*) lo examina en la sala de emergencia.	intern
El paciente tiene *dolores abdominales*.	abdominal pains
El (la) médico(a) quiere una *radiografía*.	x-ray
Llevan al paciente al departamento de radiología.[2]	

1. Answer.
1. ¿Cómo llega el paciente al hospital?
2. ¿Puede andar a pie el paciente?
3. ¿Cómo entra él en el hospital?
4. ¿Qué le toma un enfermero?
5. ¿Quién examina al paciente?
6. ¿Dónde lo examina?
7. ¿Qué tiene el paciente?
8. ¿Qué quiere el médico?
9. ¿Adónde llevan al paciente?

2. Complete.

Por lo general cuando un paciente llega al hospital él o un miembro de su familia tiene que llenar un _____ 1 en la recepción. En el _____ 2 tiene que escribir el nombre de la compañía de _____ 3 y el número de su _____ 4.

3. Complete.
1. Muchos pacientes llegan al hospital en una _____.
2. Si el paciente no es ambulatorio lo ponen en una _____ o en una _____ _____ _____.
3. Cuando un paciente llega al hospital en una ambulancia, por lo general va en seguida a la _____ _____ _____.
4. Casi siempre un(a) enfermero(a) le toma el _____ y la _____ al paciente.
5. Si el (la) médico(a) no sabe lo que tiene el paciente, frecuentemente querrá una _____.

[2] The medical departments in a hospital named after a medical science are almost always the same in English and Spanish since the words stem from Latin roots. However, the **-y** in English becomes **-ía** in Spanish. Thus radiology becomes **radiología**. Other common examples are **urología, neurología,** and **cardiología.** The same is true for the doctor who is a specialist in a particular field. The English ending **-ologist** becomes **-ólogo(a): urólogo(a), neurólogo(a), cardiólogo(a), ginecólogo(a),** etc.

SURGERY (Fig. 19-2)

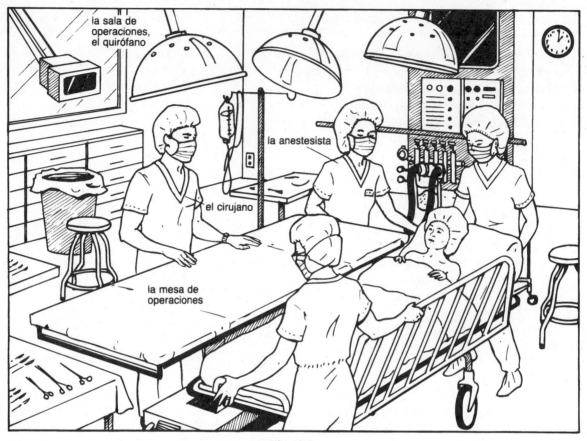

Fig. 19-2

Van a operar al paciente.	
Le van a (*operar*) *hacer una intervención quirúrgica*.	operate
Le dan al paciente una inyección de un *calmante* (*tranquilizante*).	tranquilizer
Lo preparan para la operación.	
Lo llevan a la *sala de operaciones* (al *quirófano*) en una camilla.	operating room
Lo ponen en la *mesa de operaciones*.	operating table
El (la) *anestesista* le da la anestesia.	anesthetist
Le da *pentotal sódico*.	sodium pentothal
El (la) *cirujano(a)* le opera (hace una intervención quirúrgica).	surgeon
Le opera al paciente del *apéndice*.[3]	appendix
Le *saca* el apéndice.	takes out
El paciente tuvo (sufrió) un ataque de apendicitis.	

---

[3] Note the use of the preposition **de.** Other words you may want to know are: **intestino** bowel, intestine; **vejiga (vesícula)** bladder; **seno** breast; **colon** colon; **úlceras** ulcers; **(el) quiste** cyst; **(las) hemorroides** hemorrhoids, piles; **pólipo** polyp; **ovario** ovary; **histerectomía** hysterectomy, **amígdalas** tonsils; **vejiga de la bilis (vesícula biliar)** gallbladder; **cataratas** cataracts.

4. Complete.

El médico decide que el paciente necesita una _____. Le va a hacer una

1

_____ _____. Antes de llevarlo a la _____ _____

2   3

_____, le dan una inyección de un _____ porque no quieren que esté

5   4

muy nervioso. Lo llevan a la sala de operaciones en una _____ porque el

5

paciente no puede ir a pie. Cuando llegan al quirófano, ponen al paciente en la

_____ _____ _____. El _____ le da

6   7

_____ y luego el _____ empieza la operación. Le operan

8   9

_____ apéndice.

10

5. Give other words for:
1. la sala de operaciones
2. hacer una intervención quirúrgica
3. una operación
4. un tranquilizante
5. extraer
6. la sala de emergencia

IN THE RECOVERY ROOM

Después de una operación, el paciente va a la *sala de recuperación* (*la sala de restablecimiento*). — recovery room

En la sala de recuperación le dan oxígeno.

No lo ponen en una *tienda de oxígeno*. — oxygen tent

Le dan *alimento por vía intravenosa*. — intravenous feeding

La enfermera le explica que el *pronóstico* (la *prognosis*) no es grave — prognosis

Pero si el paciente está muy enfermo, lo llevan a *la unidad de cuidados intensivos*. — intensive care unit

6. Complete.
1. El paciente va a la _____ _____ _____ después de la operación.
2. Para que el paciente respire fácilmente le dan _____.
3. A veces le dan alimento al paciente por _____ _____.
4. El paciente estaba contento porque le dijeron que _____ _____ no era grave.

IN THE DELIVERY ROOM

La señora está *encinta* (*embarazada, preñada*). — pregnant

Va a *parir* (*dar a luz*). — give birth

Está de *parto*. — in labor

Tiene *dolores de parto.*	labor pains
Está en la *sala de parto* .	delivery room
El (la) *obstétrico(a)* la atiende.	obstetrician

7. Complete.

La señora está _____. Dentro de poco, ella va a _____. En este
                         1   2
momento tiene _____ de parto. El _____ la atiende en la
                      3   4
_____ _____ _____.
          5

Un día Carlos se despertó con un dolor de estómago. No pudo levantarse de la cama. No
sabía qué hacer y decidió llamar a una ambulancia. La ambulancia llegó dentro de algunos
minutos. Pusieron a Carlos en una camilla y lo llevaron al hospital. Después de cinco minutos
él se encontró en la sala de emergencia. Un enfermero le tomaba el pulso y otro le tomaba la
tensión arterial. Entró un médico que le pidió sus síntomas. Carlos le describió el dolor que
tenía. El médico quería saber si había vomitado o si tenía diarrea. Carlos le dijo que no, que
sólo tenía el dolor abdominal. El médico lo examinó y le dijo que quería una radiografía. Una
enfermera ayudó a Carlos a sentarse en una silla de ruedas y lo llevó al departamento de
radiología, donde le tomaron (sacaron)[4] unos rayos equis. Una hora más tarde el médico le
explicó que sufría de un ataque de apendicitis y que sería necesario hacer una intervención
quirúrgica. Le dieron una inyección de un calmante y casi en seguida el paciente se encontró
acostado en la mesa de operaciones en el quirófano. La anestesista le puso una inyección en el
brazo derecho y le dijo que contara de uno a diez. El cirujano le operó del apéndice y luego le
tomó (cogió) algunos puntos. Al despertarse, Carlos se encontró en la sala de recuperación con
tubos de oxígeno en la nariz. Le daban también suero por vía intravenosa. El pobre Carlos no
sabía dónde estaba cuando se acercó una enfermera que le dijo que todo estaba bien. Habían
terminado con la operación y el cirujano le dio un pronóstico muy bueno. En dos días él
podría salir del hospital sano y salvo, no en una camilla ni en una silla de ruedas, sino a pie.

8. Complete.
1. Carlos tenía un _____ de estómago.
2. Él fue al hospital en una _____.
3. Él no se sentó en la ambulancia. Lo pusieron en una _____.
4. En el hospital lo llevaron a la _____ _____ _____.
5. Allí le tomaron el _____ y la _____ _____.
6. Él le dijo sus _____ al médico.
7. Llevaron al paciente al departamento de _____ donde le tomaron algunos
   _____.
8. El médico decidió hacer una _____ _____.
9. Antes de llevarlo a la sala de operaciones le dieron una _____ de un
   _____.
10. En el quirófano lo pusieron en la _____ _____ _____.
11. La _____ le dio anestesia.
12. El _____ le operó _____ apéndice.

---
[4] The verb **tomar** is commonly used in Latin America. **Sacar** is used in Spain.

13. Después de la operación el cirujano le _____ algunos _____.
14. Cuando Carlos se despertó estaba en la _____ _____ _____.
15. Para que respirara sin problema tenía _____ _____ _____ en la nariz.
16. Tomaba suero por _____ _____.
17. Carlos no estaba nervioso porque el cirujano le dio un _____ muy bueno.

Key Words

abdominal   abdominal
la ambulancia   ambulance
las amígdalas   tonsils
la anestesia   anesthesia
el (la) anestesista   anesthetist
el apéndice   appendix
la apendicitis   appendicitis
el ataque   attack
el calmante   tranquilizer
la camilla   stretcher
las cataratas   cataracts
el (la) cirujano(a)   surgeon
la clínica   hospital, clinic
el colon   colon
la compañía de seguros   insurance
company
dar a luz   to give birth
de parto (estar)   in labor
el dolor   pain, ache
los dolores de parto   labor pains
embarazada   pregnant
encinta   pregnant
el (la) enfermero(a)   nurse
examinar   to examine
extraer   to take out
el formulario   form
grave   serious
hacer una intervención
quirúrgica   to operate, do surgery
las hemorroides   hemorrhoids, piles
la histerectomía   hysterectomy
el hospital   hospital
la intervención quirúrgica   surgery
el intestino   intestine, bowel
la inyección   injection

el (la) médico(a)   doctor
el (la) médico(a) residente   intern
la mesa de operaciones   operating
table
el (la) obstétrico(a)   obstetrician
la operación   operation
operar   to operate
el ovario   ovary
el oxígeno   oxygen
el (la) paciente   patient
parir   to give birth
el pentotal sódico   sodium pentothal
el pólipo   polyp
la póliza (de seguro)   policy
por vía intravenosa   intravenous(ly)
preñada   pregnant
la presión sanguínea   blood pressure
la prognósis   prognosis
el pronóstico   prognosis
el pulso   pulse
el quirófano   operating room
el quiste   cyst
la radiología   radiology
la radiografía   x-ray
sacar   to take out
la sala de emergencia
(urgencias)   emergency room
la sala de operaciones   operating room
la sala de parto   delivery room
la sala de recuperación   recovery room
la sala de restablecimiento   recovery
room
el seno   breast
la silla de ruedas   wheelchair
la tensión arterial   blood pressure

la tienda de oxígeno   oxygen tent
el tranquilizante   tranquilizer
las úlceras   ulcers
la unidad de cuidados
    intensivos   intensive care unit

la vejiga   bladder
la vejiga de la bilis   gallbladder
la vesícula   bladder
la vesícula biliar   gallbladder

Chapter 20: At the theater and the movies
Capítulo 20: En el teatro y en el cine

SEEING A SHOW

Quiero ir al *teatro*.	theater
¿Qué tipo de *obra* quieres ver?	work
un *drama*.	drama
una *tragedia*.	tragedy
una *comedia*.	comedy
Quiero ver una *obra musical*.	musical
una *revista musical*.	musical revue
una *zarzuela*.[1]	
¿Quién es el *actor* (la *actriz*)?	actor (actress)
¿Quién *hace el papel* de Adán?	plays the part, takes the role
¿Quién es el (la) *protagonista*?	lead
La obra tiene tres *actos*.	acts
Cada acto tiene dos *escenas*.	scenes
Hay un *intermedio* después del segundo acto.	intermission
El actor (la actriz) *entra en escena*.	enters, comes on stage
Los *espectadores* aplauden.	spectators
Les gusta el *espectáculo*.	show
Los espectadores *patean* si no les gusta el espectáculo.	stamp their feet
Se levanta el telón.	the curtain goes up
Se cae el telón.	the curtain goes down

1. Complete.

1. ¿Por qué no vamos al _____? Quiero ver una obra teatral.
2. No quiero ver una tragedia. Prefiero ver una _____.
3. El _____ Horacio López hace el papel del rey y la _____ Leonora Riscal hace el _____ de la reina.
4. Ella tiene el papel más importante. Ella es la _____.
5. La obra es bastante larga. Tiene cinco _____ y cada uno tiene dos _____.
6. Se cae el _____ después de cada acto.
7. Entre el tercer acto y el cuarto hay un _____ de quince minutos.
8. Todos los espectadores aplauden cuando la protagonista _____ _____ _____ por primera vez.
9. Los espectadores aplauden porque les gusta el _____.
10. Si a los espectadores no les gusta, luego _____.

2. Give the opposite.

1. una comedia
2. un actor

---

[1] A **zarzuela** is a short Spanish musical comedy or operetta.

143

3. aplaudir
4. Se cae el telón.

AT THE TICKET WINDOW (Fig. 20-1)

Fig. 20-1

En la *taquilla*	ticket window, box office
¿Quedan *localidades*[2] para la *función de esta noche*?	seats; tonight's performance
Lo siento. Están *agotadas*.	sold out (all gone)
¿Hay localidades para la función de mañana	
en el *patio* (la *platea*)?	orchestra
en el *entresuelo* (el *anfiteatro*)?	mezzanine
Quiero sentarme en la *galería* (el *balcón*).	balcony
el *gallinero* (el *paraíso*).	top balcony
Quiero dos *butacas de patio* (*platea*).	orchestra seats
Quiero un *palco de platea*.	parterre box
Quiero dos *delanteras* en el entresuelo.	front-row seats

---

[2] The word **localidad** can mean either "seat" or "ticket."

¿ *Cuánto valen* las localidades?	how much are
Aquí tiene Ud. sus *entradas.*[3]	tickets
Tienen los asientos 15 y 16 en la *fila* D.	row
¿A qué hora *empieza* la función?	starts
Podemos dejar el abrigo en el *vestuario* (*guardarropa*).	cloakroom
El (la) *acomodador*(*a*) nos dará un programa.	usher
Tenemos que darle una *propina* al (a la) acomodador(a).	tip

3. Complete.

En la _____ **del teatro**
$\quad$ 1

— ¿_____ localidades para la _____ de esta noche?
$\qquad$ 2 $\qquad\qquad\qquad\qquad$ 3

— ¿No, señor. Están _____. Pero quedan _____ para la función de
$\qquad\qquad\qquad\qquad$ 4 $\qquad\qquad\qquad\qquad$ 5
mañana.

— Para mañana está bien.

— ¿Prefiere Ud. sentarse en el _____, en el _____, o en la
$\qquad\qquad\qquad\qquad\qquad$ 6 $\qquad\qquad\qquad\qquad$ 7

_____?
$\qquad$ 8

— Quiero dos _____ de patio, por favor.
$\qquad\qquad\qquad$ 9

— ¡Ay, perdón! Lo siento. Para la función de mañana el patio está completo. Pero me

quedan algunas _____ en el entresuelo.
$\qquad\qquad\qquad$ 10

— Está bien. ¿Cuánto _____ las localidades?
$\qquad\qquad\qquad$ 11

— Sesenta pesos cada una.

— De acuerdo.

— Aquí tiene Ud. sus _____. Uds. están en la _____ *A* del entresuelo.
$\qquad\qquad\qquad$ 12 $\qquad\qquad\qquad$ 13

— Gracias. Y perdón. ¿A qué hora _____ la función?
$\qquad\qquad\qquad$ 14

— Se _____ el telón a las ocho en punto.
$\qquad$ 15

4. Read the conversation and answer the questions that follow.

Marta:$\quad$ ¿Fuiste a la taquilla del teatro hoy?
Elena:$\quad$ Sí, fui.
Marta:$\quad$ Luego, ¿vamos al teatro esta noche?
Elena:$\quad$ Esta noche, no. No quedaban localidades. Estaban agotadas pero tengo dos
$\qquad\quad$ entradas para la función de mañana.
Marta:$\quad$ Está bien. ¿Estamos en el patio?

---

[3] Take special note that the word for theater or movie tickets is **entradas** and not **boletos** or **billetes**.

Elena: No, no quedaban butacas de patio pero había algunas delanteras en el entre-
         suelo. Estamos en la primera fila del entresuelo.
Marta: Está bien. De allí se ve muy bien. No me gusta sentarme ni en el balcón ni en el
         gallinero. De allí no se oye bien. Prefiero estar o en el patio o en el entresuelo.

1. ¿Adónde fue Elena hoy?
2. ¿Van Elena y Marta al teatro esta noche?
3. ¿Qué no quedaba para la función de esta noche?
4. ¿Estaban agotadas para la función de mañana también?
5. ¿Cuántas entradas tiene Elena para la función de mañana?
6. ¿Están en el patio?
7. ¿Por qué no?
8. ¿Dónde van a sentarse Marta y Elena?
9. A Marta, ¿por qué no le gusta sentarse ni en el balcón ni en el gallinero?
10. ¿Dónde prefiere sentarse ella?

5. Correct each statement.
1. Se puede comprar (sacar) entradas para el teatro en el vestuario.
2. El taquillero les muestra a los espectadores donde están sus asientos.
3. Al entrar en el teatro una persona puede dejar su abrigo en la taquilla.
4. Se cae el telón cuando empieza la función.
5. En el teatro se oye mejor en el gallinero.

6. Give another word for:
1. la platea
2. el entresuelo
3. el gallinero
4. el balcón

AT THE MOVIES

En el *cine*   movies
¿Qué película *están poniendo* (*presentando, pasando*) esta   showing, playing
   noche?
¿Quién *actúa* en la película?   is playing, acting
¿Quedan localidades para esta noche?
No quiero sentarme muy cerca de la *pantalla*.   screen
Es una película española pero está *doblada* en inglés.   dubbed
¿Dónde fue *rodada* la película?   shot
¿Prefieres ver la película en versión original?
Muchas películas en versión original llevan subtítulos.

7. Complete.
1. Están _____ una nueva _____ del director Humberto Vargas en
    el _____ Imperial.
2. Es una película española y fue _____ en el sur de España.
3. No entiendo muy bien el español. ¿Sabe Ud. si la película está _____ en
    inglés?

4. ¿Por qué no vamos a ver la película esta noche si quedan _____?
5. En el cine no me gusta sentarme muy cerca de la _____.
6. Yo prefiero ver las películas _____. No me gustan las películas dobladas.
7. Si no entiendo todo lo que están diciendo los actores, leo _____.

Key Words

el (la) acomodador(a)   usher
el acto   act
el actor   actor
la actriz   actress
actuar   to act, play a part
agotado   gone, sold out
el anfiteatro   mezzanine
aplaudir   to applaud
el balcón   balcony
la butaca   seat (in a theater or movie theater)
caerse   to go down (curtain)
el cine   movies
la comedia   comedy
dejar   to leave, to check
la delantera   a seat in one of the front rows
doblar   to dub
el drama   drama
empezar(ie)   to begin
la entrada   ticket
entrar en escena   enter, come on stage
el entresuelo   mezzanine
la escena   scene
el escenario   stage
el espectáculo   show
el (la) espectador(a)   spectator
la fila   row
la función   show, performance
la galería   balcony
el gallinero   top balcony

el guardarropa   cloakroom
hacer el papel   to play the part, take the role
el intermedio   intermission
levantarse   go up, rise (curtain)
la localidad   seat, ticket
la obra   work
la obra musical   musical
el palco   box seat
la pantalla   screen
el paraíso   top balcony
el patio   orchestra
patear   to stamp one's feet
la película   movie, film
la platea   orchestra
poner   to present, show, play
el programa   program
la propina   tip
el (la) protagonista   lead performer
la revista musical   musical revue
rodar (ue)   to shoot (a film)
el subtítulo   subtitle
la taquilla   ticket window, box office
el teatro   theater
el telón   curtain (of a stage)
la tragedia   tragedy
la versión original   original version
el vestuario   cloakroom
la zarzuela   Spanish musical comedy or operetta

Chapter 21: Sports
Capítulo 21: Los deportes

SOCCER[1]

Es un *equipo* de fútbol.	team
Hay once *jugadores* en cada equipo.	players
Están en el *campo* de fútbol.	field
Los jugadores *lanzan el balón* con los pies.	toss the ball
El *portero* (*guardameta*) guarda la *portería* (*la puerta*).	goalie; goal
El portero *para* el balón.	stops, blocks
El *ala izquierda* pasa el balón a un compañero.	left end
El jugador *hace* (*mete*) *un gol*.	makes a goal
Marca un tanto (*punto*).	scores a point
Un jugador *le da una patada* al otro.	kicks
El *árbitro* suena (silba) el *silbato*.	referee; whistle
Llama (declara) un foul.	
Es el final del primer *tiempo*.	period
El juego está *empatado*.	tied
El partido quedó empatado en cero.	It was a no-score game
Ningún equipo *ganó*.	won
Se ve el *tanto* en el *tablero* (*cuadro*) *indicador*.	point; scoreboard

1. Answer.
   1. ¿Cuántos jugadores hay en un equipo de fútbol?
   2. ¿Cuántos equipos juegan en un partido de fútbol?
   3. ¿Dónde juegan los jugadores al fútbol?
   4. ¿Quién guarda la portería?
   5. ¿Con qué lanzan el balón los jugadores?
   6. ¿Qué quiere hacer con el balón el portero?
   7. Si un jugador mete un gol, ¿marca un tanto o no?
   8. ¿Quién declara un foul?
   9. ¿Qué silba el árbitro?
   10. ¿Está empatado el juego al final del primer tiempo?

2. Complete.

El partido empieza. Los dos _____ están en el _____ de fútbol.
                                         1   2
En total hay 22 _____. Un jugador le da una _____ al balón. Otro
                        3   4
del equipo contrario lo intercepta. Él lo _____ a un compañero. Él se acerca a
                                                      5
la _____, pero el balón no entra. El portero salta y _____ el balón. Es
        6   7

---

[1] The term **fútbol** refers to the game known as soccer in the United States and is derived from the word football.

Fig. 21-1

casi el final del primer _____ y el _____ queda _____ en
                                              8   9   10

cero. Ningún equipo está ganando.

3. Identify each item in Fig. 21-1.

TENNIS

Hay un *torneo* de tenis.	tournament
Las dos jugadoras están en la *cancha de tenis*.	tennis court
Cada una tiene su *raqueta*.	racket
Están jugando un *juego de singles*.	singles
No están jugando *dobles*.	doubles
Una jugadora *sirve* la pelota.	serves the ball
La otra la *devuelve*.	returns
Ella lanza la pelota *por encima de la red*.	over the net
La pelota está out.	
El tanto está a quince–*nada* (*cero*).	love
Hizo un *net*.	net ball
Ella ganó dos de los tres *sets*.	sets

4. Complete.

1. Hay dos _____ en un juego de singles y hay cuatro en un juego de
   _____.
2. Para jugar (al)[2] tenis, hay que tener una _____ y algunas _____.
3. Se juega (al) tenis en una _____ de tenis.
4. En un juego de tenis hay que lanzar la _____ por encima de la
   _____.
5. Si la pelota roza (rubs) la red, es un _____.
6. Una jugadora _____ la pelota y la otra la _____.
7. Cuando un jugador ha marcado, y el otro no ha marcado, el tanto es quince-
   _____.

BASKETBALL

Fig. 21-2

Los jugadores están en la *cancha* (el *campo*) de básquetbol.	court
Un jugador *tira* el balón.	shoots
Lo mete en el *cesto* (la *canasta*).[3]	basket

---

[2] The preposition **a** is always used after the verb **jugar** in Spain. In most areas of Latin America it is omitted.

[3] **La canasta** for a basket on a basketball court is a relatively new entry in the *Diccionario de la Real Academia*.

Tiene que meter el balón en el cesto en la *meta* (*el*   bounds
    territorio) del equipo contrario.
Si tira el balón y no lo mete en el cesto, *falla el tiro*.   misses the shot
Si el jugador mete el balón en el cesto, *marca un punto*   scores a point
    (*tanto*).

5.   Answer on the basis of Fig. 21-2.
   1.   ¿Dónde está la jugadora?
   2.   ¿Qué juega?
   3.   ¿Qué tiró?
   4.   ¿Dónde lo metió?
   5.   ¿Falló el tiro o no?
   6.   ¿Marcó un tanto la jugadora?

GOLF (Fig. 21-3)

el campo
(la cancha)
de golf

el hoyo

el palo

la bola,
la pelota

Fig. 21-3

6.   Complete.
   El golf se juega en un _____ de golf. El jugador o la jugadora tiene que
                                    1
darle un golpe a la _____ con un _____ para meterla en un
                              2   3
_____.
        4

Key Words

el ala end (player)

el árbitro umpire, referee

el balón ball

el baloncesto basketball

el básquetbol basketball

la bola ball (golf)

el campo field, court

la canasta basket

la cancha field, court

el cero zero, love (tennis)

el cesto basket

el cuadro indicador scoreboard

darle una patada to kick

el deporte sport

devolver (ue) to return

dobles doubles (tennis)

empatado tied (score)

el equipo team

fallar to miss

el foul foul

el fútbol soccer

ganar to win

el guardameta goalie

hacer un gol to make a goal

el hoyo hole

el juego game, match

el (la) jugador(a) player

jugar (ue) to play

marcar to score

la meta bounds

meter to put in

meter un gol to make a goal

nada nothing, love (tennis)

el net net ball

el palo club (golf)

parar to stop, block

el partido game

la pelota ball (small)

la portería goal

el portero goalie

la puerta goal

el punto point

la raqueta racket

la red net

servir (i,i) to serve (a ball)

el set set

el silbato whistle

singles singles (tennis)

el tablero indicador scoreboard

el tanto point

el tenis tennis

el tiempo period

tirar to throw, shoot

el tiro shot

el torneo tournament

Chapter 22: The beach
Capítulo 22: La playa

TALKING ABOUT THE SEA

Hoy el mar está muy *calmo* (*tranquilo, calmado, apacible*).	calm
Ayer estaba muy *agitado* (*turbulento, revuelto*).	rough
Las *olas* son muy grandes.	waves
Las olas *se rompen* (*revientan, estallan*) contra las rocas.	break
¿Cuándo es la *marea alta*?	high tide
¿Cuándo es la *marea baja*?	low tide
Hay una *corriente* fuerte.	strong current
Hay una *contracorriente* (*resaca*) *peligrosa*.	dangerous undertow

1. Complete.
1. Hoy no hay olas en el mar. Está muy _____.
2. Ayer había olas grandísimas y muy fuertes. El mar estaba muy _____.
3. Hoy la marea alta es por la mañana y la _____ _____ es por la tarde.
4. A veces las olas _____ _____ contra las rocas con mucha violencia.
5. Es peligroso bañarse en el mar cuando hay una _____.

2. Match to complete each statement.

A	**B**
1. Hay más playa . . .	(*a*) durante la marea alta.
2. Las olas son grandísimas . . .	(*b*) las olas se rompen con violencia.
3. Cuando el mar está agitado . . .	(*c*) cuando hay corrientes peligrosas.
4. Hay menos playa . . .	(*d*) cuando el mar está muy tranquilo.
5. Es mejor no bañarse . . .	(*e*) cuando la marea es baja.
	(*f*) cuando el mar está muy agitado.

ACTIVITIES ON THE BEACH (Fig. 22-1)

Voy a *veranear* en la playa.	spend the summer
Es un *balneario* muy conocido.	seaside resort
Se puede alquilar una *cabina*.	cabin
Me gusta *nadar*.	swim
flotar (*hacer la plancha*).	float
bucear.	scuba-dive
correr (*montar*) *las olas*.	ride the waves, surf
esquiar en el agua.	water-ski
Me gusta *caminar por la orilla* del mar.	walk along the seashore
bañarme en el mar.	bathe
tomar el sol.	sunbathe

Fig. 22-1

Te estás poniendo muy *quemado(a)*.[1]	burned
Los *rayos del sol* pueden ser muy *peligrosos*.	sun rays; dangerous
Pueden causar el *cáncer de la piel*.	skin cancer
Hay que usar una bronceadora protectora (bloqueadora).	sun block
Estás muy *bronceado(a)*.	tan
¿Qué *bronceador(a)* tienes?	tanning lotion
Me gusta tu *bañador* (*traje de baño*).[2]	bathing suit
tu *bata*.	beach robe
Me gustan tus *gafas para el sol* (*anteojos de sol*).	sunglasses
tus *sandalias* (*zapatillas*) *playeras*.	beach sandals

3. Complete.

    1. Me parece que te estás poniendo muy quemado(a). Debes sentarte debajo de la
           _____ y ponerte _____.

    2. Me gusta mucho _____ en el mar y luego _____ el sol.

---

[1] The word **tostado(a)** is also used.

[2] The words **bañador** and **traje de baño** are equally common in usage. **Un bañador de dos piezas** is a two-piece
bathing suit for a woman. The word **el biquini** is also used.

3. No me gusta sentarme en la _____ . Prefiero sentarme en una _____ .

4. ¿Por qué no caminamos un poco por la _____ del mar?

5. Ella está llevando un bañador de dos _____ .

6. Voy a flotar en este _____ _____ .

4. Say in a different way.
1. Voy a *hacer la plancha.*
2. Voy a *hacer surf.*
3. Voy a *esquiar en el agua.*
4. Voy a *hacer la natación submarina.*
5. Voy a *pasar el verano* en la playa.

5. Complete.
1. Voy a cambiarme la ropa y ponerme el traje de baño. Voy a alquilar una _____ .
2. No quiero sentarme en el sol. Voy a alquilar una _____ .
3. Quiero esquiar en el agua. Voy a alquilar _____ _____ .
4. No quiero sentarme en la arena. Voy a alquilar una _____ .
5. Quiero flotar en el agua. Voy a alquilar un _____ _____ .
6. Voy a correr (montar) las olas. Voy a alquilar una _____ _____ .
7. Quiero ir en un bote de vela. Voy a alquilar un _____ .

6. Write *sí* or *no*.
Podemos nadar cuando . . . .
1. el vigilante está.
2. la playa no está vigilada.
3. hay una contracorriente (resaca).
4. el mar está tranquilo.
5. las olas están estallándose violentamente.
6. hay un montón de barcas (lanchas) en el mar.

Key Words

agitado rough	*la bronceadora protectora*
los anteojos de sol sunglasses	(*bloqueadora*) sun block
la arena sand	*bucear* to scuba-dive
el balneario bathing or beach resort	*calmo* calm
el bañador bathing suit	*el colchón neumático* air mattress
bañarse to bathe	*la contracorriente* undertow
la barca small boat	*correr las olas* to ride the waves, surf
la bata beach robe	*la corriente* current
el bikini bikini	*esquiar en el agua* to water-ski
bronceado tan	*los esquís acuáticos* water skis
la bronceadora tanning lotion	*estallarse* to break

el faro   lighthouse
flotar   to float
las gafas para el sol   sunglasses
hacer el esquí acuático   to water-ski
hacer la plancha   to float with hands
                                    behind the head
la lancha   boat, launch
el mar   sea
la marea   tide
montar las olas   to ride the waves, surf
nadar   to swim
la natación   swimming
la ola   wave
la orilla   shore
peligroso   dangerous
la playa   beach
quemado   burned, sunburned
la resaca   undertow

reventarse (ie)   to break
revuelto   rough, churned up (sea)
la roca   rock
romperse   to break
el (la) salvavidas   lifeguard
las sandalias playeras   beach sandals
la silla de lona   canvas beach chair
la silla plegable   folding chair
la tabla hawaiiana   surfboard
tomar el sol   to sunbathe
tostado   sunburned, tan
el traje de baño   bathing suit
tranquilo   calm
turbulento   rough
el velero   sailboat
veranear   to spend the summer
el (la) vigilante   lifeguard
la zapatilla   sandal

Chapter 23: Skiing
Capítulo 23: El esquí

SKIING (Fig. 23-1)

las montañas

el telesilla

el esquiador

la esquiadroa

la pista

el esquí alpino

la estación de esquí

el anorak

los guantes

el telesquí

los bastones

las botas

los esquís

el esquí de fondo (nórdico)

Fig. 23-1

En *una estación de esquí* grande hay pistas fáciles, interme-dias, difíciles y muy difíciles.	ski resort
Los esquiadores expertos bajan las pistas muy difíciles.	
Y los *principiantes* (*novatos*) bajan las pistas fáciles.	beginners

1. Complete.
   1. Hay muchas _____ de esquí en los Alpes, en los Pirineos, en la sierra Nevada y en el sur de los Andes.
   2. Una estación de esquí tiene _____ para principiantes y expertos.
   3. Hay pistas _____, _____ y _____.
   4. Los esquiadores no suben la pista, _____ la pista.
   5. Y no suben la montaña a pie. Toman _____ o _____.

2. Prepare a list of the equipment one needs to ski.

Key Words

el anorak parka	*el (la) esquiador(a)* skier
bajar to descend, go down	*la estación de esquí* ski resort
el bastón pole	*los guantes* gloves
la bota boot	*la montaña* mountain
el esquí ski, skiing	*la pista* slope
el esquí alpino downhill skiing	*subir* to go up, climb
el esquí de fondo (*nórdico*) cross country skiing	*el telesilla* chairlift
	el telesquí ski lift

Chapter 24: Camping

Capítulo 24: El camping

¿Se puede *acampar* aquí?	to camp
¿Es éste un *camping* oficial?	campsite
¿Dónde podemos *estacionar* (*aparcar*, *parquear*) la *casa-remolque* (el *camper*)?	park, trailer
¿Cuáles son los *servicios* que tienen Uds.?	facilities
¿Dónde están los *baños*?	baths
las *duchas*?	showers
los *retretes*?	toilets
¿Dónde hay *agua potable*?	drinking water
Voy a poner el agua en un *termo*.	thermos

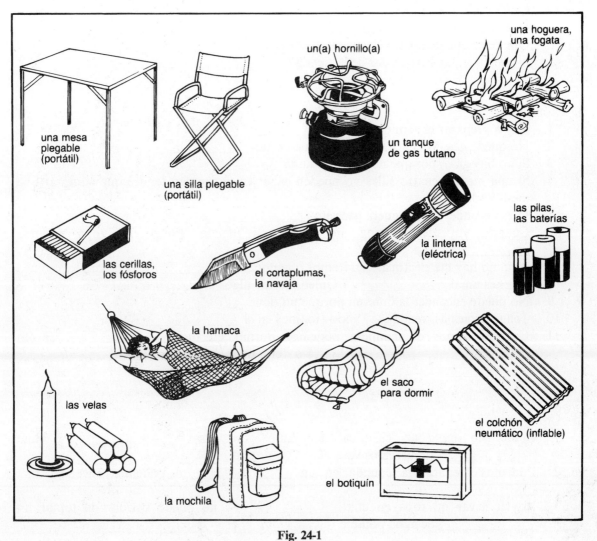

Fig. 24-1

1. Complete.

La Estrella del Mar es un _____ oficial. Aquí viene mucha gente en el
                                    1
verano para _____. Tiene un parking muy grande donde la gente puede esta-
                    2
cionar sus _____. El camping ofrece muchos _____. Tiene
                 3   4
_____, _____, y _____.
       5   6   7

Voy a *armar la tienda* (*de campaña*) (*la carpa*) aquí.   pitch the tent
¿Dónde está el *martillo*?   hammer
Quiero *clavar estas estacas* en la tierra.   hammer these spikes
Voy a *atar* (*amarrar*) *las cuerdas* de la tienda a las estacas.   tie the cords (ropes)
¿Dónde están los *palos*?   poles

2. Answer.
    1. ¿Qué va a armar la joven?
    2. ¿Qué tiene que clavar en la tierra?
    3. ¿Qué tiene que usar para clavarlas en la tierra?
    4. ¿A qué va a atar las cuerdas de la tienda?

3. Complete.
    1. Voy a preparar la comida en el _____.
    2. No queda gas. Me hace falta un tanque de gas _____.
    3. Si no hay gas, ¿por qué no enciendes una _____?
    4. Si una mesa y cuatro sillas no pueden caber en el camper, tendré que comprar una
        mesa y sillas _____.
    5. Para encender una hoguera necesito _____.
    6. Cuando voy de camping, no llevo una maleta. Pongo mi ropa en una
        _____.
    7. Aquí no hay luz eléctrica. Tendremos que poner _____ en la mesa.
    8. ¿Tienes un(a) _____? Quiero cortar algo.
    9. No puedo encender la linterna porque no tiene _____.
    10. Tengo aspirinas, vendajes, y yodo [iodine] en el _____.
    11. Cuando vamos de camping podemos dormir en una _____, en un
        _____, _____, o en un _____ _____
        _____.

4. Complete.
    1. Como no hay luz eléctrica, tendremos que usar _____ o una
        _____ si queremos ver.
    2. Podemos preparar la comida en un _____ o podemos encender una
        _____.
    3. Voy a llevar mi ropa en una _____ y no puedo olvidar de tomar un
        _____ de agua potable.

Fig. 24-2

5. Answer on the basis of Fig. 24-2.
1. ¿Es éste un camping oficial?
2. ¿Están estacionados al lado de las tiendas los campers?
3. ¿Qué está armando la joven?
4. ¿Qué está clavando en la tierra?
5. ¿Con qué está clavándolas?
6. ¿Qué está preparando el joven?
7. ¿En qué está cocinando?
8. ¿Dónde está durmiendo la joven?
9. ¿Qué tiene al lado de su saco para dormir?

6. Identify each item in Fig. 24-3 on page 162.

Key Words

acampar	to camp	*el baño*	bath
el agua potable (*f*)	drinking water	*la batería*	battery
amarrar	to tie	*el botiquín*	first aid kit
aparcar	to park	*el camper*	camper
armar	to pitch (a tent), to put up	*el camping*	camping, a camping site
atar	to tie	*la caravana*	trailer

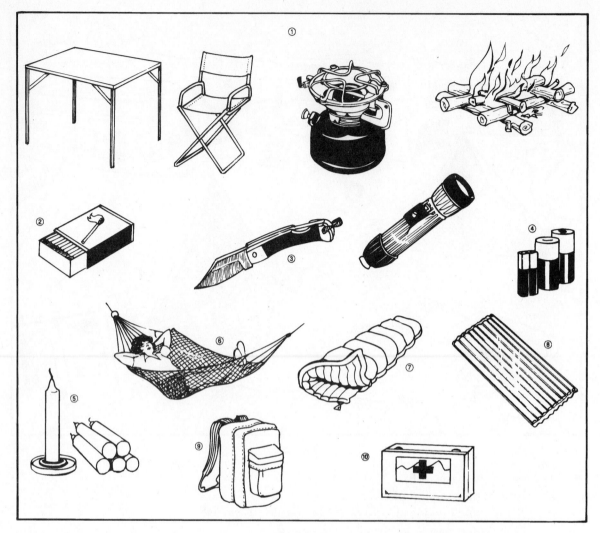

Fig. 24-3

la cerilla	match	
el colchón neumático	air mattress	
el cortaplumas	penknife	
la cuerda	cord, rope	
la ducha	shower	
encender (*ie*)	to burn, to light	
la estaca	spike	
estacionar	to park	
la fogata	bonfire	
el fósforo	match	
el gas butano	butane gas	
la hamaca	hammock	
la hoguera	bonfire	
el hornillo	burner	
la linterna (*eléctrica*)	flashlight	
el martillo	hammer	

la mesa plegable	folding table
la mochila	knapsack
la navaja	penknife, razor
el palo	pole
parquear	to park
la pila	battery
el retrete	toilet
el saco para dormir	sleeping bag
los servicios	facilities
la silla plegable	folding chair
el tanque	tank
el termo	thermos
la tienda de campaña	tent
la vela	candle
el yodo	iodine

Chapter 25: The weather
Capítulo 25: El tiempo

Hace *buen tiempo.*	nice
mal tiempo.	nasty
calor.	hot
frío.	cold
fresco.	cool
viento.	windy
Hay *sol.*[1]	sun
nubes.	clouds
lluvia.	rain
nieve.	snow
neblina (niebla).	fog
relámpagos (rayos).	lightning
trueno.	thunder
Llueve (está lloviendo).	It's raining.
Nieva (está nevando).	It's snowing.
Llovizna (está lloviznando).	It's drizzling.
Graniza (está granizando).	It's hailing.
Truena (está tronando).	It's thundering.
El tiempo está *agradable.*	nice
caluroso.	warm
despejado.	clear
húmedo.	humid
lluvioso.	rainy
inestable.	unstable
tempestuoso.	stormy
Había *una tempestad (una tormenta, un temporal).*	storm
una nevada (una nevasca).	snowfall (snowstorm)
una tronada.	thunderstorm.
una ráfaga.	sudden windstorm
un aguacero (un chubasco, un chaparrón).	shower
Hemos tenido un día *caliente.*	warm
fresco.	cool
frío.	cold
húmedo.	humid
nublado.	cloudy
soleado.	sunny
bochornoso.	sultry

1. Complete.
   1. En el verano hace _____ y hay mucho _____.
   2. En el invierno hace _____ y a veces _____.

---

[1] Either **hay** or **hace** may be used with **sol.**

3. Hay sol. El cielo está _____. El día está _____.
4. Hay _____. El cielo está nublado.
5. No hace ni frío ni calor. Hace _____.
6. No se ve casi nada. Hay mucha _____.
7. A veces durante una tempestad hay _____ y _____.
8. No _____ en el verano, pero en el invierno, sí. Y a veces _____
   también.
9. No está lloviendo mucho. Sólo está _____.

2. Complete.
    1. Durante un _____, llueve.
    2. Durante una _____, nieva.
    3. Hay trueno durante una _____.
    4. Hay viento y relámpagos durante una _____.

3. Tell more about the weather.
    1. El tiempo está inestable. ¿Cómo está?
    2. El tiempo está despejado. ¿Cómo está?
    3. El tiempo está tempestuoso. ¿Cómo está?
    4. El tiempo está agradable. ¿Cómo está?

4. Give a word related to each of the following.
    1. soleado
    2. nevada
    3. tronada
    4. tempestad
    5. humedad
    6. nube
    7. calor
    8. lluvia

5. Complete.
    1. Está lloviendo bastante. Hay un _____.
    2. Ayer hacía mucho calor. Tuvimos un día _____.
    3. Un momento hace buen tiempo y el otro hay una tormenta. El tiempo está muy
       _____.
    4. Ayer hacía mucho sol. Disfrutamos de un día _____.

6. Write *true* or *false*.
    1. Cuando el cielo está despejado hay muchas nubes.
    2. Cuando el cielo está despejado no hay nubes, el sol brilla y disfrutamos de un día
       soleado.
    3. Cuando hace mucho frío y el cielo está nublado, es posible que nieve o granice.
    4. Durante un chubasco, nieva.
    5. Durante una nevada, hay por lo general mucho trueno y relámpagos.

7. Read the following weather reports and then answer the questions.

(1) Pronóstico meteorológico

Nubosidad variable con aguaceros dispersos (scattered) y posibilidad de aguaceros con tronadas sobre el interior. Vientos del este a 20 kilómetros por hora, con ráfagas locales reduciéndose de noche. Posibilidad de lluvia (precipitación) 95 por ciento. Temperatura máxima de 28 grados centígrados. Temperatura mínima de 22 grados. La presión barométrica (atmosférica) de 735 milímetros y cayendo.

1. ¿Está haciendo buen tiempo?
2. ¿Está totalmente nublado?
3. ¿Se despeja el cielo a veces?
4. ¿Hay aguaceros por toda la región?
5. ¿Dónde habrá aguaceros con tronadas?
6. ¿De dónde vienen los vientos?
7. ¿A cuántos kilómetros por hora soplan los vientos?
8. ¿Cuál es la probabilidad de precipitación?
9. ¿Cuál será la temperatura máxima?
10. ¿Cuál será la temperatura mínima?
11. ¿Cuál es la presión barométrica?

(2) Pronóstico meteorológico

Parcialmente nublado de noche con nubosidad variable de tarde con algunas nevadas. Temperatura máxima de dos grados centígrados. Temperatura mínima de tres grados bajo cero. Mañana despejándose (aclarándose) con temperaturas más altas alcanzando los diez grados centígrados.

1. ¿Estará completamente nublado?
2. Y por la tarde, ¿cómo estará el tiempo?
3. ¿Va a nevar?
4. ¿Está haciendo frío o calor?
5. ¿Cuál será la temperatura máxima?
6. ¿Y la mínima?
7. ¿Cuándo va a despejarse?
8. ¿Cómo será la temperatura?

8. Give other terms for:
1. aguaceros en algunas partes de la región, pero no en todas
2. nubes que van y vienen
3. probabilidad de lluvia
4. la presión atmosférica
5. aclarándose

Key Words

el aguacero	(rain) shower	*el calor*	heat
alcanzar	to reach	*caluroso*	warm, hot
bochornoso	sultry	*centígrado*	centigrade

el chaparrón   shower
el chubasco   shower
despejado   clear
despejarse   to clear
disperso   scattered
fresco   cool
frío   cold
granizar   to hail
húmedo   humid
inestable   unstable, changeable
llover (ue)   to rain
lloviznar   to drizzle
la lluvia   rain
lluvioso   rainy
la neblina   fog
la nevada   snowfall
nevar (ie)   to snow
la nevasca   snowstorm
la niebla   fog, mist
la nieve   snow
la nube   cloud
nublado   cloudy
la nubosidad   cloudiness

la precipitación   precipitation
la presión barométrica   barometric pressure
el pronóstico meteorológico   weather forecast
la ráfaga   sudden windstorm, small cloud that brings a sudden change in weather
los rayos   lightning
los relámpagos   lightning
el sol   sun
soleado   sunny
la temperatura   temperature
la tempestad   storm
tempestuoso   stormy
el temporal   storm
el tiempo   weather
la tormenta   storm
la tronada   thunderstorm
tronar (ue)   to thunder
el trueno   thunder
el viento   wind

Chapter 26: Crime
Capítulo 26: Delitos y crímenes

La pistola es un arma de fuego.

El cuchillo es un arma blanca.   knife

El robo es la toma ilegal de la propiedad de otro.

La toma ilegal de la propiedad de otro por la fuerza es *el
  latrocinio.*   armed robbery

El asalto es el acto de causarle *daño* físico a otro.   harm

El homicidio es el acto de causar la *muerte* de otra   death
  persona sin justificación.

El asesino es el que *mata.*   kills

El asesinato es el que fue asesinado, es decir la víctima de
  un homicidio.

La violación sexual es el acceso sexual a una persona con
  la fuerza o sin el consentimiento.

1. Complete.
1. El _____ empujó al señor y luego le robó la cartera.
2. El que roba es un _____.
3. El _____ es el acto de robarle a una persona. Es decir tomarle su propiedad ilegalmente.
4. La entrada ilegal a un edificio, sea casa o negocio, con el interés de cometer un delito (un crimen) es el _____.
5. Matarle a una persona es un _____.
6. La víctima de un homicidio es el _____ y el que comete un homicidio es el _____.
7. La pistola es _____ y el cuchillo es _____.
8. La _____ es un crimen sexual cometido con más frecuencia contra las mujeres.

AT THE POLICE STATION

La señorita fue a la *comisaría*.   police station
Ella *denunció* un robo.   reported
El policía la interrogó (le hizo preguntas).
Ella le dio una descripción del perpetrador.

2. Answer in the affirmative.
1. ¿Fue la señorita una víctima de un crimen?
2. ¿Le robó la cartera en la estación de metro?
3. ¿Había dos carteristas?
4. ¿La empujó un carterista mientras el otro le quitó la cartera?
5. ¿Fue la joven a la comisaría?
6. ¿Denunció el crimen?
7. ¿Le dio una descripción de los carteristas al agente de policía?

Key Words

el arma blanca weapon with a blade	*físico* physical
el arma de fuego firearm	*el homicidio* homicide, murder
el asalto assault	*interrogar* to interrogate
el asesincto person killed	*el ladrón* robber, thief
el asesino murderer	*el latrocinio* armed robbery
el carterista pickpocket	*la muerte* death
la comisaría police station	*el perpetrador* perpetrator
el consentimiento consent	*la pistola* pistol, gun
el cuchillo knife	*el policía* police officer
el daño harm	*la propiedad* property
el delito crime	*el robo* robbery
denunciar un crimen to report a crime	*la toma* taking, seizing
empujar to push, shove	*la víctima* victim
el escalamiento breaking and entering	*la violación sexual* rape

Chapter 27 : Education
Capítulo 27 : La educación

ELEMENTARY SCHOOL

Los niños pequeños asisten a una *escuela de párvulos.*	nursery school
Los niños en los primeros seis grados asisten a una *escuela primaria*[1] *(elemental).*	elementary school
El (la) *maestro(a)*[2] les *enseña.*	teacher; teaches
Los alumnos aprenden.	the pupils learn
La maestra les *da una lección* de geografía.	gives a lesson
Ella escribe algo en la *pizarra* (el *pizarrón*).	chalkboard
Los alumnos tienen sus *libros de texto* (*libros escolares*).	textbooks
Tienen sus libros en sus *pupitres.*	desks
La maestra les lee un cuento de su *libro de lectura.*	reading book
El (la) *director(a)* entra en el *aula* (la *sala de clase*).	principal; classroom

1. Match.

A	B
1. el (la) alumno(a)	(a) una escuela para niños pequeños
2. el aula	(b) da una lección
3. una escuela de párvulos	(c) lo que hacen los alumnos en la escuela
4. enseña	(d) niño(a) que asiste a una escuela primaria
5. escuela primaria	(e) libro que les enseña a los alumnos a leer
6. el (la) maestro(a)	(f) escuela que por lo general tiene los primeros seis grados
7. aprenden	(g) sala de clase
8. libro de lectura	(h) el (la) jefe(a) de la escuela
9. el (la) director(a)	(i) persona que enseña en una escuela primaria

2. Complete.

Una escuela para niños pequeños es una _____ _____
$\underset{1}{}$

_____ . Los niños de los primeros seis grados son _____ y ellos
$\underset{2}{}$

asisten a una escuela _____ . La persona que les enseña es
$\underset{3}{}$

_____ _____ . Él o ella les _____ muchas lecciones. Les
$\underset{4}{}$ $\underset{5}{}$

---

[1] Please note that it is impossible to generalize about the educational systems in the many Spanish-speaking countries since they vary greatly from country to country. Usually the elementary school consists of six grades plus kindergarten **(el kinder).**

[2] The word **maestro(a)** is used for an elementary school teacher. **Profesor(a)** is used for teachers of the secondary and university levels.

enseña a leer de sus libros de _____. A veces él o ella escribe algo en la
6

_____.
7

SECONDARY SCHOOL

Después de la primaria, los estudiantes asisten a la *escuela secundaria* (*a la preparatoria, al colegio, al liceo*).[3]	secondary school
En muchos colegios hay *internos* y *externos*.	boarders; day students
En muchos colegios los estudiantes tienen que llevar *uniforme*.	uniform
Llevan sus libros en una *cartera* (un *portalibros*, un *maletero*).[4]	book bag
Ellos siguen un *plan de estudios*.	course of study
El plan de estudios incluye muchas *asignaturas* (*materias*).	subjects
Cada día tienen que seguir su *horario*.	schedule
Mientras habla el (la) profesor(a), los estudiantes *toman apuntes*.	take notes
Escriben los apuntes en un *cuaderno* (*bloc*).	notebook
Escriben con un *bolígrafo*.	ballpoint pen
Todos quieren *salir bien* en los exámenes.	pass
No quieren *salir mal* (*ser suspendidos*).	fail
Quieren recibir (sacar) buenas *notas* (*calificaciones*).	marks, grades
Al graduarse del colegio, los estudiantes reciben el bachillerato.[5]	upon graduating
Algunas calificaciones son *sobresaliente*.[6]	outstanding
notable (*muy bueno*).	very good
bueno.	good
aprobado (*regular*).	passing
suspenso (*desaprobado, cate*).	failing

3. Answer.
   1. ¿Cuáles son otras palabras que significan "escuela secundaria"?
   2. ¿Quiénes asisten a una escuela secundaria?
   3. ¿Quiénes enseñan en una escuela secundaria?

---

[3] In most of the Spanish-speaking countries there are many more private and church-supported schools than here in the United States.

[4] Today many youngsters carry their books in a knapsack, **una mochila**.

[5] In many Spanish-speaking countries students receive **el bachillerato** upon completion of the **preparatoria** (often shortened in colloquial speech to **la prepa**). The word **bachillerato** translates into English as "bachelor's degree," but it does not necessarily mean that the individual has a college or university degree.

[6] There is no one grading system that is followed in all the Spanish-speaking countries, but these terms are used in many areas.

4. ¿Quiénes son los estudiantes que viven en el colegio?
5. ¿Quiénes son los estudiantes que vuelven a casa todos los días?
6. ¿Cómo llevan sus libros los estudiantes?
7. En muchos colegios, ¿qué tienen que llevar los estudiantes?
8. ¿Qué incluye un plan de estudios?
9. ¿Qué hacen los estudiantes mientras el profesor habla?
10. ¿En qué escriben sus apuntes?
11. ¿Con qué escriben?
12. ¿Cómo quieren salir en sus exámenes los estudiantes?
13. ¿Qué quieren recibir?

4. Give another word for:
1. el liceo
2. el bloc
3. la nota
4. salir mal
5. regular

5. Choose the appropriate word.
1. _____ asisten a una escuela secundaria. (a) los (las) alumnos (b) los estudiantes
2. _____ enseñan en la secundaria. (a) los profesores (b) los maestros
3. _____ no vuelven a casa todos los días. (a) los externos (b) los internos
4. El álgebra y la historia son _____. (a) un plan de estudios (b) asignaturas
5. El estudiante escribe apuntes en su _____. (a) bloc (b) bolígrafo

6. Give equivalent words for the following grades in the United States.
1. A, A+
2. B
3. C
4. F
5. B+, A−

7. Complete.
1. Un _____ es una escuela secundaria en la mayoría de los países hispanos.
2. La mayoría de los estudiantes llevan sus libros en una _____.
3. Los estudiantes tienen que llevar _____ a clase.
4. Los estudiantes no quieren ser suspendidos. Prefieren _____ buenas _____.

UNIVERSITY

Él (ella) quiere *matricularse* en la universidad. register, matriculate
El bachillerato es un *requisito* para matricularse en la universidad. requirement

Espera recibir una *beca*.	schol· ·ship
Los *derechos de matrícula*[7] son caros.	tuitio.
La *apertura de curso* es el 10 de octubre.	beginning of the ·rm
Él (ella) quiere *inscribirse* en cinco cursos.	enroll
En otro quiere ser *oyente*.	auditor
El profesor da una *conferencia*.[8]	lecture
Él (ella) quiere *especializarse* en literatura.	major
graduarse.	graduate
licenciarse.	get a master's degree
doctorarse.[9]	get a doctorate
La universidad se divide en *facultades*.[10]	schools
El doctor Hurtado es *rector*.	rector
decano.	dean
Los internos se hospedan en el *dormitorio* (*el colegio mayor*).[11]	dormitory

8. Give the word being defined.
1. lo que uno tiene que pagar para estudiar en la universidad
2. inscribirse en cursos en la universidad
3. el día que empiezan las clases
4. los estudiantes que viven en la universidad
5. lo que puede recibir un(a) estudiante para ayudarle a pagar los gastos universitarios
6. el (la) director(a) de una universidad
7. recibir el doctorado
8. una cosa necesaria u obligatoria
9. lo que dan los profesores
10. el (la) que asiste a un curso sin recibir créditos
11. terminar con los estudios universitarios y salir de la universidad
12. recibir la licenciatura

9. Complete.
1. Si Ud. quiere asistir a la universidad, tiene que _____.
2. Ella quiere ser médica. Va a _____ en medicina.
3. Ella estudia literatura. Es estudiante en la _____ de letras.

---

[7] In most Spanish-speaking countries tuition at a university is relatively low in comparison to tuition in the United States. Often tuition at a good preparatory school is more expensive than college or university tuition.

[8] Take special note that **conferencia** is not a conference but rather a lecture. **Lectura** means "reading." A conference would be **una reunión,** which literally means "meeting." A very large conference such as a convention is **un congreso.**

[9] **Licenciarse** translates into English as "to get a master's degree" and **doctorarse** "to get a doctorate." The time spent to earn such a degree will vary from country to country.

[10] Note that the word **facultad** does not mean faculty but rather school in the sense of "school of medicine, school of humanities," etc. In general the universities have the following schools: **facultad de ciencias, ciencias económicas, ciencias políticas, derecho** (law), **filosofía, filosofía y letras, humanidades, ingeniería, letras, medicina.** The word for "faculty" is **el profesorado.**

[11] Universities and university life in the Spanish-speaking countries are quite different from what is usual in the United States. Generally the universities are located in the larger cities. The small type of U.S. college with a large campus, located in a small town, is almost nonexistent. For this reason it is less common for a student to board or live on campus.

4. Para matricularse en la universidad, hay que pagar los _____
    _____ _____.
5. Este semestre, yo quiero _____ en sólo tres cursos.
6. Por lo general, la _____ _____ _____ en los Estados
    Unidos es a principios de septiembre.
7. El profesor de literatura hispanoamericana da una _____ sobre Borges.
8. El curso del nivel 100 es un _____ para continuar en un curso del nivel
    200.

10. Answer.
   1. ¿Tienen que matricularse los universitarios?
   2. ¿Cuál es en requisito para matricularse en la universidad?
   3. En los Estados Unidos, ¿cuestan mucho los derechos de matrícula?
   4. ¿Cuándo es la apertura de curso en los Estados Unidos?
   5. ¿Tienen que especializarse en algún campo los estudiantes?
   6. ¿Es posible ser oyente en algunos cursos?
   7. ¿Tiene una universidad más profesores que decanos?

11. Tell in which school one would enroll if one wished to become the following.
   1. médico(a)
   2. profesor(a) de literatura
   3. abogado(a)
   4. biólogo(a)
   5. ingeniero(a)

Key Words

el (la) alumno(a) pupil	*el cuaderno* notebook
la apertura de curso beginning of classes, opening of school	*el curso* course
aprender to learn	*dar una lección* to present (give) a lesson
aprobado passing	*el (la) decano(a)* dean
asistir to attend	*los derechos de matrícula* tuition
el aula (f) classroom	*desaprobado* failing
el bachillerato bachelor's degree	*el (la) director(a)* director, principal, headmaster, headmistress
la beca scholarship	
el bloc pad	
el bolígrafo ballpoint pen	*el doctorado* doctorate
bueno good (mark)	*doctorarse* to get a doctorate
la calificación mark, grade	*el dormitorio* dormitory
la cartera book bag	*enseñar* to teach
cate failing	*la escuela* school
el colegio high school	*la escuela de párvulos* nursery school
el colegio mayor dormitory	*la escuela primaria* elementary school
la conferencia lecture	*la escuela secundaria* secondary school

especializarse   to specialize, to major in
el (la) estudiante   student
el examen   test, exam
el (la) externo(a)   day student
la facultad   school
el grado   grade (in school)
graduarse   to graduate
el horario   schedule
inscribirse   to enroll
el (la) interno(a)   boarding student
la lectura   reading
el libro de texto   textbook
licenciarse   to get a master's degree
la licenciatura   master's degree
el liceo   high school
el (la) maestro(a)   elementary school
        teacher
el maletero   book bag
la materia   subject (in school)
matricularse   to register, to matriculate
la nota   mark, grade
notable   very good (mark)
el (la) oyente   auditor
la pizarra   chalkboard

el pizarrón   chalkboard
el plan de curso (estudios)   course of
        study,
        curriculum
el portalibros   book bag
la preparatoria (prepa)   prep school
el profesorado   faculty
el pupitre   school desk
el (la) rector(a)   rector
regular   fair or passing grade
el requisito   requirement
la sala de clase   classroom
salir bien   to pass
salir mal   to fail
ser suspendido(a)   to fail
sobresaliente   outstanding or
        excellent grade
suspendido(a)   failing, failed
suspenso   fail
tomar apuntes   to take notes
el uniforme   uniform
la universidad (uni)   university

Chapter 28: Business
Capítulo 28: El comercio

El propósito del *comercio* es el de producir y vender productos.	business
Los *vendedores* venden y los *compradores* compran.	sellers, buyers
Los compradores son *consumidores*.	consumers
Compran *bienes* y *servicios*.	goods and services
Los vendedores pueden vender *al por mayor* o *al por menor (al detal)*.	wholesale retail
Los que venden al por mayor son *mayoristas*.	wholesalers
Los que venden al por menor son *detallistas*.	retailers
Hay muchos tipos de *empresas comerciales*.	business enterprises
Hay grandes *corporaciones* o *sociedades anónimas*.	corporations
Hay también *sociedades colectivas* o *asociaciones*.	partnerships
Una asociación tiene dos o más *socios*.	partners
Hay también empresas de propiedad individual.	
La toma de decisiones en las grandes corporaciones está en manos de *la junta directiva*.	decision making board of directors
Los administradores y *los gerentes* también toman muchas decisiones.	managers
La junta directiva siempre quiere cumplir con los intereses de *los accionistas*.	stockholders
Los accionistas tienen *acciones*.	stocks
Las acciones pagan dividendos.	
Las acciones bajan o suben en valor según los resultados de la empresa.	
Las acciones *se comercian* en la *Bolsa de Valores*.	are traded; stock market

1. Match the related words.

	A		B
1.	comerciar	(a)	la venta, el vendedor
2.	vender	(b)	la toma
3.	comprar	(c)	el consumo, el consumidor
4.	consumir	(d)	el comercio, el comerciante
5.	tomar	(e)	la compra, el comprador
6.	producir	(f)	la producción, el producto

2. Rewrite using another word or expression.
1. El propósito del comercio es *la producción y la venta de* bienes y servicios.
2. *Los que compran* son los clientes.
3. *Los que compran* son *los que consumen*.
4. IBM es *una corporación*.
5. Ella vende *al por mayor*.
6. Y él vende *al por menor*.

3.   Complete.
   1.   Los _____ venden y los _____ compran.
   2.   Los compradores son los _____.
   3.   Los que venden en grandes cantidades son _____.
   4.   Los que venden en pequeñas cantidades son _____.
   5.   Los mayoristas venden _____.
   6.   Las mercancías son _____, no servicios.
   7.   Hay _____ comerciales grandes y pequeñas. IBM, por ejemplo, es una _____ grandísima y la tienda Hermanos Otero es pequeña.
   8.   Una empresa que tiene sólo un propietario es una empresa _____.
   9.   Una sociedad colectiva tiene dos o más _____.
   10. Los administradores o los _____ de la empresa toman muchas decisiones.
   11. La _____ tiene que tomar en cuenta los intereses de los accionistas.
   12. Las _____ que tienen los accionistas les pagan dividendos.
   13. Si la empresa tiene buenos resultados financieros las acciones _____ en valor. Pero si tiene malos resultados las acciones _____ en valor.

El marketing

Cada producto o servicio tiene que tener *un mercado*.	market
El servicio (departamento) de marketing se responsabiliza por la promoción y *la publicidad*.	advertising
Antes de producir un producto nuevo hay que tomar en cuenta *la oferta y demanda*.	supply and demand
Hay que *fijar un precio*.	establish a price
La empresa tiene que recuperar los costos (gastos) y realizar *un beneficio*.[1]	profit
Las empresas comerciales, como los individuos, tienen que pagar *impuestos*.	taxes
Tienen que pagar impuestos sobre *el ingreso gravable*.	taxable income

4.   Answer
   1.   ¿Qué tiene que tener un producto o servicio?
   2.   ¿De qué se responsabiliza el departamento de marketing?
   3.   ¿Qué tiene que recuperar una empresa que crea o lanza un producto nuevo?
   4.   ¿Y qué tiene que realizar la empresa?
   5.   ¿Qué tienen que pagar al gobierno las empresas comerciales?

5.   Give the word being defined.
   1.   el conjunto de clientes, consumidores potenciales de un producto
   2.   las contribuciones que tienen que hacer las empresas y los individuos al gobierno
   3.   lo que queda después de pagar los costos de producción, los gastos generales y los impuestos
   4.   el valor que se le da a algo
   5.   la cantidad de productos disponibles vs. la cantidad pedida

---

[1] Other terms for profit are **las ganancias** and **las rentas. Rentable** is the term for profitable.

6. los ingresos sobre los cuales es necesario pagar impuestos
7. anuncios dedicados a promover un producto

La contabilidad

Los *contables* preparan los *estados financieros*.	accountants, statements
Los estados financieros indican *los activos* y *los pasivos*.	assets; liabilities
La hoja de balance es un tipo de estado financiero muy importante.	balance sheet
Si una empresa no es rentable, tiene que declarar *la quiebra*.	bankruptcy

6. Complete.
1. Los contables y los tenedores de libros trabajan en el servicio (departamento) de _____.
2. Los contables preparan muchos tipos de _____ financieros.
3. La _____ de balance compara los activos con los pasivos.
4. Los _____ son deudas.
5. Los _____ son el total de lo que posee la empresa o el individuo.
6. Una empresa que realiza un beneficio es _____.
7. Si a la empresa no le quedan fondos, tiene que declarar la _____.

Key Words

la acción	stock	*el dividendo*	dividend
el (la) accionista	stockholder	*la empresa*	enterprise
los activos	assets	*el estado financiero*	financial statement
el administrador	administrator	*fijar*	to fix, set
al por detal (detalle)	retail	*las ganancias*	profit
al por mayor	wholesale	*el gerente*	manager
al por menor	retail	*gravable*	taxable
la asociación	partnership	*la hoja de balance*	balance sheet
bajar	to decrease, go down	*los impuestos*	taxes
los bienes	goods	*el ingreso*	income
comercial	commercial, business	*la junta directiva*	Board of Directors
el comercio	commerce, business	*el marketing*	marketing
el comprador	buyer, purchaser	*el mayorista*	wholesaler
el consumidor	consumer	*el mercado*	market
consumir	to consume	*los pasivos*	liabilities
la contabilidad	accounting	*la producción*	production
el contable	accountant	*producir*	to produce
la corporación	corporation	*el producto*	product
el costo	cost	*la propaganda*	advertising
el departamento	department	*la publicidad*	advertising
el detallista	retailer	*recuperar*	to recuperate

rentable	profitable	*el socio*	partner
las rentas	profits, income	*subir*	to increase, go up, raise
los resultados	results	*la toma de decisiones*	decision making
el servicio	department	*tomar una decisión*	to make a decision
los servicios	services	*el vendedor*	sales representative
la sociedad anónima	corporation		
la sociedad colectiva	partnership		

Chapter 29: The Computer
Capítulo 29: La computadora

COMPUTER PARTS (Fig. 29-1, 29-2)

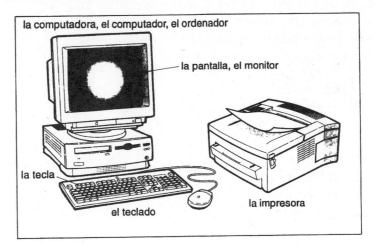

Fig. 29-1

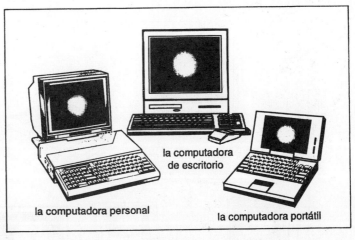

Fig. 29-2

COMPUTER FUNCTIONS

Una computadora procesa *datos*.   data

Procesa los datos de acuerdo con las instrucciones que
  están *almacenadas* en la computadora.   stored

A la computadora y a todo el equipo conectado con ella
  se les llama hardware.

Las instrucciones que le indican a la computadora lo que
  tiene que hacer se llaman software.

Un conjunto de instrucciones para llevar a cabo una tarea
  específica se llama un programa o un programa de software.

Una terminal es *un dispositivo* de *entrada/salida* de una computadora.	device, input output
Para la entrada hay normalmente un teclado.	
Para la salida de datos hay una pantalla de vídeo o una impresora.	
La *computadora portátil* es la más pequena.	laptop computer
El teclado de las computadoras personales contienen las teclas de una máquina de escribir.	
Hay también teclas especiales como:	
la tecla de entrada	
retorno	return key
cursor	
control	
escape	
inicio	home key
fin	end key
retroceso	backspace
borrar	delete, trash
insertar	
búsqueda	search key

1. Identify each item. (Fig. 29-3)

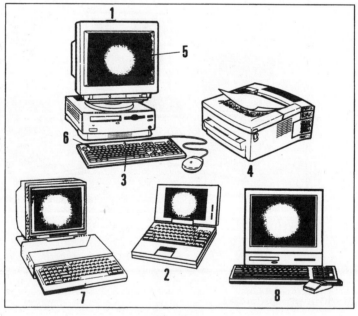

Fig. 29-3

2. Complete.
   1. En España se dice ordenador pero en Latino-América se dice _____.
   2. Es fácil llevar una computadora _____ de un lugar a otro.
   3. Una computadora _____ datos.
   4. El procesamiento de _____ es una ciencia que se llama la informática.

5. Una computadora tiene un _____ y una _____.
6. El teclado tiene _____. Las _____ de una computadora personal
    son como las de una máquina de _____.
7. Una computadora tiene _____ o _____ para la salida de datos.

3. Define the following.
1. el hardware
2. el software
3. una terminal

4. Complete.
1. El _____ de una computadora es un conjunto de _____ de
    entrada.
2. La tecla de _____ se usa para dar órdenes a la computadora. Otros tér-
    minos que se le da a la tecla de _____ son la tecla alternativa, la tecla de
    orden y la tecla de opción.
3. Para mover el cursor al principio de la pantalla o al extremo izquierdo se usa la tecla
    _____.
4. Y para mover el cursor al extremo derecho de la pantalla se usa la tecla
    _____.
5. La tecla _____ borra el carácter donde está el cursor y la tecla de
    _____ borra el carácter a la izquierda del cursor.

MORE COMPUTER FUNCTIONS (Fig. 29-4)

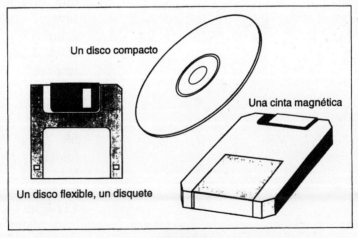

Fig. 29-4

La computadora puede *almacenar* datos en forma   store
    permanente o temporal.
La computadora envía los datos a un disco o a una cinta
    magnética.
Una vez que los datos han sido almacenados en la
    memoria de la computadora, ésta puede procesarlos.

La computadora es capaz de calcular, comparar y copiar datos.

Hay discos *duros* y *blandos*.	hard, soft
Los *discos flexibles* son blandos.	floppy discs
Los discos flexibles se llaman disquetes.	
La salida es cualquier información generada en la computadora y *presentada* en la pantalla, *impresa* en papel o transferida a un disco o cinta o a una línea de comunicación.	output displayed; printed
El módem (modulador) adapta una terminal a una línea telefónica.	
La contraseña o *palabra de paso* es la palabra o *código* que identifica a un usuario autorizado.	password; code
El menú es una lista de *opciones disponibles* para el usuario.	available options
Esta lista (el menú o la lista de opciones) aparece en la pantalla de la computadora.	
El procesamiento de textos reemplaza las operaciones de una máquina de escribir. Los documentos que están almacenados en la computadora pueden ser llamados e imprimidos en cualquier momento.	word processing

SOME USEFUL COMPUTER EXPRESSIONS

iniciar el funcionamiento de la computadora. Se dice también "boot"	boot
entrar o ingresar datos en la computadora	input
salir de un programa	quit, shut down, exit
guardar, conservar	save
imprimir	print
borrar	trash, delete, erase, scratch
recuperar	retrieve
reiniciar	restart
visualizar	view
manipular	drive
el archivo	file
la carpeta	folder
el icono	icon
el explorador	scanner
CD rom	CD Rom

5. Complete.

1. Un disco flexible es un disco _____ y un disco compacto es un disco _____.

2. Una computadora procesa y _____ datos.

3. Una computadora puede almacenar datos en forma permanente o _____.

4. Para almacenar los datos la computadora los envía a _____ o a _____.

5. Hay discos _____ y blandos.
6. A los discos flexibles se les llama también _____.
7. La computadora puede procesar los datos almacenados en la memoria. La computadora es capaz de _____, _____ y _____ los datos.
8. La _____ es la palabra o código que identifica a un usuario autorizado de una computadora.
9. Otra expresión que significa _____ es palabra de paso.
10. El _____ es una lista de opciones que puede utilizar un usuario de una computadora.

6. Answer.
1. ¿Qué hace un modulador?
2. ¿Qué es un menú y dónde aparece?
3. ¿Qué reemplaza las operaciones de una máquina de escribir?

7. Match.

A	**B**
1. iniciar el funcionamiento de la computadora	(a) visualizar
2. salir	(b) abandonar un programa
3. recuperar	(c) ingresar datos
4. borrar	(d) remover un ítem de datos
5. guardar	(e) encender la computadora
6. examinar datos en la pantalla	(f) reanudar una operación en la computadora
7. reiniciar	(g) extraer datos almacenados anteriormente en la computadora
8. entrar datos	(h) conservar los datos

8. Give the word or term being defined.
1. una colección de datos tratados con una sola entidad
2. una representación pictórica de un objeto
3. un dispositivo que puede leer textos, imágenes o códigos de barras
4. un dispositivo de entrada y salida de una computadora
5. el conjunto de teclas
6. las instrucciones que le indica a la computadora lo que tiene que hacer
7. una máquina que imprime
8. lo que adapta una terminal a una línea telefónica

Key Words

almacenar	to store	*la cinta*	tape
el archivo	file	*comparar*	to compare
borrar	to erase, delete, trash, scratch	*el computador*	computer
calcular	to calculate	*la computadora*	computer
la carpeta	folder	*de escritorio*	desk top computer
el CD Rom	CD Rom	*personal*	personal computer

portátil   lap top computer
el código de barra   bar code
la contraseña   password
copiar   to copy
el cursor   arrow
los datos   data
el disco   disc
   blando   soft disc
   compacto   compact disc
   duro   hard disc
   flexible   floppy disc
el disquete   diskette, floppy disc
la entrada   input
entrar datos   to input
el explorador   scanner
guardar   to save
el hardware   hardware
el icono   icon
la impresora   printer
imprimir   to print
la informática   computer science
ingresar datos   to input data
iniciar el funcionamiento   to boot
la línea de comunicación   communication
        line
manipular   to drive
la máquina de escribir   typewriter
la memoria   memory
el menú   menu
el módem   modem
el modulador   modem

el monitor   screen
el ordenador   computer (Spain)
la palabra de paso   password
la pantalla   screen
   de vídeo   video screen
el procesamiento de textos   word
        processing
el programa   program
el programador   programmer
recuperar   to call up
reiniciar   to start up again
la salida   output
salir de un programa   to exit
el software   software
la tecla   key
   de borrar   delete, clear, trash key
   de búsqueda   search key
   de control   control key
   de cursor   cursor key
   de entrada   input key
   de escape   escape key
   de fin   end key
   de inicio   home key
   de insertar   insert key
   de retorno   return key
   de retroceso   back space key
el teclado   keyboard
temporal   temporary
la terminal   terminal
el vídeo   video
visualizar   to view

Chapter 30:   Government and Politics
Capítulo 30:   El gobierno y la política

FORMS OF GOVERNMENT AND IDEOLOGIES

Ideología[1]

el comunismo
el fascismo
el monarquismo
el socialismo
la democracia

Miembro o partidario

el (la) comunista
el (la) fascista
el (la) monarquista[2]
el (la) socialista
el (la) demócrata

Términos afines

el aislacionismo
el imperialismo
el intervencionismo
el marxismo
el militarismo
el progresismo
el racismo
el separatismo
el terrorismo
el anticlericalismo
el liberalismo
el radicalismo
el conservatismo

el (la) aislacionista
el (la) imperialista
el (la) intervencionista
el (la) marxista
el (la) militarista[3]
el (la) progresista
el (la) racista
el (la) separatista
el (la) terrorista
el (la) anticlerical
el (la) liberal
el (la) radical
el (la) conservador(a)

1. Give the noun or adjective for the individual who espouses each of the following doctrines or ideologies.
    1. la democracia
    2. el marxismo
    3. el liberalismo
    4. el conservatismo
    5. el socialismo
    6. el radicalismo
    7. el aislacionismo
    8. el intervencionismo
    9. el comunismo

---

[1] Since the terms for the forms of government and political ideologies are cognates, merely study these terms. Note that the word for the person who espouses a particular ideology usually ends in **-ista,** but there are some exceptions.

[2] **El (la) monarquista** is a monarchist. The monarch (**el rey** o **la reina**) is **el (la) monarca.**

[3] **El (la) militarista** is a militarist. A person in the military is **el (la) militar.**

10.   el monarquismo
11.   el progresismo
12.   el terrorismo
13.   el anticlericalismo
14.   el racismo
15.   el separatismo

RIGHTS OF THE PEOPLE

En los países democráticos *el pueblo* tiene el *derecho al voto*.	the people; voting rights
Bajo un *régimen autocrático* (*despótico*), es posible no tener el derecho al voto.	autocratic regime
Los *ciudadanos* del país pueden votar en las elecciones nacionales y locales.	citizens
Los que pueden votar tienen que ser *mayores de edad*.	of legal age
El (la) que gana la *mayoría* de los votos *es elegido*(a) *presidente*(a) *o primer*(a) *ministro*(a).	majority; is elected president or prime minister
El gobierno tiene la responsabilidad de *proteger* los *derechos del pueblo* (*derechos humanos*).	protect rights of the people
En muchos países existe la *libertad de prensa* (*libertad de palabra*).	freedom of the press (freedom of speech)
Un *dictador* es un líder autocrático (despótico).	dictator
Muchos países están bajo una *dictadura*.	dictatorship
Muchos están bajo el control de una *junta* militar.	junta
A veces hay *manifestaciones y sublevaciones*.	demonstrations and uprisings
A veces el gobierno declara la *ley marcial*.	martial law
A veces imponen un *toque de queda*.	curfew
Los políticos de ideas más progresivas son de la *izquierda*.	left
Son *izquierdistas*.	leftists
Los de ideas más conservadoras son de la *derecha*.	right
Son *derechistas*.	rightists
Los derechistas y los izquierdistas tienen ideas *contrarias* (*opuestas, del otro lado, de la otra acera*).	opposite

2.   Answer.
1.   ¿En qué países tiene el pueblo el derecho al voto?
2.   ¿En qué países es posible no tener el derecho al voto?
3.   En los Estados Unidos ¿existe la libertad de prensa? ¿Y la libertad de palabra?
4.   ¿Tenemos el derecho al voto en los Estados Unidos?
5.   ¿Elegimos a un nuevo presidente cada tres años?
6.   ¿Cuál es una responsabilidad que debe tener el gobierno?
7.   En algunos países, ¿abusan los líderes de los derechos humanos?
8.   En un país que tiene el derecho al voto, ¿sólo pueden votar en las elecciones los ciudadanos?
9.   ¿Pueden votar los menores de edad?
10.   ¿Gobierna una junta militar en muchos países?
11.   Una junta militar, ¿es una forma de gobierno autocrática o democrática?

12. Cuando hay muchas sublevaciones y manifestaciones, ¿qué suele declarar el gobierno?
13. ¿Qué acompaña muchas veces la ley marcial?
14. Los socialistas, ¿son izquierdistas o derechistas?
15. Los conservadores, ¿son izquierdistas o derechistas?
16. ¿Hay dictaduras en algunos países latinoamericanos?

3. Complete.
1. El _____ _____ _____ significa que el pueblo tiene el derecho de elegir un presidente o primer ministro.
2. En muchos países bajo el control de una _____, el derecho al _____ no existe.
3. Cuando no hay derecho al voto, decimos que es un régimen _____.
4. En muchos regímenes autocráticos no existe ni la _____ _____ _____ ni la _____ _____ _____.
5. Cuando el pueblo está en contra de la política del gobierno, a veces hay _____ o _____.
6. Cuando hay muchas manifestaciones el gobierno suele declarar la _____ _____ y poner en efecto (imponer) un _____ _____ _____.
7. Si está en efecto el _____ _____ _____, la gente no puede estar en la calle durante ciertas horas, sobre todo por la noche.
8. Una persona de ideas políticas muy liberales o progresivas es _____.
9. Una persona de ideas políticas muy conservadoras es _____.

POLITICAL ORGANIZATION

En muchos países hay dos o más *partidos políticos*.	political parties
Algunos gobiernos tienen el *sistema bicameral*.	bicameral system
Otros tienen el sistema *unicameral*.	unicameral
Bajo el sistema unicameral hay sólo una *cámara de diputados*.[4]	chamber of deputies
Bajo el sistema bicameral hay la *cámara alta* y la *cámara baja*.	upper chamber lower chamber
La cámara alta en los Estados Unidos es el *senado*.[5]	Senate
La cámara baja en los Estados Unidos es el *congreso*.[6]	House of Representatives

---

[4] The term **la cámara de diputados** is somewhat difficult to translate since its English equivalent would depend upon the organization of the particular government. In France, for example, it would translate as the Chamber of Deputies. In U.S. parlance it would be the House of Representatives. Some countries do not have a **cámara de diputados** as such. Then terms such as **la dieta** or **el parlamento** would be used. In Spain the term **Las Cortes** refers to **la corte alta** and **la corte baja**. The term **la corte,** in addition to denoting the court of the king or queen, can also mean a court of law or justice. Therefore **la corte suprema** means the supreme court. An equally common term is **el tribunal** or **el tribunal supremo**.

[5] In U.S. parlance **la cámara alta** or the upper chamber would be **el senado**. In Spanish newspapers you would read **"el senado de los Estados Unidos"** and a person elected to the U.S. Senate would be **un (una) senador(a)**.

[6] In U.S. parlance **la cámara baja** is the House of Representatives, and you will read in Spanish newspapers **"el congreso de los Estados Unidos."** Since the word **congreso** can mean any large, important meeting such as a convention, the word **congresista** means a person attending such a meeting or conference. To avoid confusion the translation for a U.S. representative in Congress would be **el (la) diputado(a) al congreso**.

El (la) presidente(a) o el (la) primer(a) ministro(a) tiene su
   consejo de ministros (*gabinete*).   cabinet
Algunos departamentos gubernamentales importantes son:
ministerio de agricultura   ministry of agriculture
ministerio de comunicaciones
ministerio de estado (*de relaciones exteriores*)[7]   ministry of foreign affairs
ministerio de hacienda   ministry of the treasury
ministerio de justicia
ministerio de instrucción pública (*educación*)
ministerio de gobernación (*del interior*)
ministerio de trabajo   labor ministry

4. Answer.
1. ¿Cuántos partidos políticos principales hay en los Estados Unidos?
2. ¿Tenemos un sistema unicameral?
3. ¿Cuántos senadores hay de cada estado?
4. ¿Cuántos diputados al Congreso hay de cada estado?
5. En el gobierno de los Estados Unidos, ¿cómo se llama la cámara baja?
6. ¿Cómo se llama la cámara alta?

5. Complete.
1. En algunos países como Francia hay muchos _____ _____.
2. Inglaterra tiene una _____ _____ y los Estados Unidos tiene un
   _____.
3. El presidente no hace todas las decisiones. Consulta con su _____
   _____ _____.
4. Si un país tiene solamente una _____ _____ _____
   tiene un sistema de gobierno unicameral.
5. En el sistema bicameral hay una _____ _____ y una
   _____ _____.

6. Tell which government department has responsibility for each of the following areas.
1. la educación de los niños
2. asuntos o relaciones con el extranjero
3. la labor

---

[7] The translation for many of these governmental organizations would vary depending upon the terminology of the specific country. For example, **el ministerio de estado** or **el ministerio de relaciones exteriores** would translate as State Department or Department of State in the United States and as the Foreign Office in the United Kingdom. **El ministerio de gobernación** or **El ministerio del interior** would be the Department of the Interior in the United States and the Home Office in the United Kingdom. Note that government offices in many of the Spanish-speaking countries and other countries of the world are referred to as ministries and not departments, as in the United States. Therefore the most common translation for "department" in this sense is **ministerio** in Spanish, but in newspapers the word **departamento** is used when the specific reference is to a U.S. Department. Since Puerto Rico follows the United States system, the term **departamento de instrucción pública** is used rather than **ministerio de instrucción pública**. In the United States the director of each department is called a secretary whereas in many countries he or she is referred to as a minister. In a Spanish newspaper the term **ministro(a) de educación** would be used for France, but the term **secretario(a) de educación** would be used for the United States.

4. asuntos nacionales o domésticos
5. las finanzas

PROCEDURES

Los diputados van a *tomar en consideración* una *enmienda* a la constitución.	take into consideration amendment
Van a *enmendar* la constitución.	amend
No van a *anular* la constitución.	nullify
Un diputado *presentó una moción*.	made a motion
Otro *apoyó* la moción.	seconded, supported
Los diputados van a *discutir* la moción.	discuss
Tienen que *deliberar* antes de llegar a una decisión.	deliberate
Parece que la *mayoría* va a *aprobar* la enmienda.	majority; approve
La *oposición* (*minoría*) tiene que ceder a los deseos de la mayoría.	opposition (majority)
Los diputados van a votar en una *sesión plenaria*.	plenary session
No van a votar en una *sesión secreta*.	closed (secret) session
El comité no puede votar sin un *quórum*.	quorum
La oposición está *en contra de* la política del primer ministro.	against
El primer ministro va a pedir un *voto de confianza*.	vote of confidence
Habrá un *plebiscito* (*referendum*).	plebiscite
Había muchos votos *en (a) favor* y pocos *en contra*.	in favor (for); against

7. Give the word or term being defined.
1. expresar conformidad, autorizar, aceptar
2. hablar en contra y en favor de una cosa
3. un grupo de cuatro
4. los en contra
5. salir de una sesión o reunión para discutir y pensar en el pro y el contra de algún asunto
6. considerar
7. la mayor parte
8. añadir algo o cambiar algo en la constitución
9. la acción de pedir al pueblo de votar en favor o en contra de algún asunto o de alguna resolución
10. declarar algo inválido

8. Put the following in the proper order.
1. Alguien apoyó la moción.
2. Tomaron un voto.
3. Todos discutieron la moción.
4. Alguien presentó una moción.
5. La moción fue aprobada.

9. Complete.

1. Si un comité quiere aceptar o aprobar una resolución, hay que tener presente un _____ antes de votar.
2. A veces el presidente o primer ministro someterá una resolución a un _____ para determinar si el pueblo está en favor o en contra de la resolución.
3. En muchos países donde hay muchos partidos políticos es necesario en la cámara de diputados formar una coalición para ganar la mayoría de los votos. Si el primer ministro encuentra una oposición muy fuerte, a veces someterá su política a un _____ _____ _____.
4. Para aprobar o desaprobar una resolución, alguien tiene que _____ una moción, otro la tiene que _____. Luego todos la pueden _____ antes de votar en pro o en contra de la resolución.
5. Como la mayoría quiere aprobar la resolución, parece que la _____ (los en contra), que consiste en una _____, tendrá que ceder.

Key Words

el aislacionismo	isolationism
el (la) aislacionista	isolationist
el (la) anticlerical	anticlerical person
el anticlericalismo	anticlericalism
apoyar una moción	to second a motion, to support a motion
aprobar (ue)	to approve, accept
bajo	under
bicameral	bicameral (two-house)
la cámara alta	upper house, senate, upper chamber
la cámara baja	lower house, lower chamber
la cámara de diputados	chamber of deputies, house of representatives
el (la) canciller	chancellor
ceder	to concede, give into
el (la) ciudadano(a)	citizen
el comité	committee
el comunismo	communism
el (la) comunista	communist
el congreso	House of Representatives (U.S.), large meeting, convention, conference
el consejo de ministros	cabinet
el (la) conservador(a)	conservative
el conservatismo	conservatism
la constitución	constitution
contrario	opposite, contrary
el control	control
la corte	chamber, court
las Cortes	upper and lower chambers (in Spain)
declarar	to declare
de la otra acera	on the other side, with a completely different point of view or opinion
deliberar	to deliberate
del otro lado	on the other side
la democracia	democracy
el (la) demócrata	democrat
la derecha	right (with regard to political orientation)
el (la) derechista	rightist
el derecho	right
el derecho al voto	voting right
los derechos humanos	human rights
el (la) dictador(a)	dictator
la dictadura	dictatorship
la dieta	diet
el (la) diputado(a)	deputy, representative
el (la) diputado(a) al Congreso	representative in Congress (U.S.)

discutir   to discuss
la elección   election
elegir (i,i)   to elect
en contra   against
en favor   in favor
enmendar (ie)   to amend
la enmienda   amendment
el fascismo   fascism
el (la) fascista   fascist
el gabinete   cabinet
el gobierno   government
gubernamental   governmental
el imperialismo   imperialism
el (la) imperialista   imperialist
imponer   to impose
el intervencionismo   interventionism
el (la) intervencionista   interventionist
la izquierda   left
el (la) izquierdista   leftist
la junta   junta
la ley   law
la ley marcial   martial law
el (la) liberal   liberal
el liberalismo   liberalism
la libertad   freedom
la libertad de palabra   freedom of speech
la libertad de prensa   freedom of the press
la manifestación   demonstration
el marxismo   marxism
el (la) marxista   marxist
mayor de edad   of legal age
la mayoría   majority
el (la) militar   military person
el militarismo   militarism
el (la) militarista   militarist
el ministerio de agricultura   ministry of education
el ministerio de comunicaciones   ministry of communications
el ministerio de educación   ministry of education
el ministerio de estado   ministry of state
el ministerio de gobernación   ministry of the interior
el ministerio de hacienda   ministry of the treasury

el ministerio de instrucción pública   ministry of education
el ministerio del interior   ministry of the interior
el ministerio de justicia   ministry of justice
el ministerio de relaciones exteriores   ministry of foreign affairs
el ministerio de trabajo   ministry of labor
la minoría   minority
la moción   motion
el (la) monarca   monarch
el monarquismo   monarchism
el (la) monarquista   monarchist
nacional   national
la oposición   opposition
opuesto   opposite
el parlamento   parliament
el partido   party
el plebiscito   plebiscite
la política   politics, political policy
político   political
presentar una moción   to make a motion
el (la) presidente(a)   president
el (la) primer(a) ministro(a)   prime minister
el progresismo   progressivism
el progresista   progressive
proteger   to protect
el pueblo   the people
el quórum   quorum
el racismo   racism
el (la) racista   racist
el (la) radical   radical
el radicalismo   radicalism
el referendum   referendum
el régimen   regime
el senado   senate
el (la) senador(a)   senator
el separatismo   separatism
el (la) separatista   separatist
la sesión plenaria   plenary session
el sistema   system
el socialismo   socialism
el (la) socialista   socialist
la sublevación   uprising
el terrorismo   terrorism

el (la) terrorista   terrorist
tomar en consideración   to take into
                            consideration
el toque de queda   curfew
el tribunal   court

unicameral   unicameral
votar   to vote
el voto   vote
el voto de confianza   vote of confidence

Appendix 1: Days of the week
Apéndice 1: Los días de la semana

lunes, martes, miércoles, jueves, viernes, sábado, domingo

Lunes es el primer día de la semana.	
El segundo día es martes.	
Vamos a clase *los lunes*.	on Mondays
Julia va a volver *el lunes*.[1]	on Monday
el fin de semana	weekend
día de entre semana	weekday
día festivo (de fiesta)	holiday
día laborable	workday
día de santo	saint's day
el cumpleaños	birthday
la Navidad	Christmas
la víspera de Navidad (la Nochebuena)	Christmas eve
el Año Nuevo	New Year
la víspera del Año Nuevo (la Nochevieja)[2]	New Year's eve
la Pascua (Florida)	Easter

ENERO

domingo	lunes	martes	miércoles	jueves	viernes	sábado
			1	2	3	4
5	6	7	8	9	10	11
12	13	14	15	16	17	18
19	20	21	22	23	24	25
26	27	28	29	30	31	

---

[1] Note the use of the article with days of the week. The definite article **el** or **los** is used to translate the English preposition "on." **El lunes** means on Monday and **los lunes** means on Mondays.

[2] **La Nochebuena** and **la Nochevieja** are more commonly used in Spain than in Latin America.

Appendix 2:   Months of the year and dates
Apéndice 2:   Los meses del año y las fechas

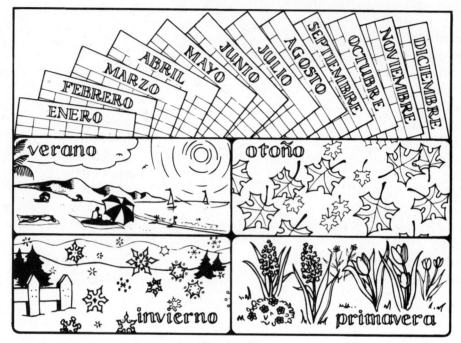

Fig. A2-1

enero
febrero
marzo
abril
mayo
junio
julio
agosto
septiembre
octubre
noviembre
diciembre
¿Qué día es hoy?
¿Cuál es la fecha (de) hoy?
¿Qué fecha tenemos?   What's today's date?
¿A cómo estamos hoy?
¿A cuántos estamos?[1]

---

[1] When using the expressions **¿A cómo estamos?** or **¿A cuántos estamos?**, usually the only information asked for is the numerical date of the month.

Hoy es el veinticinco de marzo.
Hoy es lunes, el veinticinco de marzo.
Tenemos el veinticinco de marzo.   Today is the 25th of March.
Estamos a veinticinco.
Hoy es el primero de marzo.[2]   Today is the first of March.

---

[2] Note that the cardinal numbers are used for expressing the date, with the exception of the first of the month, in which case the ordinal number **primero** is used.

Appendix 3: Time and expressions of time
Apéndice 3: *La hora y expresiones de tiempo*

¿Qué hora es?	
¿Qué hora tiene Ud.?	What time is it?
¿Qué horas son?	
Es la una.	It's one o'clock.
Son las dos.	It's two o'clock.
Son las tres.	It's three o'clock.
Es la una y cinco.	It's 1:05.
Son las dos y diez.[1]	It's 2:10.
Son las tres y cuarto.	It's a quarter past three.
Son las cuatro y media.	It's four thirty.
Es la una menos cinco.	It's five to one.
Faltan (los) cinco para la una.	
Son las dos menos diez.	It's ten to two.
Faltan (los) diez para las dos.	
Son las tres menos cuarto.	
Faltan (los) quince para las tres.	It's a quarter to three.
Falta un cuarto de hora para las tres.	
Van a salir *a la una.*	at one o'clock
Van a salir *a las cinco y media.*	at 5:30
El tren sale *a las catorce y diez.*[2]	at 14:10
Estaré *a las ocho en punto.*	at exactly eight o'clock
Estaré *a eso de las ocho.*	at about eight
Estaré *a las ocho y pico.*	a little after eight
Favor de llegar *a tiempo.*	on time
Favor de no llegar *tarde.*	late
Favor de no llegar *temprano.*	early
Vamos a llegar *por la mañana.*	in the morning
por la tarde.	in the afternoon
por la noche.	in the evening
Vamos a llegar a las cuatro *de la mañana.*	in the morning
de la tarde.[3]	in the afternoon

DIVISIONS OF TIME

el segundo	second
el minuto	minute
la hora	hour
el día	day
la semana, ocho días	week

---

[1] You will sometimes hear, particularly on the radio, **Son las dos con diez minutos.**

[2] The twenty-four hour clock is commonly used for train and plane schedules, etc.

[3] Note that the preposition **por** is used when no specific time or hour is stated. When a specific time is stated, the preposition **de** must be used.

dos semanas, quince días	two weeks
el mes	month
el año	year
el siglo	century

OTHER IMPORTANT TIME EXPRESSIONS

el amanecer	dawn
el anochecer	dusk
la madrugada	early morning (midnight to sunrise)
la mañana	morning
la tarde	afternoon
la noche	evening, night[4]
el mediodía	noon
la medianoche	midnight
hoy	today
(el) mañana	tomorrow
pasado mañana	day after tomorrow
mañana por la mañana	tomorrow morning
ayer	yesterday
ayer por la mañana	yesterday morning
antes de ayer (anteayer)	day before yesterday
hasta el lunes	until Monday
el año pasado	last year
el año que viene	next year
hace un año	a year ago
el dos del actual (del presente, corriente)	the second of this month
a principios de este siglo	around the beginning of this century
a mediados del año pasado	around the middle of last year
a fines de este año	around the end of this year
a últimos del mes[5]	around the end of the month

---

[4] Note that the preposition **de** is used to express the English "by" or "at" in a statement such as **No me gusta viajar de noche.**

[5] Note the use of the plural when the time is not specific.

Appendix 4: Spanish-speaking countries and nationalities

Apéndice 4: *Países y nacionalidades de habla española*

País	Nacionalidad
México	mexicano(a)
Guatemala	guatemalteco(a)
El Salvador	salvadoreño(a)
Honduras	hondureño(a)
Nicaragua	nicaragüense
Costa Rica	costarricense
(El) Panamá	panameño(a)
Cuba	cubano(a)
Puerto Rico	puertorriqueño(a)
Venezuela	venezolano(a)
Colombia	colombiano(a)
(El) Ecuador	ecuatoriano(a)
(El) Perú	peruano(a)
Bolivia	boliviano(a)
Chile	chileno(a)
(La) Argentina	argentino(a)
(El) Uruguay	uruguayo(a)
(El) Paraguay	paraguayo(a)
España	español(a)

Appendix 5:   Numbers
Apéndice 5:   Los números

uno	1
dos	2
tres	3
cuatro	4
cinco	5
seis	6
siete	7
ocho	8
nueve	9
diez	10
once	11
doce	12
trece	13
catorce	14
quince	15
dieciséis (diez y seis)	16
diecisiete	17
dieciocho	18
diecinueve	19
veinte	20
veintiuno (veinte y uno)	21
veintidós	22
veintitrés	23
veinticuatro	24
veinticinco	25
veintiséis	26
veintisiete	27
veintiocho	28
veintinueve	29
treinta	30
treinta y uno[1]	31
cuarenta y dos	42
cincuenta y tres	53
sesenta y cuatro	64
setenta y cinco	75
ochenta y seis	86
noventa y siete	97
ciento (cien)	100
doscientos	200

---

[1] Note that the numbers 16 to 29 are usually written as one word. Compound numbers from 31 to 99 are written as three words.

trescientos	300
cuatrocientos	400
quinientos	500
seiscientos	600
setecientos	700
ochocientos	800
novecientos	900
ciento treinta y cuatro[2]	134
doscientos cincuenta y cinco	255
quinientos sesenta y ocho	568
setecientos ochenta y nueve	789
novecientos noventa y nueve	999
mil	1,000
dos mil[3]	2,000
cinco mil	5,000
nueve mil	9,000
mil once	1,011
mil cuatrocientos noventa y dos	1,492
mil setecientos ochenta y cuatro	1,784
mil ochocientos doce	1,812
mil novecientos noventa y siete	1,997
un millón[4]	1,000,000
dos millones	2,000,000
un billón	1,000,000,000
dos billón	2,000,000,000

Ordinal numbers	**los números ordinales**
primero(a)[5]	first
segundo(a)	second
tercero(a)	third
cuarto(a)	fourth
quinto(a)	fifth
sexto(a)	sixth
séptimo(a)	seventh
octavo(a)	eight
noveno(a)	ninth
décimo(a)	tenth

---

[2] Note that **y** is used only between the tens and unit digits.

[3] Note that the word **mil** is never pluralized. Also note that in some countries, such as Spain, 2,000 is written as 2.000. In these countries, a comma is used in place of a decimal point, so that what we write as 1.75 is instead 1,75.

[4] Note that the word **mil** is never preceded by **un** but **un** is used with **millón** and **billón**.

[5] The ordinal numbers are less frequently used in Spanish than in English. The ordinal numbers beyond tenth **(décimo)** are seldom used. Note that the words for "first" and "third" are used in the shortened form **primer (tercer)** when they precede a masculine noun.

Appendix 6: Foods
Apéndice 6: Las comidas

Vegetables   Los vegetales, las legumbres
artichoke   *la alcachofa, la cotufa*
asparagus   *los espárragos*
beans   *las judías, los frijoles, las habichuelas, los porotos*
beans (green)   *las judías verdes, los ejotes, las vainitas, las chauchas, los porotos verdes, las verduras*
beet   *la remolacha, el betabel, la betarraga, la beteraba*
broad beans   *las habas*
broccoli   *el brocolí*
Brussel sprout   *la col de Bruselas*
cabbage   *la col, el repollo*
cabbage, red   *la col morada*
caper   *la alcaparra*
carrot   *la zanahoria*
cassaba   *la yuca*
cauliflower   *la coliflor*
celery   *el apio*
chard   *la acelga*
chick-peas   *los garbanzos*
chicory   *la achicoria*
corn   *el maíz, el elote, el choclo*
cucumber   *el pepino*
eggplant   *la berenjena*
endive   *la escarola, la endibia*
garlic   *el ajo*
leeks   *el puerro*
lentils   *las lentejas*
lettuce   *la lechuga*
lima beans   *las habas de lima, las habaitas pallares*
mushroom   *la seta, el champiñón, el hongo*
onion   *la cebolla*
parsnip   *la chirivía*
peas   *los guisantes, los chícharos, las alberjas*
peppers   *los pimientos, los morrones, los poblanos, los ajíes*
potato   *la patata, la papa*
pumpkin   *la calabaza, el zapallo*
radish   *el rábano*

rice   *el arroz*
spinach   *las espinacas*
squash   *el calabacín, el zapallo*
sweet potato   *la batata, el camote*
turnip   *el nabo*
watercress   *los berros*
zucchini   *el calabacín*

Fruits   Las frutas
apple   *la manzana*
apricot   *el albaricoque, el damasco*
avocado   *el aguacate, la palta*
banana   *el plátano, la banana, el guineo*
blackberry   *la mora*
cherry   *la cereza, la guinda*
coconut   *el coco*
currant   *la grosella*
date   *el dátil*
fig   *el higo*
grape   *la uva*
grapefruit   *la toronja, el pomelo*
guava   *la guayaba*
lemon   *el limón*
lime   *la lima, el limón*
melon   *el melón*
orange   *la naranja, la china*
papaya   *la papaya*
peach   *el melocotón, el durazno*
pear   *la pera*
pineapple   *la piña*
plum   *la ciruela*
pomegranate   *el granado*
prune   *la ciruela*
raisins   *las pasas*
raspberry   *la frambuesa*
strawberry   *la fresa, la frutilla*
tomato   *el tomate, el jitomate*
watermelon   *la sandía*
wild strawberry   *la fresa silvestre*

Meats   Las carnes
bacon   *el tocino*

beef   *la carne de res, el bife*
blood pudding   *la morcilla*
brains   *los sesos*
cold cuts   *los fiambres*
filet mignon   *el lomo fino*
goat   *el cabrito, el chivo*
ham   *el jamón*
hard sausage   *el chorizo*
heart   *el corazón*
kidneys   *los riñones*
lamb   *el cordero, el borrego*
liver   *el hígado*
meatballs   *las albóndigas*
oxtail   *el rabo de buey, la cola de res*
pork   *el cerdo, el puerco, el chancho*
sausage   *la salchicha*
suckling pig   *el lechón, el cochinillo*
sweetbreads   *las criadillas, las mollejas*
tongue   *la lengua*
tripe   *la tripa, el mondongo, las pancitas, los callos*
veal   *la ternera*

Fish and shellfish   Pescados y mariscos
anchovies   *las anchoas, los boquerones*
barnacles   *los percebes*
bass   *el robalo, la lubina*
clams   *las almejas, las conchas*
cod   *el bacalao*
crab   *el cangrejo, (land crab) la jaiba, el juey*
crayfish   *la cigala*
eel   *la anguila*
flounder   *el lenguado, el rodaballo, la platija*
frogs' legs   *las ancas de rana*
grouper   *el mero*
hake   *la merluza*
herring   *el arenque*
lobster   *la langosta*
mackerel   *la sierra*
mussel   *el mejillón, la cholga*
octopus   *el pulpo*
oyster   *la ostra, el ostión*
perch   *la percha*
plaice   *la platija*
prawns   *los camarones, las gambas, los langostinos*

red snapper   *el guachinango, el huachi-nango, el pargo*
salmon   *el salmón*
sardine   *la sardina*
sea bass   *el mero, la lubina, el robalo*
sea urchin   *el erizo*
shrimp   *el camarón, la gamba, el langostino, la quisquilla*
snail   *el caracol*
sole   *el lenguado*
squid   *el calamar, el pulpo, el chipirón*
swordfish   *la pez espada*
trout   *la trucha*
tuna   *el atún*
turbot   *el rodaballo*
weakfish   *la corbina*
whiting   *el romero*

Fowl and game   Aves y caza
capon   *el capón*
chicken   *el pollo*
duck   *el pato*
goose   *el ganso*
partridge   *la perdiz*
pheasant   *el faisán*
pigeon   *el pichón*
quail   *la codorniz*
turkey   *el pavo*

**Condiments, sauces, and spices
     Condimentos, salsas, y especias**
achiote   *el achiote*
anise   *el anís*
basil   *la albahaca*
bay leaf   *el laurel*
capers   *las alcaparras*
cinnamon   *la canela*
coriander   *el cilantro, el culantro*
dill   *el eneldo*
garlic   *el ajo*
ginger   *la ginebra, el jengibre*
ketchup   *la salsa de tomate, el catsup*
marjoram   *la mejorana*
mint   *la menta*
mayonnaise   *la mayonesa, la mahonesa*
mustard   *la mostaza*
nutmeg   *la nuez moscada*

oregano　　*el orégano*
paprika　　*el pimentón dulce*
parsley　　*el perejil*
pepper　　*la pimienta;* (red hot pepper) *el ají, la guindilla*
rosemary　　*el romero*
saffron　　*el azafrán*
salt　　*la sal*
sesame　　*el ajonjolí, el vendaje*
tarragon　　*el estragón*
thyme　　*el tomillo*
vanilla　　*la vainilla*

Eggs　　Huevos
fried eggs　　*los huevos fritos*
hard-boiled eggs　　*los huevos duros*
poached eggs　　*los huevos escalfados*
soft-boiled eggs　　*los huevos pasados por agua, los huevos tibios*
scrambled eggs　　*los huevos revueltos*

Sweets　　Los dulces
cake　　*el pastel, la torta, la tarta, el queque*
candy　　*el caramelo, el dulce, la confitura, el bombón*
caramel custard　　*el flan*
cookie　　*la galleta*
custard　　*la natilla*
doughnut　　*el churro, la dona*
honey　　*la miel*
ice cream　　*el helado*
jam　　*la mermelada*
jello　　*la gelatina*
sponge cake　　*el bizcocho, el bizcochuelo*
syrup　　*el jarabe, el sirope, el almíbar*
tart　　*la tarta*

Beverages　　Las bebidas
aperitif　　*el aperitivo*
beer　　*la cerveza*
　tap beer　　*la cerveza de barril, la cerveza de presión*

cider　　*la sidra*
coffee　　*el café*
　black coffee　　*el café solo*
　coffee with milk　　*el café con leche*
　expresso　　*el café exprés*
juice　　*el jugo, el zumo*
lemonade　　*la limonada*
milk　　*la leche*
milk shake　　*el batido*
mineral water　　*el agua mineral*
　carbonated　　*con gas*
　uncarbonated　　*sin gas*
soda　　*la soda, la gaseosa, la cola*
tea　　*el té*
　iced tea　　*el té helado*
wine　　*el vino*
　red wine　　*el vino tinto*
　white wine　　*el vino blanco*

Miscellaneous
baking powder　　*el polvo de hornear*
biscuit　　*la galleta*
bread　　*el pan*
butter　　*la mantequilla*
cheese　　*el queso*
cornstarch　　*la maicena*
cream　　*la crema, la nata*
egg yolk　　*la yema de huevo*
gravy　　*la salsa*
juice　　*el jugo, el zumo*
lard　　*la manteca*
noodles　　*los fideos*
nuts　　*las nueces* (sg. *la nuez*)
oil　　*el aceite*
olive　　*la aceituna*
olive oil　　*el aceite* (*de oliva*)
peanut　　*el cacahuate, el cacahuete, el maní*
roll　　*el panecillo, el bollo, el bolillo*
sandwich　　*el bocadillo, el sándwich*
spaghetti　　*los espaguetis, los tallarines*
sugar　　*el azúcar*
vinegar　　*el vinagre*

Key words: English—Spanish
Palabras importantes: inglés—español

Chapter 1: At the airport

agent   *el (la) agente*
airline   *la línea aérea, la compañía de aviación*
airport   *el aeropuerto*
aisle   *el pasillo*
arrival   *la llegada*
available (seat)   *disponible*
boarding   *el embarque*
boarding pass, card   *la tarjeta de embarque, el pasa-bordo*
to cancel   *anular*
carry-on luggage   *el equipaje de mano*
to change planes   *cambiar de avión*
to check   *revisar, verificar*
to check in   *presentarse*
checked (luggage)   *facturado*
to claim (luggage)   *reclamar, recoger*
coming from   *procedente de*
counter   *el mostrador*
delay   *la demora, el retraso*
domestic (flight)   *(vuelo) nacional*
departure   *la salida*
destination   *el destino*
embarkation   *el embarque*
to endorse   *endosar*
fare   *la tarifa, el pasaje*
to fit   *caber*
flight   *el vuelo*
full (no more seats)   *completo, lleno*
gate   *la puerta*
hand luggage   *el equipaje de mano*
international   *internacional*
label (for identification)   *la etiqueta*
line   *la línea*
luggage   *el equipaje*
luggage stub   *el talón*
to miss (a flight)   *perder (ie) (un vuelo)*
nonstop   *sin escala*
no-smoking section   *la sección de no fumar*
overhead compartment   *el compartimiento superior*

passenger   *el (la) pasajero(a)*
passport   *el pasaporte*
price   *el precio*
row   *la fila*
seat   *el asiento*
security control   *el control de seguridad*
small suitcase   *el maletín*
stop (on a plane)   *la escala*
suitcase   *la maleta*
technical problem   *el problema técnico*
terminal   *la terminal*
ticket   *el billete, el boleto*
ticket envelope   *el sobre del billete (del boleto)*
transit passengers   *los pasajeros en tránsito*
under   *debajo de*
visa   *el visado, la visa*

Chapter 2: On the airplane

air pressure   *la presión de aire*
airsickness   *el mareo*
airsickness bag   *la bolsa (el saco) para el mareo*
aisle   *el pasillo*
altitude   *la altura*
an hour   *por hora*
blanket   *la manta, la frazada, la frisa*
to bounce   *brincar*
cabin   *la cabina*
channel   *el canal*
charge   *el cargo*
cockpit   *la cabina del piloto*
crew   *la tripulación*
economy class   *la clase económica*
emergency   *la emergencia*
emergency exit   *la salida de emergencia*
to fasten   *abrocharse*

first class   *la primera clase*
to fit   *caber*
flight   *el vuelo*
flight attendant   *el (la) asistente(a) de vuelo, el (la) aeromozo(a), la azafata*
flight time   *el tiempo de vuelo*
to fly   *volar(ue)*
forward   *delantero*
hand luggage   *el equipaje de mano*
headset (for music)   *el juego de audífonos, el juego de auriculares*
illuminated   *iluminado*
in case of   *en caso de*
to keep   *mantener*
to land   *aterrizar*
landing   *el aterrizaje*
life jacket, vest   *el chaleco salvavidas*
main   *principal*
meal   *la comida*
movie   *la película*
no-smoking light   *la señal de no fumar*
no-smoking section   *la sección de no fumar*
overhead compartment   *el compartimiento superior*
oxygen mask   *la máscara de oxígeno*
pillow   *la almohada, el cojín*
pilot   *el (la) piloto(a), el (la) comandante*
rear   *trasero*
remain   *permanecer*
route of flight   *la ruta de vuelo*
safety   *la seguridad*
seat   *el asiento*
seated   *sentado*
seat back   *el respaldo del asiento*
seat pocket   *el bolsillo del asiento*
speed   *la velocidad*
stereophonic music   *la música estereofónica*
to take off   *despegar*
takeoff   *el despegue*
toilet   *el retrete, el aseo*
tray table   *la tableta*
turbulence   *la turbulencia*
under the seat   *debajo del asiento*
unexpected   *inesperado*

to welcome aboard   *dar la bienvenida a bordo*
wing   *el ala (f)*

Chapter 3: Passport control and customs

arrow   *la flecha*
cigarettes   *los cigarrillos*
customs   *la aduana*
customs agent   *el (la) agente*
customs declaration   *la declaración de la aduana*
to declare   *declarar*
duty   *el impuesto*
fruit   *la fruta*
how long?   *¿cuánto tiempo?*
lodged (staying)   *hospedado*
on business   *de negocios*
to open   *abrir*
passport   *el pasaporte*
passport control   *el control de pasaportes, la inmigración*
passing through   *de paso*
personal effects   *los efectos personales*
tobacco   *el tabaco*
tourism (pleasure trip)   *de turismo*
tourist card   *la tarjeta de turista*
vegetable   *la legumbre, la verdura*
visa   *el visado, la visa*
whiskey (spirits)   *el whisky*

Chapter 4: At the train station

to board   *abordar, subir a*
to buy a ticket   *comprar un boleto, sacar un billete*
car (of a train)   *el coche, el vagón*
to carry   *llevar*
center aisle   *el pasillo central*
to change trains   *transbordar*
check (receipt) for luggage   *el talón*
to check (leave) (luggage)   *depositar*
to check (luggage) through   *facturar*
to climb (get) on   *subir a*
compartment   *el compartimiento*

conductor   *el revisor, el recogedor de boletos (billetes), el cobrador,
el conductor*

delay   *la demora*

departure   *la salida*

destination   *el destino*

dining car   *el coche comedor, el buffet*

express (train)   *el tren rápido, el expreso*

to get off   *bajar(se)*

to get on   *subir*

to give, hand over   *entregar*

late   *con retraso*

to leave   *salir*

local train   *el tren local, el correo, el
tren ómnibus*

long distance   *de largo recorrido*

luggage   *el equipaje*

luggage checkroom   *la consigna*

narrow gauge   *de vía estrecha*

one-way   *sencillo, de ida solamente*

on time   *a tiempo*

to pick up (to get)   *recoger*

platform   *el andén*

porter   *el mozo*

railroad station   *la estación de ferrocarril*

to reclaim   *reclamar*

reserved   *reservado*

round trip   *de ida y vuelta, de ida y
regreso*

screen   *la pantalla*

seat   *el asiento*

schedule   *el horario*

sleeping car   *el coche cama*

suitcase   *la maleta*

ticket   *el billete, el boleto*

ticket window   *la ventanilla*

ticket machine   *la distribuidora automática*

timetable   *el horario*

track (platform)   *el andén*

waiting room   *la sala de espera*

Chapter 5: The automobile

accelerator   *el acelerador*

air   *el aire*

automatic transmission   *la transmisión
automática*

battery   *la batería*

brake   *el freno*

to brake   *frenar*

brake fluid   *el líquido de frenos*

breakdown   *la avería, la descompostura*

bumper   *el parachoques*

by day (to rent)   *por día*

by week (to rent)   *por semana*

car   *el automóvil, el coche, el carro*

to change   *cambiar*

to charge   *cobrar*

to check (oil, etc.)   *revisar, compro-
bar(ue)*

choke   *el ahogador, el aire*

clutch   *el embrague, el cloche*

to clutch   *embragar*

contract   *el contrato*

credit card   *la tarjeta de crédito*

dashboard   *el tablero (de instrumentos)*

deposit   *el depósito*

directional signal   *el intermitente*

driver's license   *el permiso de conducir,
la licencia, el carnet*

empty   *vacío*

fender   *el guardafango, la aleta*

to fill, fill up   *llenar*

first gear   *la primera velocidad*

flat tire   *el pinchazo, la llanta baja*

foot brake   *el freno de pie*

full coverage insurance   *el seguro contra
todo riesgo, el
seguro com-
pleto*

gas   *la gasolina, la benzina*

gas pedal   *el acelerador*

gas station   *la gasolinera, la estación de
servicio*

gas tank   *el tanque, el depósito*

gear   *la velocidad*

gearshift   *la palanca*

glove compartment   *la guantera, la
cajuelita,
la secreta*

grease job   *el engrase, la lubricación*

hand brake   *el freno de mano*

headlight   *el faro, la luz*

to heat   *calentar (ie)*

high beams   *las luces altas, las luces de
carretera*

hood   *el bonete, el capó*
horn   *la bocina, el claxon*
hubcap   *el tapón, el tapacubos*
in reverse   *en reversa(o), en marcha atrás*
knocking   *golpeando*
leaded (gasoline)   *con plomo*
leaking   *goteando*
license plate   *la placa, la matrícula*
low beams   *las luces bajas, las luces de cruce*
mileage   *el kilometraje*
misfiring   *fallando*
muffler   *el silenciador*
neutral (gear)   *neutro, en punto muerto*
odometer (reading in kilometers)   *el cuentakilómetros*
oil   *el aceite*
to overheat   *calentar (ie) demasiado*
radiator   *el radiador*
to rent   *alquilar*
to repair   *reparar*
repairs   *las reparaciones*
reverse   *marcha atrás*
to shift (gears)   *cambiar de velocidad*
to sign   *firmar*
spare   *de repuesto*
spare parts, replacements   *los repuestos, las piezas de recambio*
spark plug   *la bujía*
speed   *la velocidad*
speedometer   *el velocímetro*
to stall   *calarse, morir (ue, u)*
to start   *poner en marcha, arrancar, prender*
starter   *el arranque*
steering wheel   *el volante*
to stop   *parar*
tire   *la llanta, el neumático, la goma*
to tow   *remolcar*
tow truck   *el remolque*
trunk   *el baúl, la cajuela, la maletera*
to tune up   *afinar*
tune-up   *la afinación*
unleaded (gasoline)   *sin plomo*
vibrating   *vibrando*
wheel   *la rueda*
windshield   *el parabrisas*
windshield wiper   *el limpiaparabrisas*

Chapter 6:   Asking for directions

avenue   *la avenida*
block (of a street)   *la cuadra, la manzana, el bloque*
bus   *el autobús, la guagua, el camión*
continue   *seguir (i,i)*
exit   *la salida*
far   *lejos*
farther on   *más allá*
to get off   *bajar*
highway   *la carretera*
intersection   *la bocacalle*
lane (of a highway)   *el carril, la banda, la vía, la pista*
left   *la izquierda*
lost   *perdido*
map (of city)   *el plano*
near   *cerca*
one-way   *de sentido único, de dirección única, de vía única*
outskirts   *las afueras*
right   *la derecha*
to run through   *recorrer*
rush hour   *la hora de mayor afluencia*
stop   *la parada*
straight   *derecho*
street   *la calle*
street corner   *la esquina*
toll   *el peaje, la cuota*
tollbooth   *la caseta de peaje, la cabina de peaje, la gareta de peaje*
traffic   *el tráfico, el tránsito, la circulación*
traffic jam   *el embotellamiento*
traffic light   *el semáforo, la luz roja*
to turn   *doblar*
to turn around   *dar una vuelta*
turnpike   *la autopista*
walk   *caminar, andar a pie, ir a pie*

Chapter 7:   Making a telephone call

again   *de nuevo*
answer   *la contestación*
to answer   *contestar*
area code   *la clave de área, el código de área*
broken   *descompuesto, estropeado*
button   *el botón*

busy   *ocupado*
busy signal   *la señal de ocupado, el tono de ocupado*
call   *la llamada*
to call   *llamar*
cellular phone   *el teléfono celular*
collect call   *la llamada de cobro revertido, la llamada de cargo reversible*
connection   *la conexión*
cordless phone   *el teléfono inalámbrico*
country code   *el prefijo del país*
to cut someone off   *cortarle a alguien la línea*
dial   *el disco*
to dial   *marcar, discar*
dial tone   *el tono, la señal*
extension   *la extensión, el anexo, el interno*
to hang up   *colgar(ue)*
hold on!   *¡ no cuelgue Ud.!*
information   *la Información*
it's ringing   *está sonando*
key board   *el teclado*
later   *más tarde*
line   *la línea*
the line is busy   *la línea está ocupada, está comunicando*
local call   *la llamada local, la llamada urbana*
long-distance call   *la llamada de larga distancia, la conferencia*
to make a phone call   *hacer una llamada telefónica*
message   *el recado, el mensaje*
operator   *el (la) operador(a), el (la) telefonista*
out of order   *fuera de servicio*
party   *el interlocutor*
person-to-person call   *la llamada personal, la llamada de persona a persona*
to phone   *llamar por teléfono, telefonear*
phone book   *la guía telefónica, la guía de teléfonos*
push button phone   *el teléfono de (a) botones*

to put through to   *poner con, comunicar con*
to pick up (the receiver)   *descolgar (ue)*
to push   *empujar, oprimir*
slot   *la ranura*
static   *los parásitos*
switchboard   *la central*
telephone   *el teléfono*
to telephone   *llamar por teléfono, telefonear*
telephone booth   *la cabina de teléfono*
telephone call   *la llamada telefónica*
telephone card   *la tarjeta telefónica*
telephone number   *el número de teléfono*
telephone operator   *el (la) operador(a), el (la) telefonista*
telephone receiver   *el auricular*
token   *la ficha*
toll call   *la llamada interurbana*
to try   *intentar*
Who's calling?   *¿ De parte de quién?*
wrong number   *el número equivocado*

Chapter 8:   Public bathroom

Refer to page 53 for possible words.

Chapter 9:   At the hotel

additional charge   *el cargo adicional*
air conditioning   *el aire acondicionado*
alarm clock   *el despertador*
available (in the sense of an available room)   *disponible*
bathroom   *el cuarto de baño, el baño*
bath towel   *la toalla de baño*
bed   *la cama*
bellhop   *el mozo, el botones*
bill   *la cuenta*
blanket   *la manta, la frazada, la frisa*
breakfast   *el desayuno*
burnt out (light)   *fundido*
cake (or bar) of soap   *la pastilla, la barra de jabón*

cashier   *el (la) cajero(a)*
cashier's counter   *la caja*
charge   *el cargo, el cobro*
check-in desk   *la recepción*
to clean   *limpiar*
clogged (stopped up)   *atascado*
come in   *¡ adelante!, ¡ pase Ud.!*
complete room and
  board (all meals included)   *la pensión
                            completa*

concierge   *el conserje*
conciergerie   *la conserjería*
confirmation   *la confirmación*
credit card   *la tarjeta de crédito*
desk clerk   *el (la) recepcionista*
double bed   *la cama de matrimonio*
double room   *el cuarto (la habitación)
              doble, el cuarto (la
              habitación) para dos
              personas*
electric razor   *la máquina de afeitar*
to dry-clean   *lavar en seco*
to face (look out on)   *dar a*
faucet   *el grifo, la llave, el robinete*
to fill out   *llenar*
to fix up   *arreglar*
full (in the sense no
  rooms available)   *completo*
guest   *el huésped*
hair dryer   *la secadora para el pelo*
hanger   *la percha, el gancho, el armador*
heat   *la calefacción*
hot water   *el agua caliente*
to iron   *planchar*
key   *la llave*
laundry service   *el servicio de lavado*
light   *la luz*
light bulb   *la bombilla, el foco*
light switch   *el interruptor, la llave, el
           suiche*
maid   *la camarera*
mountain   *la montaña*
pillow   *la almohada*
private   *privado, particular*
registration form   *la ficha*
reservation   *la reservación, la reserva*
room service   *el servicio de cuartos (de
           habitaciones)*
sea   *el mar*

service   *el servicio*
shower   *la ducha*
to sign   *firmar*
single room   *el cuarto sencillo (individual)
           el cuarto para una persona,
           la habitación sencilla, la
           habitación para una persona*
soap   *el jabón*
socket   *el enchufe*
street   *la calle*
swimming pool   *la piscina, la alberca,
                  la pila*
taxes   *los impuestos*
telephone call   *la llamada telefónica*
toilet   *el retrete, el inodoro*
toilet paper   *el papel higiénico*
total   *el total*
towel   *la toalla*
twin-bedded room   *el cuarto (la
                 habitación)
                 con dos camas*
to vacate (hotel room)   *abandonar*
voltage   *el voltaje*
to wash   *lavar*
to work (in the sense to
  be in working order)   *funcionar*
washbasin   *el lavabo*

Chapter 10: At the bank

balance   *el saldo*
bank   *el banco*
bank statement   *el estado bancario*
bill   *la cuenta*
bill (banknote)   *el billete*
bill (of high denomination
  or amount)   *el billete de gran valor*
cash   *el dinero en efectivo*
to cash (a check)   *cobrar (un cheque)*
change   *el suelto*
to change   *cambiar, feriar*
to charge   *cargar*
check   *el cheque*
checkbook   *el talonario, la chequera*
checking account   *la cuenta corriente*
coin   *la moneda*
commission   *la comisión*
deposit   *el depósito*

to deposit   *depositar, ingresar*
down payment   *el pago inicial, el pie*
due date   *la fecha de vencimiento*
to endorse   *endosar*
to exchange (money or currency)
                    cambiar
exchange bureau   *la oficina de cambio*
installment payment   *la cuota*
interest   *el interés*
interest rate   *la tasa de interés, el tipo*
            de interés
loan   *el préstamo*
long term   *a largo plazo*
money   *el dinero*
monthly payment   *el pago mensual*
mortgage   *la hipoteca*
to open   *abrir*
passbook   *la libreta*
to pay   *pagar*
to pay cash (in one lump sum)
                 pagar al contado
to pay off (installments)   *pagar a plazos*
                (a cuotas)
reconcile   *conciliar*
to save (money)   *ahorrar*
savings account   *la cuenta de ahorros*
savings passbook   *la libreta*
short term   *a corto plazo*
sign   *el letrero*
to sign   *firmar*
statement   *el estado*
to take out (withdraw)   *sacar, quitar,*
                retirar
teller's window   *la ventanilla*
traveler's check   *el cheque de viajero*

Chapter 11: At the post office

address   *la dirección, las señas*
airmail   *el correo aéreo*
by boat   *en barco*
certified mail   *el correo certificado, el*
            correo recomendado
customs declaration   *la declaración*
            para la aduana
to deliver (mail)   *repartir*
to fill out   *llenar*
fragile   *frágil*

to insure   *asegurar*
letter   *la carta*
mail   *el correo*
mailbox   *el buzón*
package   *el paquete*
parcel   *el paquete*
postage   *el franqueo*
postal money order   *el giro postal*
postcard   *la tarjeta postal*
post office   *el correo, la casa de correos*
post office box   *el apartado postal*
receiver (addressee)   *el (la)destin-*
              atario(a)
regular mail   *el correo regular*
scale   *la balanza*
to send   *enviar, mandar*
sender   *el (la) remitente*
stamp   *el sello, la estampilla*
stamp machine   *la distribuidora*
              automática
to take (in the sense of time)   *tardar*
to weigh   *pesar*
window   *la ventanilla*
zip code   *la zona postal*

Chapter 12: At the hairdresser

bang   *el flequillo*
bobby pin   *la horquilla*
beard   *la barba*
braid   *la trenza*
brush   *el cepillo*
bun   *el mono*
clip   *la pinza*
curl   *el rizo*
curly   *rizado*
to cut   *cortar*
dryer   *el secador*
dye   *el tinte*
fingernail   *la uña*
hair   *el pelo, los cabellos*
hairdresser   *el peluquero*
haircut   *el corte*
hair spray   *la laca*
in the back   *por detrás*
kinky hair   *el pelo crespo*
manicure   *la manicura*
mustache   *el bigote*

nail polish   *el esmalte*
neck   *el cuello*
oil   *el aceite*
on the top   *arriba*
part   *la raya*
pedicure   *la pedicura*
permanent (wave)   *el (ondulado) perma-*
nente, la
(ondulación) perma-
nente
pony tail   *la cola de caballo*
to raise   *subir*
razor   *la navaja*
razor cut   *el corte (el cortado) a navaja*
roller   *el rulo*
scissors   *las tijeras*
set (hair)   *el marcado, el risado*
shampoo   *el champú*
to shave   *afeitar*
shear   *la maquinilla*
side   *el lado*
sideburns   *las patillas*
spit curl   *el bucle*
straight hair   *el pelo liso, el pelo lacio*
trim   *el recorte*
to trim (hair)   *recortar*
wash   *el lavado*
to wash   *lavar*
wave   *la onda*

Chapter 13:   At the clothing store

bathing suit   *el traje de baño*
belt   *el cinturón*
blend (of fabrics)   *la combinación*
blouse   *la blusa*
blue jeans   *los blue jeans*
boot   *la bota*
brassiere   *el sostén*
button   *el botón*
checked   *a cuadros, cuadrado*
coat   *el abrigo, el gabán*
corduroy   *la pana*
cotton   *el algodón*
cuff   *el puño, el gemelo*
denim   *el algodón asargado*
dress   *el vestido*
dressing gown   *la bata*
to fit (someone well)   *quedarle bien*

flannel   *la franela*
fly   *la bragueta*
garbardine   *la gabardina*
girdle   *la faja*
gloves   *los guantes*
half-slip   *las enaguas*
handkerchief   *el pañuelo*
hat   *el sombrero*
heel   *el tacón*
hurt   *hacer daño a*
jacket   *el saco, la chaqueta*
leather   *el cuero*
long   *largo*
to match, go well with   *hacer buen juego*
con
measurement   *la medida*
narrow   *estrecho*
necktie   *la corbata*
nylon   *el nilón*
overcoat   *el abrigo*
pair   *el par*
panties   *los panties, las bragas*
pants   *el pantalón*
pants suit   *el traje pantalón*
pantyhose   *los panties*
pocketbook   *el bolso*
polka dot   *el lunar*
raincoat   *el impermeable, la gabardina*
rubbers   *las gomas*
sandals   *las sandalias*
scarf   *la bufanda*
shirt   *la camisa*
shoe   *el zapato*
shoelace   *el cordón*
shoe polish   *el betún*
short pants   *los pantalones cortos*
silk   *la seda*
size (clothing)   *la talla, el tamaño*
size (shoe)   *el número*
skirt   *la falda*
sleeve   *la manga*
slip   *la combinación, las enaguas*
slipper   *el zapatillo*
sneaker   *el zapato de tenis*
sock   *el calcetín*
sole   *la suela*
stockings   *las medias*
striped   *a rayas, rayada*
suede   *el ante, la gamuza*

suit (man's)   *el traje*
sweater   *el suéter*
synthetic fabric   *la tela sintética*
to take a shoe size   *calzar*
tight   *apretado*
toe   *el dedo (del pie)*
underpants   *los calzoncillos*
undershirt   *la camiseta*
wide   *ancho, amplio*
wool   *la lana*
worsted   *el estambre*
wrinkle-resistant material   *la tela
                                  inarrugable*
zipper   *la cremallera, el cierre*

Chapter 14:   At the dry cleaner

clothing   *la ropa*
to darn   *zurcir*
dirty   *sucio*
to dry-clean   *limpiar en seco*
dry cleaner's shop   *la tintorería*
dry cleaning   *la limpieza en seco*
hole   *el hueco*
to iron   *planchar*
lining   *el forro*
to mend   *remendar (ie)*
ready   *listo*
to sew   *coser*
to sew again (mend, darn, patch)
                              recoser
to shrink   *encogerse*
stain, spot   *la mancha*
starch   *el almidón*
tailor   *el (la) sastre*
to take out, remove (a spot)   *quitar*
unstitched   *descosido*
to wash   *lavar*

Chapter 15:   At the restaurant

aperitif   *el aperitivo*
baked   *asado al horno*
boiled   *hervido*
breaded   *empanado*
broiled   *a la parrilla, a la plancha, a la
                brasa*
check   *la cuenta*
cheese   *el queso*

chicken   *el pollo*
chicken breast   *la pechuga*
chicken leg, thigh   *el muslo*
chop   *la chuleta*
cold   *frío*
corner   *el rincón*
course   *el plato*
credit card   *la tarjeta de crédito*
cup   *la taza*
cutlet   *la chuleta*
deep-fried   *a la romana*
dessert   *el postre*
diced   *picado*
dirty   *sucio*
economical   *económico*
expensive   *caro*
fish   *el pescado*
fishbone   *la espina*
fixed menu   *el menú del día, los platos
                  combinados*
fork   *el tenedor*
fowl   *las aves*
fried   *frito*
fruit   *la fruta*
glass   *el vaso*
grilled   *a la parrilla, a la plancha, a la
               brasa*
hors d'oeuvre   *el entremés*
house (chef's) specialty   *la especialidad
                                de la casa*
included   *incluido*
in its juice   *en su jugo*
knife   *el cuchillo*
lamb   *el cordero*
luxurious   *de lujo*
main course   *el plato principal*
meat   *la carne*
medium (cooked)   *a término medio,
                       poco roja*
menu   *el menú, la minuta, la carta*
napkin   *la servilleta*
outdoors   *afuera*
overdone, overcooked   *demasiado
                            hecho,
                            demasiado co-
                            cido, demasiado
                            cocinado*
patio   *el patio*
pepper   *la pimienta*

pepper shaker   *el pimentero*
place setting   *el cubierto*
rare (not very cooked)   *casi crudo, poco asado*
raw   *crudo*
receipt   *el recibo*
recommend   *recomendar (ie)*
reservation   *la reservación, la reserva*
to reserve   *reservar*
restaurant   *el restaurante*
roasted   *asado*
salad   *la ensalada*
salt   *la sal*
salt shaker   *el salero*
salty   *salado*
saucer   *el platillo*
sauteed   *salteado*
service   *el servicio*
shellfish   *el marisco*
soup   *la sopa*
soup spoon   *la cuchara*
smoked   *ahumado*
steak   *el bistec, el biftec*
steamed   *al vapor*
stewed   *guisado, estofado*
sugar   *el azúcar*
suggest   *sugerir (ie, i)*
sweet   *dulce*
table   *la mesa*
tablecloth   *el mantel*
teaspoon   *la cucharita*
tip   *la propina*
tough   *duro*
veal   *la ternera*
vegetable   *la legumbre, la verdura*
waiter   *el (la) mesero(a), el (la) camarero(a)*
well done   *bien asado, bien cocido, bien hecho*
window   *la ventana*
wine   *el vino*
wine list   *la lista de vinos, la carta de vinos*

Chapter 16:   Shopping for food

aisle   *el pasillo*
bag   *la bolsa*
basket   *la cesta, la canasta*
basket (pannier)   *el capacho*

bakery (bread store)   *la panadería*
bakery (pastry shop)   *la pastelería*
box   *la caja*
bunch   *el atado, el manojo, el racimo, el ramo* (See note 7 on page 106)
butcher shop   *la carnicería*
can   *la lata, el bote*
cart   *el carrito*
container   *el envase*
dairy store   *la lechería*
dozen   *la docena*
egg store   *la huevería*
empty bottle for return   *el casco, el envase*
fish market   *la pescadería*
food   *los comestibles*
fresh   *fresco*
frozen   *congelado*
fruit and vegetable market   *la frutería*
give me   *déme, póngame*
gram   *el gramo*
groceries   *los comestibles, los abarrotes*
grocery store   *la bodega, el colmado, la tienda de ultramarinos, la tienda de abarrotes, la pulpería* (see note 4 on page 105)
head   *el repollo*
how much is (are)?   *¿a cómo es (son)?, ¿a cuánto está(n)?*
kilo (kilogram)   *el kilo (kilogramo)*
to look good   *tener buena pinta*
milk store (for all dairy products)   *la lechería*
package   *el paquete*
pork store   *la charcutería*
to return (something)   *devolver (ue)*
seafood market (for shellfish)   *la marisquería*
slice   *rebanada, lonja, loncha, rueda, raja* (see note 6 on page 106)
soap powder   *el jabón en polvo*
supermarket   *el supermercado*
to wrap   *envolver (ue)*

Chapter 17:   At home

The kitchen   La cocina
baking pan (dish)   *la tortera, la tartera*

blender   *la batidora*
to boil   *hervir (i,i)*
bottle opener   *el abrebotellas, el destapador*
to bring to the boiling point   *llevar a la ebullición*
burner (of a stove)   *la hornilla, el hornillo*
can opener   *el abrelatas*
to carve   *trinchar*
carving knife   *el trinchante, el trinche*
to cook   *(ue), guisar, cocinar* (see note 10 on page 111)
corkscrew   *el sacacorchos*
cover   *la tapa*
to cover   *tapar*
to dice   *picar, cortar*
dishcloth (towel)   *el paño, el secador*
dishrag   *el estropajo, el fregador*
dishware   *la vajilla*
drain (of a sink)   *el desagüe*
drainboard   *el escurridero, el escurreplatos*
eggbeater   *el batidor de huevos*
faucet (tap)   *el grifo, la llave, el robinete*
freezer   *la congeladora*
to fry   *freír (i,i)*
frying pan   *la (el) sartén*
garbage can   *el tarro (balde) de basura*
handle   *el asa, el mango*
kitchen   *la cocina*
kitchen cabinet   *la alacena*
kitchen stove (range)   *la cocina, la estufa*
to melt   *derretir (i,i)*
on a slow flame   *a fuego lento*
oven   *el horno*
pantry   *la despensa*
to pare   *pelar*
pot   *el pote, la olla, la cacerola, la cazuela, la caldera* (see note 11 on page 112)
refrigerator   *el refrigerador, la nevera*
to roast   *asar*
to scrub   *fregar (ie)*
sink   *la pila, la pileta, el fregadero, el resumidero, el lavadero*
soap powder   *el polvo de lavar*
to sautee   *saltear*
stopper (for a sink)   *el tapón*
to strain   *colar, cernir*

strainer   *el colador, la cernidera*
to wash   *lavar*
to wash dishes   *lavar los platos, fregar, fregar la vajilla*
washing machine   *la lavadora*

The bathroom   El cuarto de baño
bath   *el baño*
bathing cap   *la gorra de baño*
bath mat   *la alfombrilla de baño*
bathrobe   *la bata*
bathroom   *el cuarto de baño*
bath towel   *la toalla de baño*
bathtub   *el baño, la bañera, la tina*
to brush one's teeth   *cepillarse los dientes*
to comb one's hair   *peinarse*
to dry one's self   *secarse*
face cloth   *el paño*
makeup   *el maquillaje*
medicine cabinet   *el botiquín*
mirror   *el espejo*
to put on   *ponerse*
razor   *la navaja*
to shave   *afeitarse*
shaving soap   *el jabón de afeitar*
shower   *la ducha*
soap   *el jabón*
soap dish   *la jabonera*
to take a bath   *bañarse, tomar un baño*
to take a shower   *ducharse, tomar una ducha*
tile   *la baldosa, (very small tile) el baldosín, el azulejo*
toilet   *el retrete, el inodoro*
toilet paper   *el papel higiénico*
toothpaste   *el dentífrico, la pasta dentífrica*
towel   *la toalla*
towel rack   *el toallero*
washbasin   *el lavabo, el lavamanos*
to wash one's self   *lavarse*

The dining room   El comedor
after-dinner conversation   *la sobremesa*
butter dish   *el mantequero, la mantequillera*
candelabra   *el candelabro*
to clear the table   *quitar la mesa*

cup   *la taza*
diner   *el (la) conmensal*
dining room   *el comedor*
dish   *el plato*
fork   *el tenedor*
to get up from the table   *levantarse de la mesa*
glass   *el vaso*
gravy boat   *la salsera*
knife   *el cuchillo*
napkin   *la servilleta*
pepper shaker   *el pimentero*
plate   *el plato*
plate warmer   *el calientaplatos*
salad bowl   *la ensaladera*
salt shaker   *el salero*
saucer   *el platillo*
to serve   *servir (i,i)*
serving platter   *la fuente*
to set the table   *poner la mesa*
sideboard (buffet, credenza)   *el aparador*
soup bowl   *la sopera*
soup spoon   *la cuchara*
stem glass   *la copa*
sugar bowl   *el azucarero*
tablecloth   *el mantel*
tablespoon   *la cuchara*
teaspoon   *la cucharita*
tray   *la bandeja*

The living room   La sala de estar
armchair   *la butaca, el sillón*
bookshelf   *el estante*
book stack   *la librería, la biblioteca*
chair   *la silla*
to chat   *charlar, platicar*
curtain   *la cortina* (please see note 14 on page 118)
fireplace   *la chimenea*
floor lamp   *la lámpara de pie*
guest   *el (la) convidado(a), el (la) invitado(a)*
lamp   *la lámpara*
living room   *la sala, la sala de estar, el living*
magazine   *la revista*
newspaper   *el periódico,* (daily) *el diario,* (Sunday) *el dominical*
picture   *el cuadro*

picture frame   *el marco*
radio   *la radio, el radio*
record   *el disco*
rug   *la alfombra*
sofa   *el sofá*
table   *la mesa*
tape   *la cinta*
television   *la televisión*
venetian blind   *la persiana* (see note 14 on page 118)
wall-to-wall carpeting   *la moqueta*

The bedroom   El cuarto
alarm clock   *el despertador*
bed   *la cama*
bedroom   *el cuarto, el dormitorio, la alcoba, la recámara*
bedspread   *la colcha, la cubrecama, la sobrecama*
blanket   *la manta, la frazada, la frisa*
bureau (chest of drawers)   *la cómoda*
closet   *el armario*
double bed   *la cama de matrimonio*
drawer   *el cajón*
to fall asleep   *dormirse (ue, u)*
to get up   *levantarse*
to go to bed   *acostarse (ue)*
hanger   *la percha, el gancho, el armador*
to make the bed   *hacer la cama*
mattress   *el colchón*
night table   *el velador*
pillow   *la almohada*
pillowcase   *la funda*
to set (the clock)   *poner*
sheet (for a bed)   *la sábana*
to sleep   *dormir (ue,u)*

Housework   Los quehaceres domésticos
broom   *la escoba*
cloth   *el paño*
clothes   *la ropa*
dirty   *sucio*
to dust   *quitar el polvo, limpiar el polvo*
floor   *el piso, el suelo*
garbage   *la basura*
garbage can   *el balde de basura, el basurero, el cubo de basura*
housework   *los quehaceres domésticos*
iron   *la plancha*

to iron   *planchar*
ironing   *el planchado*
ironing board   *la tabla de plancha*
laundry (wash)   *el lavado*
mop   *el estropajo*
to polish   *pulir*
scrub   *fregar (ie)*
scrub rag   *el trapo*
sponge   *la esponja*
to sweep   *barrer, escobar*
to vacuum   *aspirar*
vacuum cleaner   *la aspiradora*
to wash   *lavar*
washing machine   *la lavadora*

Some minor problems   Algunos problemas

to blow a fuse   *quemarse un fusible*
blown   *fundido*
clogged (plugged up)   *atascado*
drain   *el desagüe*
to drip   *gotear*
electrician   *el (la) electricista*
to empty   *vaciar*
fuse   *el fusible*
fuse box   *el cuadro de fusibles, el tablero de fusibles, el panel de fusibles*
light bulb   *la bombilla*
light switch   *el interruptor, la llave, el suiche*
plug (stopper)   *el tapón*
plug   *el enchufe*
to plug in   *enchufar*
plumber   *el (la) plomero(a), el (la) fontanero(a)*
plumbing (pipes)   *la cañería*
socket   *el enchufe hembra*
to take out   *quitar*
to turn on the light   *poner la luz, encender (ie) la luz*
to turn out the light   *apagar la luz*

Chapter 18:   At the doctor's office

ache   *el dolor*
allergy   *la alergia*
analysis   *el análisis*
ankle   *el tobillo*

antibiotic   *el antibiótico*
appendix   *el apéndice*
arm   *el brazo*
arthritis   *la artritis*
asthma   *el asma (f)*
back   *la espalda*
bandage   *el vendaje*
to bandage   *vendar*
Band-Aid   *la venda*
blood   *la sangre*
bood pressure   *la tensión arterial, la presión sanguínea*
blood type   *el grupo sanguíneo, el tipo sanguíneo*
bone   *el hueso*
to break   *romper*
cancer   *el cáncer*
cheek   *la mejilla*
chest   *el pecho*
chicken pox   *la viruela*
chills   *los escalofríos*
chills and fever   *la fiebre intermitente*
cold   *el resfrío, el resfriado, el catarro, (having a cold) constipado(a)*
compound fracture   *la fractura complicada*
congestion   *la congestión, la flema*
constipated   *estreñido*
cough   *la tos*
to cough   *toser*
crutches   *las muletas*
to cut   *cortar*
diabetes   *la diabetes*
dizzy   *mareado*
doctor   *el (la) médico(a); (when talking to the person) el (la) doctor(a)*
doctor's office   *la consulta del médico*
ear   *el oído*
electrocardiogram   *el electrocardiograma*
epilepsy   *la epilepsia*
to examine   *examinar*
to examine by auscultation (with a stethoscope)   *auscultar*
fever   *la fiebre*
finger   *el dedo*
flu   *la gripe*
foot   *el pie*
glands   *las glándulas*

heart   *el corazón*
heart attack   *el ataque al corazón, el*
                                    ataque cardíaco
hip   *la cadera*
to hurt (someone)   *hacer daño (a*
                                    alguien)
illness   *la enfermedad*
injection   *la inyección*
intestines   *los intestinos*
kidneys   *los riñones*
leg   *la pierna*
liver   *el hígado*
lungs   *los pulmones*
measles   *el sarampión*
medical history   *el historial médico*
menstrual period   *el período menstrual*
mental illness   *la enfermedad mental*
mouth   *la boca*
mumps   *las paperas*
operation   *la operación, la intervención*
                                    quirúrgica
orthopedic surgeon   *el (la) cirujano(a)*
                                    ortopédico(a)
penicillin   *la penicilina*
pill   *la pastilla, la píldora, el comprimido*
polio   *la poliomielitis*
to put in a cast   *enyesar, entablillar*
to prescribe   *recetar*
prescription   *la receta*
pulse   *el pulso*
sample   *la muestra, la prueba*
to set (a bone)   *ensalmar, acomodar*
sleeve   *la manga*
to sprain   *torcer (ue)*
to stitch   *tomar (coger) puntos*
stomach   *el estómago*
stool (feces)   *las heces*
to suture   *suturar*
swollen   *hinchado*
symptom   *el síntoma*
temperature   *la temperatura*
throat   *la garganta*
tonsils   *las amígdalas*
tuberculosis   *la tuberculosis*
to undress   *desvestirse (i,i)*
urine   *la orina*
venereal disease   *la enfermedad venérea*
to vomit   *vomitar*
waist   *la cintura*

wound   *la herida*
wrist   *la muñeca*
to x-ray   *radiografiar*
x-rays   *los rayos equis*

Chapter 19:   At the hospital

abdominal   *abdominal*
ache   *dolor*
to ache   *doler (ue)*
ambulance   *la ambulancia*
anesthesia   *la anestesia*
anesthetist   *el (la) anestesista*
appendicitis   *la apendicitis*
appendix   *el apéndice*
attack   *el ataque*
bladder   *la vejiga, la vesícula*
blood pressure   *la tensión arterial, la*
                                    presión sanguínea
breast   *el seno*
cataracts   *las cataratas*
clinic   *la clínica*
colon   *el colon*
cyst   *el quiste*
delivery room   *la sala de parto*
doctor   *el (la) médico(a)*; (when talking
                    to the person) *el (la) doctor(a)*
emergency room   *la sala de emergencia*
                                    (de urgencias)
to examine   *examinar*
form (to be filled out)   *el formulario*
gallbladder   *la vesícula biliar, la vejiga*
                                    de la bilis
to give birth   *parir, dar a luz*
hemorrhoids   *las hemorroides*
hospital   *el hospital*
hysterectomy   *la histerectomía*
injection   *la inyección*
in labor   *de parto*
insurance company   *la compañía de*
                                    seguros
insurance policy   *la póliza*
intensive care unit   *la unidad de*
                                    cuidados intensivos
intern   *el (la) médico(a) residente*
intestine   *el intestino*
intravenous   *intravenoso*
labor pains   *los dolores de parto*

nurse   *el (la) enfermero(a)*
obstetrician   *el (la) obstétrico(a)*
to operate   *operar, hacer una intervención quirúrgica*
operating room   *la sala de operaciones, el quirófano*
operating table   *la mesa de operaciones*
operation   *la operación, la intervención quirúrgica*
ovary   *el ovario*
oxygen   *el oxígeno*
oxygen tent   *la tienda de oxígeno*
patient   *el (la) paciente*
policy   *la póliza*
polyp   *el pólipo*
pregnant   *encinta, preñada, embarazada*
prognosis   *la prognosis, el pronóstico*
pulse   *el pulso*
radiology   *la radiología*
recovery room   *la sala de recuperación (de restablecimiento)*
serious   *grave*
sodium pentothal   *el pentotal sódico*
stretcher   *la camilla*
surgeon   *el (la) cirujano(a)*
to take out (remove)   *quitar, sacar, extraer*
tonsils   *las amígdalas*
tranquilizer   *el calmante, el tranquilizante*
ulcers   *las úlceras*
wheelchair   *la silla de ruedas*
to x-ray   *radiografiar*
x-ray   *la radiografía*
x-rays   *los rayos equis*

Chapter 20:   At the theatre and the movies

act   *el acto*
to act (play a part)   *actuar*
actor   *el actor*
actress   *la actriz*
applaud   *aplaudir*
balcony   *el balcón, la galería*
to begin   *empezar (ie)*
box   *el palco*
check (leave)   *dejar*

cloakroom   *el guardarropa, el vestuario*
comedy   *la comedia*
curtain   *el telón*
drama   *el drama*
to dub (a film)   *doblar*
enter (come on stage)   *entrar en escena*
to go down, close (the curtain)   *caerse (el telón)*
to go up, raise (the curtain)   *levantarse (el telón)*
intermission   *el intermedio*
lead (leading part or role)   *el (la) protagonista*
mezzanine   *el anfiteatro, el entresuelo*
movie, film   *la película*
movie house, cinema   *el cine*
musical (show)   *la obra musical*
musical review   *la revista musical*
orchestra (section of the theater)   *el patio, la platea*
to play the role   *hacer el papel*
to present   *presentar*
program   *el programa*
row   *la fila*
scene   *la escena*
screen   *la pantalla*
seat (in a front row)   *la delantera*
seat (also ticket for a theater performance)   *la localidad*
to shoot (a film)   *rodar (ue)*
show   *el espectáculo, la función*
sold out   *agotado*
spectator   *el (la) espectador(a)*
stage   *el escenario*
stamp with the feet   *patear*
subtitles   *los subtítulos*
theater   *el teatro*
theater seat   *la butaca*
theater or movie ticket   *la entrada*
theater or movie ticket window   *la taquilla*
tip   *la propina*
top balcony   *el paraíso, el gallinero*
tragedy   *la tragedia*
usher   *el (la) acomodador(a)*
work (theatrical or artistic)   *la obra*
zarzuela   *la zarzuela (a Spanish musical comedy or operetta)*

Chapter 21:   Sports

area (territory) (of a team)   *la meta*
ball   *la pelota* (a small ball), *el balón* (a larger ball), *la bola* (a very small ball such as a golf ball)
basket   *la canasta, el cesto*
basketball   *el baloncesto, el básquetbol*
doubles (tennis)   *dobles*
end (player)   *el ala*
field (course)   *la cancha, el campo*
football   *el fútbol*
foul   *el foul*
game   *el partido, el juego*
goal   *la portería, la puerta* (the area), *el gol* (point)
goalie   *el (la) guardameta, el (la) portero(a)*
golf club   *el palo*
hole   *el hoyo*
to kick   *dar una patada*
love (tennis)   *nada, cero*
to make a goal   *meter un gol, hacer un gol*
to miss (a shot)   *fallar*
net   *la red*
net ball   *el net*
period   *el tiempo*
to play   *jugar (ue)*
player   *el (la) jugador(a)*
point   *el tanto, el punto*
to put in   *meter*
racket   *la raqueta*
to return (a ball)   *devolver (ue)*
to score   *marcar (hacer) un tanto*
scoreboard   *el cuadro indicador, el tablero indicador*
to serve   *servir (i,i)*
set (tennis)   *el set*
shot   *el tiro*
singles (tennis)   *los singles*
soccer   *el fútbol*
sport   *el deporte*
to stop (block the ball)   *parar*
team   *el equipo*
tennis   *el tenis*
to throw (shoot)   *tirar*
tied (score)   *empatado*
tournament   *el torneo*

umpire (referee)   *el árbitro*
whistle   *el silbato*
to whistle   *silbar*
to win   *ganar*

Chapter 22:   The beach

air mattress (cushion, float)   *el colchón neumático*
to bathe   *bañarse*
bathing suit   *el traje de baño, el bañador*
beach   *la playa*
beach robe   *la bata*
beach sandals   *las sandalias playeras*
boat   *la lancha*
boat (small)   *la barca*
to break (waves)   *romperse, estallarse, reventarse (ie)*
cabin   *cabina*
calm (sea)   *tranquilo, calmo, calmado, apacible*
canvas beach chair   *la silla de lona*
current   *la corriente*
dangerous   *peligroso*
to float   *flotar*
to float (with hands behind the head)   *hacer la plancha*
folding chair   *la silla plegable*
lifeguard   *el (la) salvavidas, el (la) vigilante*
lighthouse   *el faro*
to ride the waves   *correr las olas, montar las olas*
rock   *la roca*
rough (sea)   *agitado, revuelto* (in the sense of churned up, choppy), *turbulento*
sailboat   *el velero*
sand   *la arena*
sandal   *la zapatilla, la alpargata*
to scuba-dive   *bucear*
sea   *el mar*
sea resort   *el balneario*
shore   *la orilla*
spend the summer   *veranear*
to sunbathe   *tomar el sol*

sun block   *la bloqueadora,*
             la crema protectora
sunburned   *quemado, tostado*
sunglasses   *las gafas para el sol, los*
             anteojos de sol
surfboard   *la plancha de deslizamiento,*
             la tabla hawaiiana
to swim   *nadar*
tanned   *tostado, bronceado*
tanning lotion   *la bronceadora*
tide   *la marea*
undertow   *la contracorriente, la resaca*
water ski   *el esquí acuático*
to water-ski   *esquiar en el agua, hacer*
             el esquí acuático
wave   *la ola*
windsurf   *la tabla de vela*

Chapter 23:   Skiing

boot   *la bota*
chairlift   *el telesilla*
cross country skiing   *el esquí de*
                        fondo,
                        el esquí
                        nórdico
downhill skiing   *el esquí alpino*
to go down   *bajar*
parka   *el anorak*
ski, skiing   *el esquí*
ski lift   *el telesquí*
ski pole   *el bastón*
ski resort   *la estación de esquí*
skier   *el esquiador*
slope   *la pista*

Chapter 24:   Camping

air mattress   *el colchón neumático*
bath   *el baño*
battery   *la batería, la pila*
bonfire   *la hoguera, la fogata*
to burn (to light a fire)   *encender (ie)*
burner   *el hornillo*
butane gas   *el gas butano*

to camp   *acampar*
camper   *el camper*
camping, a campsite   *el camping*
candle   *la vela*
cord   *la cuerda*
drinking water   *el agua (f) potable*
facilities   *los servicios*
first-aid kit   *el botiquín*
flashlight   *la linterna (eléctrica)*
folding chair   *la silla plegable*
folding table   *la mesa plegable*
hammer   *el martillo*
hammock   *la hamaca*
iodine   *el yodo*
knapsack   *la mochila*
match   *el fósforo, la cerilla*
to park   *estacionar, aparcar, parquear*
penknife   *el cortaplumas, la navaja*
to pitch (put up) a tent   *armar una*
                            tienda
pole   *el palo, el mástil*
portable   *portátil*
shower   *la ducha*
sleeping bag   *el saco para dormir*
spike   *la estaca*
tank   *el tanque*
tent   *la tienda (de campaña)*
thermos   *el termo*
to tie   *atar, amarrar*
toilet   *el retrete*
trailer   *la casa-remolque, la caravana*

Chapter 25:   The weather

barometric pressure   *la presión*
                       barométrica
                       (atmosférica)
Celsius (centigrade)   *centígrado*
clear   *despejado*
to clear   *despejarse*
cloud   *la nube*
cloudiness   *la nubosidad*
cloudy, overcast   *nublado*
cold   *frío*
cool   *fresco*
to drizzle   *lloviznar*
fog   *la neblina, la niebla*

to hail   *granizar*
heat   *el calor*
humid   *húmedo*
lightning   *el relámpago (los rayos)*
precipitation   *la precipitación*
to rain   *llover (ue)*
rainy   *lluvioso*
to reach   *alcanzar*
scattered   *disperso*
shower   *el aguacero, el chaparrón, el chubasco*
snow   *la nieve*
to snow   *nevar (ie)*
snowstorm   *la nevasca, la nevada*
storm   *la tempestad, el temporal, la tormenta*
stormy   *tempestuoso*
sudden windstorm (cloud that brings with it a sudden change in weather)
   la ráfaga
sultry   *bochornoso*
sun   *el sol*
sunny   *soleado*
temperature   *la temperatura*
thunder   *el trueno*
to thunder   *tronar (ue)*
thunderstorm   *la tronada*
unstable (changeable)   *inestable*
warm   *caliente, caluroso*
weather   *el tiempo*
weather forecast   *el pronóstico meteorológico*
wind   *el viento*

Chapter 26:   Crime

armed robbery   *el latrocinio*
assasin   *el asesino*
assault   *el asalto*
breaking and entering   *el escalamiento*
consent   *el consentimiento*
crime   *el crimen, el delito*
death   *la muerte*
firearm   *el arma de fuego*
harm   *el daño*
homicide   *el homicidio*
gun   *la pistola*
knife   *el cuchillo*

murder   *el homicidio*
murderer   *el asesino*
perpetrator   *el perpetrador*
person killed   *el asesinato*
physical   *físico*
pickpocket   *el carterista*
pistol   *la pistola*
police officer   *el agente de policía, el policía*
police station   *la comisaría*
property   *la propiedad*
push   *empujar*
rape   *la violación sexual*
to report a crime   *denunciar un crimen*
robber   *el ladrón*
robbery   *el robo*
to shove   *empujar*
taking   *la toma*
thief   *el ladrón*
victim   *la víctima*
weapon (with blade)   *el arma blanca*

Chapter 27:   Education

to attend   *asistir*
auditor (of a course)   *el (la) oyente*
bachelor's degree   *el bachillerato*
ballpoint pen   *el bolígrafo*
boarder (boarding student)
   el (la) interno(a)
book bag   *la cartera, el maletero, el portalibros*
chalkboard   *la pizarra, el pizarrón*
classroom   *la sala de clase, el aula*
course   *el curso*
course of study, curriculum   *el plan de estudios, plan de cursos*
daily schedule   *el horario*
day student   *el (la) externo(a)*
dean   *el (la) decano(a)*
doctorate   *el doctorado*
dormitory   *el dormitorio, el colegio mayor*
elementary school
   teacher   *el (la) maestro(a)*
to enroll   *inscribirse*

faculty   *el profesorado*
to fail   *salir mal, ser suspendido*
failing (grade or mark)   *cate, suspendido,*
                             desaprobado,
                             suspenso
to get a doctor's degree   *doctorarse*
to get a master's degree   *licenciarse*
to give a lesson   *dar una lección*
grade (from first to twelfth)   *grado*
grade (mark)   *la calificación, la nota*
to graduate   *graduarse*
high school   *el colegio, el liceo, la*
                 escuela secundaria, la
                 preparatoria
lecture   *la conferencia*
to major in   *especializarse*
mark (grade)   *la nota, la calificación*
master's degree   *la licenciatura*
to matriculate, register   *matricularse*
notebook   *el cuaderno, el bloc*
nursery school   *la escuela de párvulos*
opening of school   *la apertura de curso*
outstanding (grade or mark)

                 sobresaliente
passing, fair (grade or mark)   *aprobado,*
                                   regular
preparatory school   *la preparatoria*
prep school   *la prepa*
principal of a school   *el (la) director(a)*
pupil   *el (la) alumno(a)*
reading   *la lectura*
rector   *el (la) rector(a)*
requirement   *el requisito*
scholarship   *la beca*
school   *la escuela, (division of a*
            university) la facultad
school book   *el libro de texto, el libro*
                 escolar
school desk   *el pupitre*
secondary (high) school   *la escuela*
                             secundaria
subject (in school)   *la materia*
to succeed (pass an exam)   *salir bien*
student   *el (la) estudiante*
to take notes   *tomar apuntes*
to teach   *enseñar*
test, exam   *el examen*
tuition   *los derechos de matrícula*
uniform   *el uniforme*

university   *la universidad*
very good (grade or mark) · *notable*

Chapter 28:   Business

accountant·   *el contable*
accounting   *la contabilidad*
administrator   *el administrador*
advertising   *la propaganda, la publicidad*
assets   *los activos*
balance sheet   *la hoja de balance*
Board of Directors   *la junta directiva*
business   *el comercio*
buyer   *el comprador*
consumer   *el consumidor*
corporation   *la sociedad anónima, la*
                 corporación
cost   *el costo*
decision making   *la toma de decisiones*
to decrease   *bajar*
department   *el departamento, el servicio*
dividend   *el dividendo*
enterprise   *la empresa*
financial statement   *el estado financiero*
goods   *los bienes*
income   *el ingreso, la renta*
increase   *subir*
liabilities   *los pasivos*
to make a decision   *tomar una decisión*
market   *el mercado*
marketing   *el marketing, el mercadeo*
partner   *el socio*
partnership   *la asociación, la sociedad*
                 colectiva
product   *el producto*
production   *la producción*
profit   *las ganancias, las rentas*
profitable   *rentable*
purchaser   *el comprador*
to recuperate   *recuperar*
results   *los resultados*
retail   *al por menor, al por detal*
retailer   *el menorista, el detallista*
sales rep   *el vendedor*
services   *los servicios*
to set a price   *fijar un precio*
stock   *la acción*

stockholder   *el accionista*
Stock Market   *La Bolsa de Valores*
supply and demand   *la demanda y la oferta*
taxable   *gravable*
tax   *el impuesto*
wholesale   *al por mayor*
wholesaler   *el mayorista*

Chapter 29:   Computer

arrow   *el cursor*
backspace   *el retroceso*
bar code   *el código de barra*
to boot   *iniciar el funcionamiento*
to calculate   *calcular*
to call up   *recuperar*
compact disc   *el disco compacto*
computer   *la computadora, el ordenador*
  desk top computer   *la computadora de escritorio*
  personal computer   *la computadora personal*
  lap top computer   *la computadora portátil*
computer science   *la informática*
control key   *la tecla de control*
to copy   *copiar*
cursor key   *la tecla de cursor*
data   *los datos*
to delete   *borrar*
disc   *el disco*
to drive   *manipular*
end key   *la tecla de fin*
to erase   *borrar*
escape key   *la tecla de escape*
to exit   *salir*
file   *el archivo*
floppy disc   *el disco blando, el disquete*
hard disc   *el disco duro*
hardware   *el hardware*
home key   *la tecla de inicio*
icon   *el icono*
input   *la entrada*
input key   *la tecla de entrada*
key   *la tecla*
keyboard   *el teclado*
memory   *la memoria*
menu   *el menú*

modem   *el módem, el modulador*
output   *la salida*
password   *la contraseña, la palabra de paso*
print   *imprimir*
printer   *la impresora*
program   *el programa*
programmer   *el programador*
return key   *la tecla de retorno*
to save   *guardar*
scanner   *el explorador*
to scratch   *borrar*
screen   *la pantalla, el monitor*
soft disc   *el disco blando, el disquete*
software   *el software*
to start up   *iniciar*
terminal   *la terminal*
to trash   *borrar*
typewriter   *la máquina de escribir*
video screen   *la pantalla de vídeo*
to view   *visualizar*
word processing   *el procesamiento de textos*

Chapter 30:   Government and politics

against   *en contra*
to amend   *enmendar (ie)*
amendment   *la enmienda*
anticlericalism   *el anticlericalismo*
to approve, accept   *aprobar (ue)*
autocratic   *autocrático*
bicameral   *bicameral*
cabinet   *el consejo de ministros, el gabinete*
chamber of deputies,
  House of Representatives   *la cámara de diputados, Cámara de Representantes, Congreso de Diputados*
chancellor   *el canciller*
citizen   *el (la) ciudadano(a)*
committee   *el comité*
communism   *el comunismo*
to concede   *conceder*
Congress   *el Congreso*
congressman (woman),
  representative in Congress   *el (la) diputado(a) al Congreso*
conservatism   *el conservatismo*

constitution   *la constitución*
control   *el control*
court   *la corte, el tribunal*
curfew   *el toque de queda*
to declare   *declarar*
to deliberate   *deliberar*
democracy   *la democracia*
democratic   *democrático*
deputy; representative   *el (la) diputado(a)*
dictator   *el (la) dictador(a)*
dictatorship   *la dictadura*
diet   *la dieta*
to discuss   *discutir*
to elect   *elegir (i,i)*
election   *la elección*
fascism   *el fascismo*
freedom   *la libertad*
freedom of speech   *la libertad de palabra*
freedom of the press   *la libertad de prensa*
government   *el gobierno*
governmental   *gubernamental*
human rights   *los derechos humanos*
imperialism   *el imperialismo*
to impose   *imponer*
in favor   *en favor*
interventionism   *el intervencionismo*
isolationism   *el aislacionismo*
junta   *la junta*
law   *la ley*
left (political)   *la izquierda*
leftist   *el (la) izquierdista*
liberalism   *el liberalismo*
lower chamber   *la cámara baja*
majority   *la mayoría*
to make a motion   *presentar una moción*
manifestation   *la manifestación*
martial law   *la ley marcial*
marxism   *el marxismo*
militarism   *el militarismo*
ministry of agriculture   *el ministerio de agricultura*
ministry of communication   *el ministerio de comunicaciones*
ministry of education   *el ministerio de educación (de instrucción pública)*

ministry of foreign affairs (of state)   *el ministerio de relaciones exteriores*
ministry of the interior   *el ministerio del interior*
ministry of justice   *el ministerio de justicia*
ministry of labor   *el ministerio de trabajo*
ministry of public instruction (education)   *el ministerio de instrucción pública*
ministry of state   *el ministerio de estado*
ministry of the treasury   *el ministerio de haciendas*
minority   *la minoría*
monarch   *el (la) monarca*
monarchism   *el monarquismo*
monarchist   *el (la) monarquista*
motion   *la moción*
national   *nacional*
on the other side   *del otro lado, de la otra acera, opuesto*
opposite   *opuesto, contrario*
opposition   *la oposición*
parliament   *el parlamento*
party   *el partido*
people (of a country)   *el pueblo*
people of legal age   *los mayores de edad*
person in the military   *el (la) militar*
plebiscite   *el plebiscito*
plenary session   *la sesión plenaria*
political   *político*
politics, political policy   *la política*
president   *el (la) presidente(a)*
prime minister   *el (la) primer(a) ministro(a)*
progressivism   *el progresismo*
to protect   *proteger*
quorum   *el quórum*
racism   *el racismo*
radicalism   *el radicalismo*
referendum   *el referendum*
regime   *el régimen*
right   *el derecho*
right (political)   *la derecha*
right to vote   *el derecho al voto*
rightist   *el (la) derechista*
to second a motion   *apoyar una moción*
senate   *el senado*
senator   *el (la) senador(a)*

separatism   *el separatismo*
socialism   *el socialismo*
system   *el sistema*
to take into consideration   *tomar en*
    consideración

terrorism   *el terrorismo*
under   *bajo*

unicameral   *unicameral*
upper chamber   *la cámara alta*
uprising   *la sublevación*
vote   *el voto*
to vote   *votar*
vote of confidence   *el voto de confianza*

Answers to exercises
Respuestas a los ejercicios

Chapter 1: At the airport

1.
1. autobús
2. terminal
3. salen

2.
1. terminal
2. vuelos
3. terminal
3. nacionales
5. internacional
6. terminal

3.
1. mostrador
2. fila
3. mostrador
4. boleto (billete)
5. vuelo
6. pasaporte

4.
1. internacional
2. mostrador
3. boleto (billete), pasaporte
4. asiento, sección
5. fila, pasillo, no fumar
6. equipaje de mano, maletín
7. etiqueta
8. tarjeta de embarque
9. vuelo, asiento, fila, pasillo, de no fumar
10. talones, reclamar (recoger)

5.
1. La señora está en el mostrador de la compañía de aviación.
2. Ella habla con el agente.
3. Ella le da su boleto (billete) y su pasaporte al agente.
4. Ella quiere sentarse en la sección de no fumar.
5. Ella lleva dos maletas.
6. Sí, lleva equipaje de mano.
7. Lleva un maletín.
8. Sí, el maletín puede caber debajo del asiento.
9. El agente le da su tarjeta de embarque.
10. Sale en el vuelo 430.
11. Ella va a Madrid.
12. Tiene el asiento 22*C*.
13. Está en el pasillo en la fila 22.
14. Ella ha facturado dos maletas.
15. Ella puede reclamar sus maletas en Madrid.

6.
1. *b*
2. *c*
3. *a*
4. *c*
5. *b*

7.
1. La compañía de aviación
2. salida
3. vuelo
4. con destino a
5. control de seguridad
6. control de seguridad
7. puerta
8. embarque

8.
1. salida
2. destino
3. control de seguridad
4. puerta, ocho

9.
1. llegada
2. vuelo
3. procedente de

10.
1. la salida
2. procedente de
3. desembarcar

11.
1. perdí
2. vuelo
3. completo
4. disponibles
5. precio (pasaje)
6. endosar
7. escala

12.
1. terminales, vuelos, nacionales
2. agente, mostrador, aviación
3. boletos (billetes), pasaporte
4. equipaje
5. talones, talones
6. maletín, mano, debajo del
7. pasillo, sección
8. completo, asientos
9. tarjeta, asiento, fila
10. escala, cambiar
11. embarque, destino a
12. puerto

13.
1. La señora Molina llega al aeropuerto.
2. Hay dos terminales en el aeropuerto.
3. Hay una para vuelos nacionales y otra para vuelos internacionales.
4. La señora va al mostrador de la compañía de aviación.
5. El agente quiere ver su boleto (billete) y su pasaporte.
6. La señora factura dos maletas.
7. La agente pone los talones en el sobre del boleto (billete).
8. Ella puede reclamar su equipaje en Bogotá.
9. Ella lleva un maletín abordo.
10. El equipaje de mano tiene que caber debajo del asiento.
11. Sí, la señora tiene un asiento reservado pero no lo indica la computadora.

12. No hay problema porque el vuelo no está completo. Hay asientos disponibles.
13. La señora tiene el asiento 25C.
14. El vuelo va a salir por la puerta seis.
15. No, no es un vuelo sin escala. Hace una escala en Panamá.

14.
1. vuelo	5. asiento
2. destino	6. fila
3. escala	7. pasillo
4. cambiar	8. fumar

15.
1. Va a salir con una demora.
2. Hay un problema técnico.
3. Es bastante largo.
4. Sí, han anulado otro vuelo.
5. A causa del tiempo.

Chapter 2: On the airplane

1.
1. tripulación	5. cabina del piloto
2. asistentes de vuelo	6. seguridad
3. trasera	7. despega
4. principal	8. aterriza

2.
1. tripulación	5. aproximadamente
2. bienvenida	6. altura
3. despegar	7. velocidad
4. tiempo de vuelo	8. por hora

3.
1. Los chalecos salvavidas están debajo del asiento.
2. La máscara de oxígeno se caerá.
3. Hay salidas de emergencia sobre las alas.

4.
1. despegue	5. cinturón
2. aterrizaje	6. turbulencia
3. sentados	7. brinca
4. cinturón de seguridad	

5.
1. sección de no fumar, pasillos, retretes (aseos)
2. señal, iluminada
3. señal, no fumar, aterrizaje

6.
1. pasillos	6. aterrizaje
2. caber	7. respaldo
3. asiento	8. posición
4. compartimientos	9. la tableta
5. despegue	

7.
1. comida	6. cargo
2. desayuno	7. audífonos (auriculares)
3. música	
4. canales	8. almohada
5. película	9. manta (frazada)

8.
1. almohada	2. manta

9.
1. cabinas, delantera, clase, cabina, económica
2. vuelo, tarjetas de embarque
3. máscara de oxígeno
4. equipaje de mano, compartimentos sobre la cabeza (superiores)
5. despegue, aterrizaje
6. señal de no fumar
7. respaldo, posición
8. cinturones de seguridad
9. bebidas, comida
10 un juego de audífonos, cargo

10.
1. *e*	6. *j*
2. *i*	7. *c*
3. *f*	8. *l*
4. *b*	9. *h*
5. *a*	10. *k*

11.
1. Los asistentes de vuelo les dan la bienvenida a los pasajeros mientras abordan el avión.
2. Hay dos cabinas en la mayoría de los aviones.
3. Los pasajeros tienen que aprender a usar el cinturón de seguridad, la máscara de oxígeno, y el chaleco salvavidas.
4. Los pasajeros tienen que poner su equipaje de mano debajo de su siento o en el compartimiento sobre la cabeza.
5. No se puede fumar en la sección de no fumar, en los pasillos, y en los retretes (aseos).
6. Los pasajeros tienen que poner el respaldo de su asiento en posición vertical y no pueden fumar. También tienen que abrocharse el cinturón de seguridad.
7. Es una buena idea mantener los cinturones abrochados durante todo el vuelo porque no se sabe cuando el avión encontrará alguna turbulencia inesperada y empezará a brincar.
8. Los asistentes de vuelo sirven bebidas y una comida durante el vuelo.
9. Ofrecen almohadas y mantas y también juegos de audífonos.
10. El piloto les da a los pasajeros la ruta de vuelo, el tiempo de vuelo, la altura a que van a volar, y la velocidad que van a alcanzar.

Chapter 3: Passport control and customs

1.
1. control
2. pasaporte
3. tiene
4. estar

5. (any appropriate length of time)
6. hospedado(a)
7. negocios
8. turismo
9. turismo

2. 1. declarar, flecha, algo, flecha roja
2. declarar, impuestos
3. declaración
4. efectos

Chapter 4: At the train station

1. 1. billete
2. un billete de ida y vuelta
3. billete sencillo

2. 1. boleto
2. boleto sencillo
3. boleto de ida y regreso

3. 1. ventanilla   6. ida y regreso
2. ventanilla   7. boleto sencillo
3. ventanilla   8. expreso (rápido)
4. boleto   9. expreso (rápido)
5. sencillo   10. sencillo

4. 1. No, no está en las cercanías.
2. Es un tren de largo recorrido.
3. Debe salir a las catorce veinte.
4. No, no va a salir a tiempo.
5. Va a salir a las quince diez.
6. Sí, hay una demora.
7. Va a salir con cincuenta minutos de retraso.
8. Los pasajeros esperan en la sala de espera.

5. 1. demora   3. retraso
2. cincuenta   4. sala de espera

6. 1. equipaje   5. talón
2. mozo   6. recoger (reclamar)
3. depositar (facturar)   7. transbordar
4. consigna

7. 1. equipaje   6. deposita
2. mozo   7. consigna
3. mozo   8. talón
4. depositar   9. entregar
5. consigna   10. recoger (reclamar)

8. 1. andén
2. asiento
3. compartimiento, coche (vagón)

9. 1. andén
2. compartimientos, asientos

3. coche (vagón)
4. subir, bajar(se)

10. 1. revisor (recogedor)   3. coche comedor
2. coche cama

11. 1. T   5. F
2. F   6. F
3. F   7. T
4. F   8. F

12. 1. La señora va a la estación de ferrocarril en taxi.
2. Ella lleva cuatro maletas.
3. La señora llama a un mozo.
4. No, el tren no va a salir a tiempo.
5. El tren va a salir con un retraso de una hora y media.
6. La señora deposita su equipaje en la consigna.
7. Ella compra su boleto en la ventanilla.
8. Ella compra un boleto de ida y regreso.
9. Ella va a viajar en el rápido (tren expreso).
10. La señora le da el talón para reclamar su equipaje.
11. El mozo lleva el equipaje al andén.
12. Ellos buscan el coche 114D.
13. Ella tiene el asiento 6 en el compartimiento C.
14. Ella no tiene una cama porque el viaje no es muy largo y si ella quiere tomar una siesta puede dormir en su asiento.
15. Ella le pregunta si hay un coche comedor.

13. 1. *b*   4. *f*
2. *d*   5. *a*
3. *e*   6. *c*

Chapter 5: The automobile

1. 1. alquilar
2. día, por semana
3. cuesta (cobran) por, por
4. kilometraje
5. kilómetro
6. un permiso de conducir (una licencia)
7. seguro completo (contra todo riesgo)

2. 1. alquilar
2. carro (coche)
3. [optional: grande or pequeño]
4. por día
5. por semana
6. semana
7. kilometraje
8. cobran

9. incluída
10. seguro
11. permiso de conducir
12. depósito
13. crédito
14. tarjeta de crédito
15. firmar

3.
1. *b*	6. *a*
2. *a*	7. *b*
3. *b*	8. *b*
4. *a*	9. *a*
5. *c*	10. *b*

4.
1. cambiar de velocidad
2. intermitentes
3. guantera
4. el baúl (la maletera, la cajuela, la maleta)
5. el silenciador

5.
1. poner la llave en el arranque
2. arrancar el motor poniendo el pie en el acelerador
3. embragar
4. poner el carro en primera velocidad

6.
1. el tanque (el depósito), gasolinera
2. llenar, litros
3. radiador, batería
4. los neumáticos (las gomas, las llantas)
5. parabrisas
6. aceite, frenos
7. engrase, afinación

7.
1. arranca
2. una llanta baja
3. se caló, (murió)
4. una avería
5. hace mucho ruido
6. se calienta demasiado

8.
1. avería (descompostura)
2. caló
3. arrancar
4. grúa
5. remolcar

9.
1. golpeando, fallando
2. goteando, demasiado
3. grúa
4. repuestos
5. reparar

Chapter 6: Asking for directions

1.
1. perdido(a)
2. calle

3. con
4. lejos
5. lejos
6. cerca
7. ir a pie (andar, caminar)
8. una vuelta
9. derecho
10. doble
11. cuadra (manzana)
12. izquierda
13. con
14. derecho
15. cuadras (manzanas)
16. la derecha
17. cuadra (manzana)
18. a la izquierda
19. más

2.
1. lejos
2. ir a pie (andar, caminar)
3. autobús
4. parada del autobús
5. esquina
6. parada (esquina)
7. tomar
8. baje

3.
1. afueras
2. carretera de Valencia
3. tráfico (tránsito, mucha circulación)
4. hora de mayor afluencia
5. autopista
6. peaje (una cuota)
7. peaje, caseta de peaje
8. carriles (pistas, bandas)
9. el carril derecho (la pista [banda] derecha), salida
10. sentido único (dirección única)
11. semáforo
12. embotellamientos

4.
1. el semáforo (or) la luz	4. la salida
2. la autopista	5. la caseta de peaje
3. el carril (or) la pista	

5.
1. la carretera
2. la cuota
3. el tránsito (la circulación)
4. de dirección única
5. la cabina (la gareta) de peaje
6. el carril (la banda)
7. caminar (ir a pie)
8. la manzana (el bloque)

6.
1. *d*	5. *b*
2. *a*	6. *e*
3. *f*	7. *c*
4. *g*	8. *h*

7. 1. con 4. de
    2. a 5. de
    3. a

Chapter 7: Making a telephone call

1. 1. llamada 6. marcar
    2. número 7. descuelga
    3. guía telefónica 8. la señal (el tono)
    4. urbana (local) 9. disco
    5. llamada urbana

2. 1. teclado
    2. teclado, disco
    3. celular (inalámbrico)
    4. inalámbrico
    5. inalámbrico

3. 1. de larga distancia
    2. el (la) operador(a) (telefonista)
    3. la clave de área
    4. con cobro revertido
    5. de persona a persona
    6. comunicarme con (ponerme con)
    7. la clave de área

4. 1. de teléfono 8. descolgar
    2. llamada 9. descuelgo
    3. teléfono 10. meto
    4. ficha 11. ranura
    5. ranura 12. la señal (el tono)
    6. ficha 13. número
    7. ranura 14. disco

5. 1. ¡Hola! (¡diga!)
    2. ¿Está [make up a name]?
    3. ¿parte de quién?
    4. De parte de [give your name]
    5. momentito
    6. está
    7. mensaje (recado)

6. 1. señal
    2. descompuesto (estropeado, fuera de servicio)
    3. comunicando
    4. número equivocado
    5. intentar, de nuevo
    6. nos ha cortado la línea
    7. central, extensión

7. 1. La línea estaba ocupada. Estaba co-
       municando.
    2. No contestó nadie. (No había contestación.)
    3. El telefonista le dio un número equivocado.
    4. Se les cortó la línea.

8. 4, 1, 5, 3, 6, 7, 2

9. 1. fuera de servico (estropeado, descompuesto)
    2. está comunicando
    3. central
    4. mensaje (recado)
    5. número equivocado

10. 1. La señora va a hacer una llamada de larga
       distancia.
    2. No tiene que consultar la guía telefónica
       porque ya sabe el número de teléfono de su
       amiga.
    3. Ella sabe también la clave de área.
    4. No puede marcar directamente porque está
       haciendo una llamada de larga distancia.
    5. Ella descuelga el auricular.
    6. Espera la señal (el tono).
    7. Marca el cero.
    8. La telefonista contesta.
    9. La señora Ramírez quiere comunicar con el
       771-15-80.
    10. La clave de área es 31.
    11. No puede hablar con su amiga porque la
       línea está ocupada.
    12. No puede hablar la segunda vez que llama
       porque no contesta nadie.
    13. Sí, la tercera vez alguien contesta.
    14. No, no es su amiga.
    15. El telefonista le dio un número equivocado.
    16. Sí, la cuarta vez contesta su amiga.
    17. Sí, hablan un poco.
    18. No pueden terminar la conversación por-
       que se les ha cortado la línea.

Chapter 9: At the hotel

1. 1. sencillo
    2. cuarto doble
    3. doble, camas, matrimonio
    4. calle, patio
    5. mar
    6. pensión completa
    7. servicio, desayuno, impuestos
    8. aire acondicionado, calefacción
    9. un baño
    10. reservación (reserva), confirmación
    11. empleado (recepcionista)
    12. completo, disponibles
    13. ficha, pasaporte
    14. botones
    15. tarjeta de crédito

2. 1. cuarto
    2. reservación
    3. completo
    4. disponibles
    5. dos camas

6. matrimonio
7. [answer optional]
8. da al
9. dan a
10. cuarto
11. servicio
12. servicio
13. impuestos
14. [answer optional]
15. aire acondicionado
16. baño
17. llenar
18. firme
19. pasaporte
20. botones

3.
1. la camarera
2. lavado
3. lavar, planchar
4. lavar en seco
5. enchufe
6. manta (frazada, cobija, frisa)
7. toalla de baño
8. jabón
9. perchas (ganchos)
10. papel higiénico

4.
1. el lavabo
2. el retrete (or) el inodoro
3. la manta (or) la frazada
4. la cama
5. la ducha
6. la toalla
7. el enchufe
8. el papel higiénico
9. la percha (or) el gancho (or) el armador
10. el armario

5.
1. bombilla, interruptor
2. grifo (la llave)
3. atascado
4. caliente

6.
1. el lavabo   4. la bombilla
2. el grifo   5. el interruptor
3. la luz

7.
1. cuenta   6. total
2. [your name]   7. servicio de cuartos
3. cargos   8. tarjetas de crédito
4. llamada   9. tarjeta
5. cuenta

8.
1. recepción, recepcionista
2. llenar, pasaporte
3. un cuarto sencillo (una habitación sencilla),
   un cuarto (una habitación) doble, camas,
   matrimonio

4. servicio, impuestos, desayuno
5. da a, da
6. reservación (reserva), confirmación
7. disponibles, completo
8. botones
9. camarera
10. toallas, jabón, papel higiénico
11. calefacción, aire acondicionado
12. manta (frazada), cama
13. perchas (ganchos)
14. servicio de lavado
15. servicio de cuartos
16. abandonar
17. recepción, caja
18. tarjeta de crédito

9.
1. No, el cuarto no da a la calle. Da al mar.
2. Sí, tiene balcón.
3. El cuarto tiene una cama de matrimonio.
4. Es un cuarto doble.
5. Sí, tiene un cuarto de baño particular.
6. Hay una ducha en el cuarto de baño.
7. El cuarto tiene aire acondicionado.
8. Para los días que hace frío tiene calefacción.

10.
1. Los señores están en la recepción.
2. Ellos llegan al hotel.
3. Ellos hablan con el recepcionista.
4. El señor está llenando una ficha.
5. El botones tiene la llave del cuarto.
6. La señora tiene una tarjeta de crédito en la
   mano.

11.
1. Es un cuarto sencillo.
2. En la cama hay una almohada y una manta.
3. La camarera está trabajando en el cuarto.
4. Ella limpia el cuarto.
5. Hay perchas (ganchos) en el armario.
6. El lavabo está en el cuarto de baño.
7. Sí, hay una ducha.
8. Hay dos toallas.
9. Hay un rollo de papel higiénico.

Chapter 10: At the bank

1.
1. dinero   4. banco
2. en   5. cambio
3. comisión

2.
1. cambiar   3. el
2. cheques de viajero 4. caja

3.
1. al contado   3. cobra un cheque
2. dinero en efectivo

4.
1. suelto   3. pesos
2. billete

5.
1. dólares
2. cambio
3. al
4. caja
5. caja
6. billetes
7. cambiar
8. billete
9. billetes
10. suelto
11. billete
12. moneda

6.
1. cuenta de ahorros
2. depositar
3. depósito
4. ventanilla
5. libreta
6. ahorrar
7. sacar

7.
1. saldo
2. talonario
3. cobrar, cuenta corriente
4. endosar
5. cheque

8.
1. a plazos
2. al contado
3. pago inicial
4. préstamo
5. tasa de interés
6. pagos mensuales
7. fecha de vencimiento

9.
1. una hipoteca
2. sí
3. (varies)
4. a largo plazo
5. sí
6. cuotas
7. sí
8. el primero del mes

10.
1. *b*
2. *m*
3. *u*
4. *l*
5. *a*
6. *d*
7. *g*
8. *j*
9. *r*
10. *c*
11. *q*
12. *f*
13. *s*
14. *p*
15. *h*

11.
1. cambiar
2. depositar
3. cobrar
4. endosar
5. cambiar
6. hacer
7. cargar
8. pagar
9. hacer
10. hacer

12.
1. a, el
2. al
3. a, por
4. en
5. al, a

Chapter 11: At the post office

1.
1. buzón
2. correo
3. franqueo
4. sellos (estampillas)
5. los sellos (las estampillas)
6. correo

2.
1. casa
2. franqueo
3. correo aéreo
4. por correo aéreo
5. franqueo
6. estampilla
7. de
8. recomendado

3.
1. la postal
2. enviar
3. correo recomendado
4. estampilla
5. la casa de correos

4.
1. El franqueo cuesta 30 pesos.
2. Van a enviar la carta por correo aéreo.
3. El nombre del destinatario es Emilio García Bravo.
4. Su zona postal es Madrid 14.
5. El nombre de la remitente es Alicia Ramos.
6. Hay dos estampillas (sellos) en el sobre de la carta.

5.
1. paquete, pesa, balanza
2. asegurar
3. llenar una declaración
4. frágil
5. avión, barco, tarda, franqueo

6.
1. correo
2. cartero
3. reparte
4. correo

Chapter 12: At the hairdresser

1.
1. corte
2. recorte
3. champú
4. bigote, patillas
5. subir
6. corte
7. navaja, tijeras
8. afeito

2.
1. arriba
2. en el cuello
3. por los lados
4. por detrás

3.
1. *c*
2. *e*
3. *a*
4. *b*
5. *d*
6. *f*

4.
1. ondulado
2. lavado
3. risado
4. corte (cortado)
5. tinte
6. esmalte

5. Personal answers will vary.

6.
1. el bucle
2. rizado
3. la cola de caballo
4. el mono
5. la trenza
6. el flequillo

7.
1. peine, cepillo
2. secador
3. rizador
4. rulos

Chapter 13: At the clothing store

1. 1. Son zapatos.
2. Sí, tienen suelas de goma.
3. Los tacones son bajos.
4. Sí, tienen cordones.

2.
1. zapatos
2. número
3. número
4. tacón
5. tacones
6. color
7. quedan
8. dedos
9. estrechos
10. ancho (amplio)

3. [Answers may vary.]

4.
1. puedo servirle
2. inarrugable
3. lana
4. franela
5. sintética
6. talla
7. talla
8. mangas
9. mangas
10. rayas
11. rayas
12. cuadros
13. traje
14. corbata
15. juego

5.
1. *c*
2. *d*
3. *c*
4. *d*

6.
1. a cuadros
2. cremallera
3. calcetines
4. cinturón
5. impermeable
6. camisetas, calzoncillos
7. medidas
8. sintéticas
9. queda
10. apretado

7. [Answers can vary.]

8.
1. *a*
2. *a*
3. *b*
4. *b*
5. *a*

9.
1. bragas, combinación, sostén, faja
2. combinación
3. juego, a cuadros
4. medidas

10.
1. a rayas
2. a cuadros
3. con lunares

Chapter 14: At the dry cleaner

1.
1. encogerse, limpiar en seco, tintorería
2. sucia, planchar
3. almidón
4. forro, descosido, coser

5. remendar
6. coser
7. mancha
8. zurcir

2.
1. lavar
2. planchar
3. almidón
4. quitar
5. quitar
6. mancha
7. encogerse
8. limpiar en seco

Chapter 15: At the restaurant

1.
1. reservado, mesa
2. de lujo
3. lujo, económicos
4. afuera

2.
1. reservación (reserva)
2. reservado
3. mesa
4. nombre
5. [optional name]
6. rincón (restaurante)
7. afuera
8. patio
9. aperitivo

3.
1. mesero (camarero)
2. aperitivo
4. menú
3. menú

4.
1. Es un restaurante de lujo.
2. Hay cuatro personas a la mesa.
3. La mesa está en el rincón del restaurante.
4. El mesero (camarero) les sirve.
5. Él tiene un aperitivo en la bandeja.
6. Él tiene el menú en la mano.

5.
1. menú del día
2. especialidad de la casa
3. platos
4. plato
5. plato principal
6. lista (carta) de vinos
7. sugerir

6.
1. a la parrilla
2. en su jugo
3. asado al horno
4. guisado (estofado)
5. asado
6. picado
7. salteado

7.
1. pollo asado
2. la pechuga
3. pollo a la brasa
4. el muslo

8.
1. bien asado
2. bien asado
3. casi crudo
4. a término medio

9.
1. hervido
2. cocido al vapor
3. salteado
4. frito
5. a la romana
6. a la plancha

10. 1. salero, pimentero, azúcar
2. cuchara, cucharita, tenedor, cuchillo
3. salada
4. dura

11. 1. la cuchara   6. el platillo
2. la cucharita   7. el salero
3. el mantel   8. la servilleta
4. el vaso   9. el cuchillo
5. el plato   10. el tenedor

12. 1. cuenta   4. tarjetas de crédito
2. incluído   5. recibo
3. propina

13. 1. restaurante   5. aperitivo
2. rincón   6. mesero
3. mesa   7. menú turístico
4. patio   8. platos

14. 1. Faltaba un cubierto.
2. Tomaron un vino blanco.
3. La comida estaba riquísima.
4. En aquel restaurante se preparaban bien mariscos, pescados, carnes, y aves.
5. No, no tomaron postre.
6. Todos querían un café.
7. Sí, el servicio estaba incluído en la cuenta.
8. Dejaron más propina para el mesero porque él les dio un servicio muy bueno.

Chapter 16: Shopping for food

1. 1. pastelería   5. pescadería
2. carnicería   6. panadería
3. frutería   7. charcutería
4. lechería   8. marisquería

2. 1. la frutería   8. la huevería
2. la panadería   9. la lechería
3. la carnicería   10. la charcutería
4. la pescadería   11. la charcutería
5. la marisquería   12. la charcutería
6. la frutería   13. la lechería
7. la lechería

3. 1. ultramarinos   3. colmado
2. abarrotes   4. bodega

4. (1) 1. a cómo es (a cuánto está)
    (2) 1. frescos
       2. pinta
       3. cuánto están
       4. Déme (Póngame)
       5. cuarenta

       6. bolsa

5. 1. *a*   5. *a*
2. *c*   6. *b*
3. *c*   7. *a*
4. *b*   8. *b*

6. 1. congelado   3. devolver
2. envolver   4. envolver

7. 1. repollo   8. chuletas
2. docena   9. lonjas (tajadas)
3. paquete   10. gramos
4. atado   11. lata
5. repollo   12. botellas
6. racimo   13. caja
7. kilo

Chapter 17: At home

1. 1. desagüe
2. la pileta
3. tapón
4. grifo
5. la pileta (el fregadero)
6. polvo de lavar
7. estropajo (fregador)
8. escurridero
9. secar
10. paño
11. una lavadora

2. 1. la caldera
2. la cazuela (or) la cacerola
3. la tartera (la tortera)
4. la (el) sartén

3. 1. el trinchante   4. el colador
2. el pelador   5. el sacacorchos
3. el batidor   6. el abrelatas

4. 1. picar, freír   3. asar
2. cocer   4. hervir, llevar

5. 1. asar al horno   4. hervir
2. freír   5. asar
3. saltear   6. derretir

6. 1. Sí, hay una lavadora en la cocina.
2. La pileta tiene dos grifos.
3. No, no hay platos en el escurridero.
4. Sí, la cocina tiene despensa.
5. Sí, hay algunos comestibles en la alacena.
6. Hay una estufa de gas.
7. La estufa tiene cuatro hornillas.
8. Sí, hay cubitos de hielo en el refrigerador.
9. Los cubitos de hielo están en la congeladora.

7. 1. lavabo (lavamanos), jabón, paño (toalla de cara)
    2. jabonera
    3. la tina (el baño)
    4. toalla (de baño)
    5. el toallero
    6. espejo
    7. pasta dentífrica, botiquín
    8. gorra de baño
    9. retrete
    10. bata de baño
    11. alfombrilla de baño

8. 1. la bata de baño
    2. el paño (or) la toalla de cara
    3. el retrete (or) el inodoro
    4. el botiquín
    5. la tina (or) la bañera (or) el baño
    6. la ducha
    7. la toalla de baño
    8. el espejo
    9. el papel higiénico
    10. el jabón
    11. el toallero
    12. la gorra de baño
    13. la jabonera
    14. la alfombrilla
    15. el lavabo (or) el lavamanos

9. 1. el azucarero   4. el pimentero
    2. el mantequero   5. la salsera
    3. el salero

10. 1. ensaladera   4. salera
    2. sopera   5. calientaplatos
    3. fuente

11. 1. la cucharita   8. el vaso
    2. la cuchara   9. la copa
    3. el cuchillo   10. el salero
    4. el tenedor   11. el pimentero
    5. el plato   12. el mantel
    6. el platillo   13. la servilleta
    7. la taza

12. 1. cortinas, persianas
    2. la librería
    3. una butaca (un sillón), la chimenea
    4. mesa, sofá
    5. un marco
    6. televisión, escucho
    7. alfombra, moqueta
    8. butaca, sofá
    9. periódico, revista, escucho
    10. convidados

13. 1. velero, despertador
    2. matrimonio

3. almohadas, fundas
4. sábanas, mantas, cubrecama
5. cajones
6. perchas (ganchos)

14. la almohada, la funda, las sábanas, la manta (la frazada, la frisa, la cobija), la sobrecama (la cubrecama, la colcha), el colchón

15. 1. Me acuesto a las _____.
    2. Sí, pongo (or) no pongo el despertador antes de acostarme.
    3. Yo duermo _____ horas cada noche.
    4. Sí, me duermo en seguida. (or) Yo siempre paso tiempo dando vueltas en la cama antes de dormirme.
    5. Me levanto a las _____ de la mañana.
    6. Sí, hago (or) no hago la cama en seguida.

16. 1. lavado   6. aspirar
    2. lavadora   7. aspiradora
    3. planchado   8. aspirar
    4. plancha   9. lavadora
    5. tabla   10. quitar

17. 1. b   4. c
    2. d   5. f
    3. a

18. 1. basura   2. basurero

19. 1. fundida   3. enchufar
    2. bombilla   4. enchufe

20. 1. apagado
    2. se quemó
    3. tablero (cuadro) de fusibles
    4. fusible
    5. electricista

21. 1. vaciar
    2. tapón
    3. atascado
    4. al plomero (fontanero)
    5. cañería

Chapter 18: At the doctor's office

1. 1. enfermo
    2. garganta
    3. fiebre intermitente
    4. hinchadas
    5. tos
    6. congestión
    7. resfriado (resfrío, catarro)
    8. gripe

2.
1. consulta
2. catarro (resfrío, resfriado)
3. gripe
4. síntomas
5. garganta
6. congestión
7. boca
8. garganta
9. glándulas
10. Respire
11. pecho
12. tos
13. temperatura
14. fiebre
15. alergia
16. manga
17. inyección
18. recetar
19. pastillas (píldoras, comprimidos)

3.
1. catarro (resfrío, resfriado), fiebre, gripe
2. escalofríos
3. boca, examina
4. inyección, manga

4.
1. enfermedad del corazón
2. alergia
3. poliomielitis, sarampión, viruelas, paperas, enfermedades
4. asma
5. órganos vitales
6. tipo (grupo) sanguíneo
7. enfermedades mentales
8. El hígado, el corazón, los pulmones, los riñones
9. sufrido
10. pulmones
11. tensión arterial (presión sanguínea)
12. análisis
13. electrocardiograma
14. estómago

5. 2, 4, 5, 6, 8, 10, 11, 12

6.
1. la pierna
2. radiografiar (tomar una radiografía de)
3. cirujano
4. ensalmar
5. enyesar
6. muletas

7.
1. vendar
2. puntos

8.
1. los dedos
2. el brazo
3. la muñeca
4. la pierna
5. el tobillo
6. la cadera
7. la espalda

Chapter 19: At the hospital

1.
1. El paciente llega al hospital en una ambulancia.
2. No, el paciente no puede andar a pie.
3. Él entra en el hospital en una camilla.
4. Un enfermero le toma el pulso y la tensión arterial.
5. Un médico residente examina al paciente.
6. Lo examina en la sala de emergencia.
7. El paciente tiene dolores abdominales.
8. El médico quiere una radiografía.
9. Lo llevan al departamento de radiología.

2.
1. formulario
2. formulario
3. seguros
4. póliza

3.
1. ambulancia
2. camilla, silla de ruedas
3. sala de emergencia
4. pulso, tensión arterial (presión sanguínea)
5. radiografía

4.
1. operación
2. intervención quirúrgica
3. sala de operaciones (al quirófano)
4. calmante (tranquilizante)
5. camilla
6. mesa de operaciones
7. anestesista
8. anestesia
9. cirujano
10. del

5.
1. el quirófano
2. operar
3. una intervención quirúrgica
4. un calmante
5. sacar (quitar)
6. la sala de urgencias

6.
1. sala de recuperación
2. oxígeno
3. vía intravenosa
4. la prognosis (el pronóstico)

7.
1. encinta (embarazada, preñada)
2. parir
3. dolores
4. obstétrico
5. sala de parto

8.
1. dolor
2. ambulancia
3. camilla
4. sala de emergencia
5. pulso, tensión arterial (presión sanguínea)
6. síntomas

7. radiología, rayos equis
8. intervención quirúrgica
9. inyección, calmante (tranquilizante)
10. mesa de operaciones
11. anestesista
12. cirujano, del
13. tomó, puntos
14. sala de recuperación
15. un tubo de oxígeno
16. vía intravenosa
17. pronóstico

Chapter 20: At the theater and the movies

1.
1. teatro	6. telón
2. comedia	7. intermedio
3. actor, actriz, papel	8. entra en escena
4. protagonista	9. espectáculo
5. actos, escenas	10. patean

2.
1. una tragedia	3. patear
2. una actriz	4. Se levanta el telón.

3.
1. taquilla
2. quedan
3. función
4. agotadas
5. localidades
6. patio (la platea)
7. entresuelo (anfiteatro)
8. galería (el balcón)
9. butacas
10. delanteras
11. cuestan
12. entradas
13. fila
14. empieza
15. levanta

4.
1. Elena fue a la taquilla del teatro.
2. No, no van al teatro esta noche.
3. No quedaban localidades para la función de esta noche.
4. No para la función de mañana no estaban agotadas. Quedaban localidades.
5. Elena tiene dos entradas para la función de mañana.
6. No, no están en el patio.
7. Porque no quedaban butacas de patio.
8. Van a sentarse en el entresuelo (anfiteatro). Tienen dos delanteras en el entresuelo.
9. No le gusta sentarse ni en el balcón ni en el gallinero porque de allí no se oye bien.
10. Ella prefiere sentarse o en el patio o en el entresuelo.

5.
1. Se puede(n) comprar entradas para el teatro en la taquilla.
2. El acomodador les muestra a los espectadores donde están sus asientos.
3. Al entrar en el teatro una persona puede dejar su abrigo en el vestuario (el guardarropa).
4. Se levanta el telón cuando empieza la función.
5. En el teatro se oye mejor en el patio.

6.
1. el patio	3. el paraíso
2. el anfiteatro	4. la galería

7.
1. presentando (poniendo), película, Cine
2. rodada
3. doblada
4. localidades
5. pantalla
6. en versión original
7. los subtítulos

Chapter 21: Sports

1.
1. Hay once jugadores en cada equipo de fútbol.
2. Dos equipos juegan en un partido de fútbol.
3. Los jugadores juegan en el campo (la cancha) de fútbol.
4. El portero guarda la portería.
5. Los jugadores lanzan el balón con el pie.
6. El portero quiere parar el balón.
7. Sí, si un jugador mete un gol, marca un tanto.
8. El árbitro declara un foul.
9. Silba el silbato.
10. Sí, el juego está empatado al final del primer tiempo.

2.
1. equipos	6. portería (puerta)
2. campo	7. para
3. jugadores	8. tiempo
4. patada	9. juego
5. pasa	10. empatado

3.
1. la puerta (la portería)
2. el portero
3. el tablero (cuadro) indicador
4. el balón
5. el árbitro
6. el silbato

4.
1. jugadores, dobles	5. net
2. raqueta, pelotas	6. sirve, devuelve
3. cancha	7. nada (cero)
4. pelota, red	

5.
1. La jugadora está en el campo de básquetbol.

2. Juega (al) básquetbol (baloncesto).
3. Tiró el balón.
4. Lo metió en el cesto (la canasta).
5. No, no falló el tiro.
6. Sí, marcó un tanto.

6. 1. campo   3. palo
    2. bola   4. hoyo

Chapter 22: The beach

1. 1. tranquilo (calmo)
    2. agitado (turbulento, revuelto)
    3. marea baja
    4. se rompen (se revientan, se estallan)
    5. contracorriente

2. 1. *e*   4. *a*
    2. *f*   5. *c*
    3. *b*

3. 1. sombrilla, bronceadora
    2. nadar, tomar
    3. arena, silla de lona
    4. orilla
    5. piezas
    6. colchón neumático

4. 1. flotar
    2. correr las olas
    3. hacer el esquí acuático
    4. bucear
    5. veranear

5. 1. cabina
    2. sombrilla
    3. esquís acuáticos
    4. silla de lona
    5. colchón neumático
    6. table hawaiiana
    7. velero

6. 1. sí   4. sí
    2. no   5. no
    3. no   6. no

Chapter 23: Skiing

1. 1. estaciones
    2. pistas
    3. fáciles, intermedias, difíciles
    4. bajan
    5. el telesilla, el telesquí

2. 1. los esquís   3. las botas
    2. los bastones   4. el anorak

Chapter 24: Camping

1. 1. camping   5. baños
    2. acampar   6. duchas
    3. campers   7. retretes
    4. servicios

2. 1. La joven va a armar una tienda (de campaña).
    2. Tiene que clavar las estacas en la tierra.
    3. Tiene que usar un martillo para clavarlas en la tierra.
    4. Va a atar las cuerdas de la tienda a las estacas.

3. 1. hornillo
    2. butano
    3. hoguera, (fogata)
    4. plegables
    5. fósforos (cerillas)
    6. mochila
    7. velas
    8. cortaplumas
    9. pilas (baterías)
   10. botiquín
   11. hamaca, colchón, neumático, saco para dormir

4. 1. velas, linterna   3. mochila, termo
    2. hornillo, hoguera

5. 1. Sí, es un camping oficial.
    2. Sí, los campers están estacionados al lado de las tiendas.
    3. La joven está armando una tienda (de campaña).
    4. Está clavando las estacas en la tierra.
    5. Está clavándolas con un martillo.
    6. El joven está preparando la comida.
    7. Está cocinando en el hornillo.
    8. La joven está durmiendo en un saco para dormir.
    9. Al lado de su saco para dormir tiene una mochila.

6. 1. la silla plegable (or) portátil
    2. las cerillas (or) los fósforos
    3. el cortaplumas (or) la navaja
    4. las pilas (or) las baterías
    5. las velas
    6. la hamaca
    7. el saco para dormir

8. el colchón neumático
9. la mochila
10. el botiquín

Chapter 25: The weather

1.
1. buen tiempo, sol	6. neblina (niebla)
2. frío, nieva	7. trueno, relámpagos
3. despejado, soleado	8. nieva, graniza
4. nubes	9. lloviznando
5. fresco	

2.
1. aguacero (chubasco, chaparrón)
2. nevasca (nevada)
3. tronada
4. tempestad (tormenta)

3.
1. (Answer may vary) Un momento hace buen tiempo y el otro hace mal tiempo. Un momento el cielo está despejado y el otro está nublado.
2. Hay mucho sol. El cielo no está nublado.
3. Está lloviendo. Hay trueno y relámpagos.
4. Hace buen tiempo. Hace (hay) sol. El cielo está despejado. No está lloviendo.

4.
1. sol
2. nieve, nevar, nevasca
3. trueno, tronar
4. tiempo, tempestuoso
5. húmedo
6. nublado, nubosidad
7. caluroso
8. llover, lluvioso

5.
1. aguacero (chubasco, chaparrón)
2. caluroso
3. inestable
4. soleado

6.
1. F	4. F
2. T	5. F
3. T	

7. (1)
1. No, no está haciendo muy buen tiempo.
2. No, hay nubosidad variable. Está parcialmente nublado.
3. Sí, a veces se despeja el cielo.
4. No, hay aguaceros dispersos.
5. Habrá aguaceros con tronadas en el interior del país.
6. Los vientos vienen del este.
7. Los vientos están soplando a 20 kilómetros por hora.
8. La probabilidad de precipitación es 95 por ciento.

9. La temperatura máxima será 28 grados centígrados.
10. La temperatura mínima será 22 grados centígrados.
11. La presión barométrica está a 735 milímetros y cayendo.

(2)
1. No, estará parcialmente nublado.
2. De tarde habrá nubosidad variable con algunas nevadas.
3. Sí, va a nevar.
4. Está haciendo frío.
5. La temperatura máxima será dos grados centígrados.
6. La temperatura mínima será tres grados bajo cero.
7. Va a despejarse mañana.
8. Mañana las temperaturas serán más altas, alcanzando los diez grados centígrados.

8.
1. aguaceros dispersos
2. nubosidad variable
3. probabilidad de precipitación
5. la presión barométrica
6. despejándose.

Chapter 26: Crime

1.
1. el carterista
2. ladrón
3. robo
4. escalamiento
5. homicidio
6. asesinato, asesino
7. un arma de fuego, un arma blanca
8. violación

2.
1. Sí, la señorita fue víctima de un crimen.
2. Sí, alguien le robó la cartera en la estación de metro.
3. Sí, había dos carteristas.
4. Sí, un carterista la empujó mientras el otro le quitó o le robó la cartera.
5. Sí, la joven fue a la comisaría.
6. Sí, denunció el crimen.
7. Le dio una descripción de los carteristas al agente de policía.

Chapter 27: Education

1.
1. *d*	6. *i*
2. *g*	7. *c*
3. *a*	8. *e*
4. *b*	9. *h*
5. *f*	

2.
1. escuela de párvulos
2. alumnos
3. primaria (elemental)
4. el (la) maestro(a)
5. da
6. lectura
7. pizarra

3.
1. Otras palabras que significan "escuela secundaria" son: colegio, liceo, y preparatoria.
2. Los estudiantes (secundarios) asisten a una escuela secundaria.
3. Los profesores enseñan en una escuela secundaria.
4. Los internos viven en el colegio.
5. Los estudiantes que vuelven a casa todos los días son los externos.
6. Los estudiantes llevan sus libros en una cartera.
7. En muchos colegios los estudiantes tienen que llevar uniforme.
8. Un plan de estudios incluye todos los cursos o asignaturas que un estudiante va a seguir (tomar).
9. Los estudiantes toman apuntes mientras el profesor habla.
10. Escriben sus apuntes en un bloc (cuaderno).
11. Escriben con un bolígrafo.
12. Los estudiantes quieren salir bien en sus exámenes.
13. Quieren recibir buenas calificaciones (notas).

4.
1. el colegio, la preparatoria, la escuela secundaria
2. el cuaderno
3. la calificación
4. ser suspendido
5. aprobado

5.
1. *b*   4. *b*
2. *a*   5. *a*
3. *b*

6.
1. sobresaliente
2. bueno
3. aprobado, regular
4. suspenso, suspendido, desaprobado, cate
5. notable

7.
1. colegio
2. cartera
3. uniforme
4. recibir (sacar) notas (calificaciones)

8.
1. los derechos de matrícula
2. matricularse

3. la apertura de curso
4. los internos
5. una beca
6. el (la) rector(a)
7. doctorarse
8. requisito
9. conferencias
10. oyente
11. graduarse
12. licenciarse

9.
1. matricularse
2. especializarse
3. facultad
4. derechos de matrícula
5. inscribirme
6. apertura de curso
7. conferencia
8. requisito

10.
1. Sí, los universitarios tienen que matricularse.
2. El bachillerato es un requisito para matricularse en la universidad.
3. Sí, los derechos de matrícula cuestan mucho en los Estados Unidos.
4. La apertura de curso en los Estados Unidos es generalmente a principios de septiembre.
5. Sí, los estudiantes tienen que especializarse en algún campo.
6. Sí, es posible ser oyente en algunos cursos.
7. Sí, una universidad tiene más profesores que decanos.

11.
1. la facultad de medicina
2. la facultad de letras (de filosofía y letras)
3. la facultad de derecho
4. la facultad de ciencias
5. la facultad de ingeniería

Chapter 28: Business

1.
1. *d*   4. *c*
2. *a*   5. *b*
3. *e*   6. *f*

2.
1. producir y vender
2. los compradores
3. los compradores, los consumidores
4. sociedad anónima
5. al detal (al detalle)

3.
1. vendedores, compradores
2. consumidores
3. mayoristas
4. detallistas
5. al por mayor

6. bienes
7. empresas
8. de propiedad individual
9. socios
10. gerentes
11. junta directiva
12. acciones
13. suben, bajan

4.
1. un mercado
2. la promoción, la publicidad
3. los costos de producción
4. un beneficio (ganancias)
5. impuestos

5.
1. el mercado
2. los impuestos
3. el beneficio
4. el precio
5. la oferta y demanda
6. el ingreso gravable
7. la publicidad (la propaganda)

6.
1. contabilidad
2. estados
3. hoja
4. pasivos
5. activos
6. rentable
7. quiebra

Chapter 29: Computer

1.
1. la computadora de escritorio
2. la computadora portátil
3. el teclado
4. la impresora
5. la pantalla
6. la tecla

2.
1. computadora (computador)
2. portátil
3. procesa
4. datos
5. teclado, pantalla
6. teclas, teclas, escribir
7. una pantalla, una impresora

3.
1. La computadora y todo el equipo conectado con ella
2. las instrucciones que le indican a la computadora lo que tiene que hacer
3. un dispositivo de entrada/salida de una computadora

4.
1. teclado, teclas
2. control, control
3. inicio
4. de fin
5. de borrar, de retroceso

5.
1. blando, duro
2. almacena
3. temporal
4. un disco, una cinta
5. duros
6. disquetes
7. copiar, comparar, calcular
8. contraseña
9. contraseña
10. menú

6.
1. Adapta la terminal a una línea de comunicación.
2. Es una lista de opciones disponibles para el usuario de una computadora y aparece en la pantalla de la computadora.
3. El procesamiento de textos

7.
1. *e*
2. *b*
3. *g*
4. *d*
5. *h*
6. *a*
7. *f*
8. *c*

8.
1. el archivo
2. el icono
3. el explorador
4. la terminal
5. el teclado
6. el software
7. la impresora
8. el modulador, el módem

Chapter 30: Government and politics

1.
1. el (la) demócrata
2. el (la) marxista
3. el (la) liberal
4. el (la) conservador(a)
5. el (la) socialista
6. el (la) radical
7. el (la) aislacionista
8. el (la) intervencionista
9. el (la) comunista
10. el (la) monarquista
11. el (la) progresista
12. El (la) terrorista
13. El (la) anticlerical
14. el (la) racista
15. el (la) separatista

2.
1. En los países democráticos el pueblo tiene el derecho al voto.
2. En los países autocráticos es posible no tener el derecho al voto.
3. Sí, la libertad de prensa y también la libertad de palabra existen en los Estados Unidos.

4. Sí, tenemos el derecho al voto en los Estados Unidos.

5. No, elegimos a un nuevo presidente cada cuatro años.

6. Una responsabilidad que debe tener un gobierno es la de proteger los derechos del pueblo (de sus ciudadanos).

7. Sí, en algunos países los líderes abusan de los derechos humanos.

8. Sí, sólo los ciudadanos pueden votar en las elecciones.

9. No, los menores de edad no pueden votar, sólo los mayores de edad.

10. Sí, una junta militar gobierna en muchos países.

11. Una junta militar es una forma de gobierno autocrática.

12. Cuando hay muchas sublevaciones y manifestaciones, el gobierno suele declarar la ley marcial.

13. Un toque de queda acompaña muchas veces la ley marcial.

14. Los socialistas son izquierdistas.

15. Los conservadores son derechistas.

16. Sí, hay dictaduras en algunos países latino-americanos.

3. 1. derecho al voto
2. dictadura, voto
3. autocrático
4. libertad de prensa, libertad de palabra
5. sublevaciones, manifestaciones
6. ley marcial, toque de queda
7. toque de queda
8. izquierdista
9. derechista

4. 1. Hay dos partidos políticos principales en los Estados Unidos.
2. No, no tenemos un sistema unicameral. Tenemos un sistema bicameral.

3. Hay dos senadores de cada estado.
4. El número de diputados al Congreso varía de un estado a otro.
5. La cámara baja es el Congreso.
6. La cámara alta es el Senado.

5. 1. partidos políticos
2. primera ministra, presidente
3. Consejo de Ministros
4. cámara de diputados
5. cámara alta, cámara baja

6. 1. el ministerio de instrucción pública
2. el ministerio de estado (de relaciones exteriores)
3. el ministerio de trabajo
4. el ministerio de gobernación (del interior)
5. el ministerio de hacienda

7. 1. aprobar
2. discutir
3. un quórum
4. la oposición
5. deliberar
6. tomar en consideración
7. la mayoría
8. enmendar
9. el plebiscito (el referendum)
10. anular

8. 1. Alguien presentó una moción.
2. Alguien apoyó la moción.
3. Todos discutieron la moción.
4. Tomaron un voto.
5. La moción fue aprobada.

9. 1. quórum
2. plebiscito
3. voto de confianza
4. presentar, apoyar, discutir
5. oposición, minoría

Glossary: English—Spanish
Glosario: inglés—español

abdominal   *abdominal*

about (followed by an expression of time)   *a eso de*

accelerator   *el acelerador*

accountant   *el contable*

accounting   *la contabilidad*

ache   *el dolor*

to ache   *doler (ue)*

act   *el acto*

to act   *actuar*

actor   *el actor*

actress   *la actriz*

additional charge   *el cargo adicional*

address   *la dirección, las señas*

addressee   *el (la) destinatario(a)*

advertising   *la propaganda, la publicidad*

after-dinner conversation   *la sobremesa*

afternoon   *la tarde*

again   *otra vez, de nuevo*

against   *en contra de*

agent   *el (la) agente*

air   *el aire*

air conditioning   *el aire acondicionado*

airline   *la línea aérea, la compañía de aviación*

airmail   *el correo aéreo*

air mattress (cushion, float)   *el colchón de aire, el colchón neumático*

airport   *el aeropuerto*

air pressure   *la presión de aire*

airsickness   *el mareo*

airsickness bag   *la bolsa para el mareo, el saco para el mareo*

aisle   *el pasillo*

alarm clock   *el despertador*

a little after (preceded by a number)   *y pico: a las tres y pico* a little after three

allergy   *la alergia*

altitude   *la altura*

ambulance   *la ambulancia*

to amend   *enmendar (ie)*

amendment   *la enmienda*

analysis   *el análisis*

anesthesia   *la anestesia*

anesthetist   *el (la) anestesista*

an hour   *por hora*

ankle   *el tobillo*

answer (to a telephone call)   *la contestación*

antibiotic   *el antibiótico*

anticlericalism   *el anticlericalismo*

aperitif   *el aperitivo*

appendicitis   *la apendicitis*

appendix   *el apéndice*

applaud   *aplaudir*

approve   *aprobar (ue)*

April   *abril*

area (bounds of a team or player in an athletic game)   *la meta*

area code   *la clave de área, el código de área, la zona telefónica*

arm   *el brazo*

armchair   *la butaca, el sillón*

armed robbery   *el latrocinio*

around the beginning of (followed by a period of time)   *a principios de*

around the end of (followed by a period of time)   *a fines de, a últimos de*

around the middle of (followed by a period of time)   *a mediados de*

arrival   *la llegada*

arrow   *la flecha*

arrow (computer)   *el cursor*

arthritis   *la artritis*

asthma   *el asma (f)*

assasin   *el asesino*

assault   *el asalto*

assets   *los activos*

attack   *el ataque*

attend (a class or function)   *asistir a*

auditor (of a course)   *el (la) oyente*

August   *agosto*

autocratic   *autocrático*

automatic transmission   *la transmisión automática*

available   *disponible*

avenue   *la avenida*

bachelor's degree   *el bachillerato*

back (of a person)   *la espalda;* (of a seat)   *el respaldo*

backspace key   *la tecla de retroceso*

bag   *la bolsa*

baggage   *el equipaje*

baggage room   *la consigna, la sala de equipaje*

bake   *asar en el horno*

bakery (pastry shop)   *la pastelería;* (bread store)   *la panadería*

baking pan   *la tartera, la tortera*

balance (of an account)   *el saldo*

balance sheet   *la hoja de balance*

balcony   *el balcón;* (in a theater)   *el balcón, la galería*

ball (large like a football)   *el balón;* (smaller, like a tennis ball)   *la pelota;* (very small, like a golf ball)   *la bola*

ballpoint pen   *el bolígrafo*

bandage   *la venda*; (small)   *el vendaje*
to bandage   *vendar*
bang (hair)   *el flequillo*
bank   *el banco*
bank statement   *el estado bancario*
bar (of soap)   *la barra, la pastilla*
bar code   *el código de barra*
barometric pressure   *la presión barométrica, la presión atmosférica*
basket   *el cesto, la canasta*; (pannier)   *el capacho*; (in basketball)   *el cesto, la canasta*
basketball   *el básquetbol, el baloncesto*
bath   *el baño*
to bathe   *bañarse*
bathing cap   *la gorra (de baño)*
bathing suit   *el traje de baño, el bañador, el biquini*
bath mat   *la alfombrilla de baño*
bathrobe   *la bata (de baño)*
bathroom   *el cuarto de baño*; (for public bathroom, please see Chap. 8 on public bathroom facilities)
bath towel   *la toalla de baño*
bathtub   *el baño, la tina, la bañera*
battery   *la batería*; (smaller for a flashlight)   *la pila*
beach   *la playa*
beach chair   *la silla playera*; (canvas) *la silla de lona*
beach resort   *el balneario*
beach robe   *la bata*
beach sandals   *las sandalias playeras*
beach umbrella   *el parasol, la sombrilla*
beard   *la barba*
bed   *la cama*
bedroom   *el cuarto, el dormitorio, la habitación, la alcoba, la recámara*
bedspread   *la cubrecama, la sobrecama, la colcha*
to begin   *empezar (ie), comenzar (ie)*
bellhop   *el botones, el mozo*
belt   *el cinturón*
bicameral   *bicameral*
bill   *la cuenta*; (banknote)   *el billete*
birthday   *el cumpleaños*
bladder   *la vejiga, la vesícula*
blanket   *la manta, la frazada, la cobija, la frisa*
blend (of fabrics)   *la combinación*
blender   *la batidora*
block (of a street)   *la cuadra, la manzana, el bloque*
blood   *la sangre*
blood pressure   *la tensión arterial, la presión sanguínea*
blood type   *el grupo sanguíneo, el tipo sanguíneo*
blouse   *la blusa*
to blow   *soplar*; (a fuse) *quemarse un fusible*; (a horn) *tocar, sonar (ue)*
blown out (as a light bulb)   *fundido, quemado*
blue jeans   *los blue jeans, los mahones*
Board of Directors   *la junta directiva*

to board   *abordar, subir a*
boarder (at a school)   *el (la) interno(a)*
boarding pass or card   *la trajeta de embarque, el pasabordo*
boat   *el barco, el bote, la lancha*
bobby pin   *la horquilla*
to boil   *hervir (i,i)*
bone   *el hueso*; (of a fish) *la espina*
bonfire   *la hoguera, la fogata*
book bag   *la cartera*
bookshelf   *el estante*; (complete book rack)   *la librería, la biblioteca*
boot   *la bota*
to boot (computer)   *iniciar el funcionamiento*
bottle opener   *el abrebotellas, el destapador*
to bounce   *brincar*
box   *la caja*
box seat (at the theater)   *el palco, la butaca de palco*
braid   *la trenza*
to brake   *frenar*
brake fluid   *el líquido de frenos*
brassiere   *el sostén*
bread store (bakery)   *la panadería*
to break   *descomponer, romper*; (waves) *romperse, reventarse (ie), estallarse*
breakdown (automobile)   *la avería, la descompostura, el pane*
breakfast   *el desayuno*
breaking and entering   *el escalamiento*
breast (human)   *el seno*; (of a chicken)   *la pechuga*
bring to the boiling point   *llevar a la ebullición*
broiled   *a la parrilla, a la plancha, a la brasa*
broken   *descompuesto, estropeado, roto*; (out of order)   *fuera de servicio*
broom   *la escoba*
brush   *el cepillo*
to brush   *cepillar*; (one's teeth)   *cepillarse los dientes*
bumper   *el parachoques*
bun (hair)   *el mono*
bunch   *el manojo, el atado*
to burn (light something)   *encender (ie)*
burner (of a stove)   *el (la) hornillo(a), la estufa*
burnt out (light bulb)   *fundido, quemado*
bus   *el autobús, el bus, el camión, la guagua* (please see note on page 1)
business   *el comercio*
busy   *ocupado*
busy signal (on the telephone)   *la señal de ocupado, el tono de ocupado*
butane gas   *el gas butano*
butcher shop   *la carnicería*
butter dish   *el mantequero, la mantequillera*
button   *el botón*
to buy   *comprar*; (a ticket in Spain)   *sacar*
buyer   *el comprador*

by boat   *en barco*
by day (in comparison with by night)   *de día*
by the day (on a daily basis)   *por día*
by the week (on a weekly basis)   *por semana*

cabin   *la cabina*
cabinet (of a president or prime minister)   *el consejo de diputados*; (of a kitchen)   *la alacena*
cake   *el pastel, la torta, la tarta*; (of soap)   *la pastilla, la barra*
to calculate   *calcular*
call   *la llamada*
calm   *calmo, tranquilo*
to camp   *acampar*
camper   *el camper*
camping (campsite)   *el camping*
can   *la lata, el bote*
can opener   *el abrelatas*
to cancel   *anular*
cancer   *el cáncer*
candelabra   *el candelabro*
candle   *la vela, la candela*
canvas   *la lona*
car   *el automóvil, el carro, el coche*
car (of a train)   *el coche, el vagón*
carry   *llevar*
cart   *el carrito*
to carve   *trinchar*
carving knife   *el trinchante, el trinche*
cash   *el dinero en efectivo*
to cash (a check)   *cobrar, cambiar, canjear*
cashier   *el (la) cajero(a)*
cashier's office or window   *la caja*
cataracts   *las cataratas*
cellular phone   *el teléfono celular*
center aisle   *el pasillo central*
centigrade (Celsius)   *centígrado*
century   *el siglo*
certified mail   *el correo certificado, el correo recomendado*
chair   *la silla*
chair lift   *el telesilla*
chalkboard   *la pizarra*
chamber of deputies (House of Representatives)   *la cámara de diputados*
chancellor   *el canciller*
change (coins in comparison with bills)   *el suelto*; (that one receives after paying for something)   *el vuelto, la vuelta*; (in the sense of exchange)   *el cambio*
to change   *cambiar*
to change planes   *cambiar de avión*
to change trains   *transbordar*
channel   *el canal*
charge   *el cobro, el cargo*
to charge   *cobrar, cargar*
to chat   *charlar, platicar*
check (in the sense of a bill at a restaurant, hotel, etc.)   *la cuenta*; (a check in comparison with cash)   *el cheque*; (a check that one receives to acknowledge receipt of, for example, a piece of luggage)   *el talón*
to check (to check luggage through)   *facturar*; (to check something for a while and then pick it up)   *depositar*; (to check out something such, as oil in a car)   *revisar, comprobar (ue), verificar chequear* (please see note on page 25)
checkbook   *el talonario, la chequera*
checked (of fabric)   *a cuadros, cuadrado*
to check in   *presentarse*
check-in desk   *la recepción*
checking account   *la cuenta corriente*
cheek   *la mejilla*
cheese   *el queso*
chest   *el pecho*
chicken   *el pollo*
chicken breast   *la pechuga*
chicken leg or thigh   *el muslo*
chicken pox   *las viruelas*
chills   *los escalofríos*
chills and fever   *la fiebre intermitente*
choke (of a car)   *el ahogador*
chop   *la chuleta*
Christmas   *la Navidad*
Christmas eve   *la víspera de Navidad, la Nochebuena*
cigarette   *el cigarrillo*
citizen   *el (la) ciudadano(a)*
to claim (pick up)   *recoger, reclamar*
classroom   *la sala de clase, el aula (f)*
to clean   *limpiar*
clear   *claro*; (of the sky)   *despejado*
to clear   *aclarar*; (of the weather)   *aclararse, despejarse*; (the table)   *quitar la mesa*
clinic   *la clínica*
cloakroom   *el guardarropa, el vestuario*
clogged   *atascado*
closet   *el armario*
cloth   *el paño*
clothes   *la ropa*
clothing   *la ropa*
cloud   *la nube*
cloudiness   *la nubosidad*
cloudy (overcast)   *nublado*
clutch   *el embrague, el cloche*
to engage the clutch   *embragar*
coat   *el abrigo, el gabán*
cockpit   *la cabina del piloto*
coin   *la moneda*
cold   *frío*
cold (to have a cold)   *tener un catarro, tener un resfrío, tener un resfriado, estar resfriado, estar constipado*
collect call   *la llamada de cobro revertido, la llamada de cargo reversible*
colon   *el colon*

to comb (one's hair)   *peinarse*
comb-out   *el peinado*
comedy   *la comedia*
come in   *¡ pase Ud.!, ¡ adelante!*
coming from (of a plane or a train)   *procedente de*
commission   *la comisión*
committee   *el comité*
communism   *el comunismo*
communist   *el (la) comunista*
compartment   *el compartimiento*
compound fracture   *la fractura complicada*
computer   *la computadora, el ordenador*
   desk top computer   *la computadora de escritorio*
   lap top computer   *la computadora portátil*
   personal computer   *la computadora personal*
to concede   *ceder*
concierge   *el (la) conserje*
conciergerie   *la conserjería*
conductor   *el revisor, el recogedor de billetes (boletos), el controlador, el cobrador, el conductor (please see note on page 25)*
conference   *la reunión;* (very large)   *el congreso*
confirmation   *la confirmación*
congestion   *la congestión*
congress   *el congreso*
congressman (woman)   *el (la) diputado(a) al congreso*
connection   *la conexión*
consent   *el consentimiento*
conservatism   *el conservatismo*
conservative   *el (la) conservador(a)*
constipated   *estreñido*
constitution   *la constitución*
container   *el envase*
continue   *seguir (i,i), continuar*
contract   *el contrato*
control   *el control*
control key   *la tecla de control*
to cook   *cocinar, asar, guisar, cocer (ue)* (please see note on page 111)
cool   *fresco*
to copy   *copiar*
cord   *la cuerda, el cordón*
cordless phone   *el teléfono inalámbrico*
corduroy   *la pana*
corkscrew   *el sacacorchos*
corner (of a street)   *la esquina;* (of a room)   *el rincón*
cotton   *el algodón*
cough   *la tos*
to cough   *toser*
counter (in a store or office)   *el mostrador*
country code   *el prefijo del país*
course (in a school)   *el curso;* (of a meal)   *el plato*
course of study (curriculum)   *el plan de estudios*
court   *la corte, el tribunal*
cover   *la tapa*

to cover   *tapar*
to cover (territory)   *recorrer*
crane   *la grúa*
credit card   *la tarjeta de crédito*
crew   *la tripulación*
crime   *el crimen, el delito*
cross country skiing   *el esquí de fondo, el esquí nórdico*
cuff (of a shirt)   *el puño;* (of pants)   *el doblez, la basta*
cup   *la taza*
curfew   *el toque de queda*
curl   *el rizo*
curly   *rizado*
current   *la corriente*
cursor key   *la tecla de cursor*
curtain (in a theater)   *el telón;* (in a home)   *la cortina (please see note on page 118)*
customs   *la aduana*
customs agent   *el (la) agente de aduana*
customs declaration   *la declaración para la aduana, la declaración de aduana*
cut (haircut)   *el corte (de pelo)*
to cut   *cortar*
to cut off (telephone line)   *cortarle a alguien la línea*
cutlet   *la chuleta*
cyst   *el quiste*

daily   *diario*
daily newspaper   *el diario*
daily schedule   *el horario*
dairy store   *la lechería*
dangerous   *peligroso*
to darn (mend)   *zurcir*
dashboard   *el tablero de instrumentos*
data   *los datos*
date   *la fecha*
dawn   *el amanecer*
day   *el día*
day after tomorrow   *pasado mañana*
day before yesterday   *anteayer, antes de ayer*
day student   *el (la) externo(a)*
dean   *el (la) decano(a)*
death   *la muerte*
December   *diciembre*
declare   *declarar*
to decrease   *bajar*
deep-fried   *frito, a la romana*
delay   *la demora*
to delete   *borrar*
deliberate   *deliberar*
deliver (mail)   *repartir*
delivery room (in a hospital)   *la sala de parto*
democracy   *la democracia*
democratic   *democrático*
denim   *el algodón asargado, el hilo de saco, la tela de blue jean*

department   *el departamento, el servicio*
departure   *la salida*
deposit   *el depósito*
to deposit   *depositar, ingresar*
deputy (representative)   *el (la) diputado(a)*
desk clerk   *el (la) empleado(a)*
dessert   *el postre, los dulces*
destination   *el destino*
diabetes   *la diabetes*
dial   *el disco*
to dial (a telephone)   *marcar, discar*
dial tone   *la señal, el tono*
to dice (meat or vegetables)   *picar*
dictator   *el (la) dictador(a)*
dictatorship   *la dictadura*
diet (of a government)   *la dieta;* (for health
  reasons)   *la dieta, el régimen*
diner (member of group dining together)   *el (la)
  conmensal*
dining car   *el coche comedor, el buffet*
directional signal (on a car)   *el (la) intermitente, el
  direccional*
dirty   *sucio*
disc   *el disco*
discuss   *discutir*
disease   *la enfermedad*
dishcloth (towel)   *el paño, el secador*
dishrag   *el estropajo, el fregador*
dishware   *la vajilla*
dividend   *el dividendo*
dizzy   *mareado*
doctor (medical)   *el (la) médico(a);* (when speaking
  to a person with a doctorate)   *doctor(a)*
doctorate   *el doctorado*
doctor's office   *la consulta del médico*
domestic   *doméstico;* (relative to a fight)
  nacional
dormitory   *el dormitorio, el colegio mayor*
double bed   *la cama doble, (de matrimonio)*
double room   *un cuarto doble, un cuarto de
  matrimonio, la habitación doble, la habitación
  de matrimonio*
doubles (tennis)   *los dobles*
down payment   *el pago inicial, el pie, el anticipo,
  el pronto* (please see note on page 71)
dozen   *la docena*
downhill skiing   *el esquí alpino*
drain   *el desagüe*
to drain (dishes)   *escurrir*
drainboard   *el escurridero*
drama   *el drama*
drawer   *el cajón*
dress   *el vestido*
dressing gown   *la bata*
drinking water   *el agua potable*
to drip   *gotear*
to drive (computer)   *manipular*
driver   *el (la) conductor(a)*

driver's license   *el permiso de conducir, la licencia,
  el carnet*
to drizzle   *lloviznar*
to dry-clean   *limpiar en seco*
dry cleaner's shop   *la tintorería*
dry cleaning   *la limpieza en seco*
dry one's self   *secarse*
dryer   *el secador*
dub (a film)   *doblar*
due date   *la fecha de vencimiento*
dusk   *el atardecer*
to dust   *quitar el polvo, limpiar el polvo*
duty (to be paid at customs)   *los impuestos*
dye job   *el tinte*

ear   *el oído, la oreja*
early   *temprano*
early morning hours   *la madrugada*
Easter   *la Pascua (Florida)*
economical   *económico*
economy class   *la clase económica*
egg   *el huevo*
eggbeater   *el batidor de huevos*
egg store   *la huevería*
to elect   *elegir (i,i)*
election   *la elección*
electrician   *el (la) electricista*
electric razor   *la máquina de afeitar*
electrocardiogram   *el electrocardiograma*
elementary school   *la escuela elemental, la escuela
  primaria*
elementary school teacher   *el (la) maestro(a)*
embarkation   *el embarque*
emergency   *la emergencia*
emergency exit   *la salida de emergencia*
emergency room   *la sala de emergencia*
empty   *vacío*
to empty   *vaciar*
empty bottle (for return)   *el envase, el casco*
to endorse   *endosar*
end key   *la tecla de fin*
end player   *el ala (m or f)*
to enroll   *inscribir(se), matricularse*
enter (on stage)   *entrar en escena*
enterprise   *la empresa*
epilepsy   *la epilepsia*
escape key   *la tecla de escape*
eve   *la víspera*
exactly (time)   *en punto*
examine   *examinar*
examine with a stethoscope, examine by auscultation
  auscultar
exchange   *el cambio*
to exchange   *cambiar*
exchange bureau   *la oficina de cambio*
exit   *la salida*
to exit   *salir*
expensive   *caro*

express (train)   *el (tren) expreso, el rápido*
extension   *la extensión, el anexo*

to face   *dar a*
face cloth   *el paño*
facilities   *los servicios*
faculty   *el profesorado*
to fail   *salir mal, ser suspendido*
failing (grade or mark)   *suspendido, suspenso, desaprobado, cate*
fair (grade or mark)   *regular, aprobado*
to fall asleep   *dormirse (ue,u)*
far   *lejos*
fare   *la tarifa, el pasaje*
farther on   *más allá, para arriba*
fascism   *el fascismo*
fascist   *el (la) fascista*
to fasten   *abrochar*
faucet   *el grifo, la llave, el robinete, la pluma*
February   *febrero*
fender   *el guardafango, la aleta*
fever   *la fiebre*
field (course where a game is played)   *el campo, la cancha*
file   *el archivo*
to fill   *llenar*
to fill out   *llenar*
to fill up   *llenar*
financial statement   *el estado financiero*
finger   *el dedo*
fingernail   *la uña*
firearm   *el arma de fuego*
fireplace   *la chimenea*
first aid kit   *el botiquín*
first class   *la primera clase*
first gear   *la primera velocidad*
fish   *el pescado*
fishbone   *la espina*
fish store   *la pescadería*
to fit   *caber*
to fit well (clothing)   *quedarle bien (a alguien)*
to fix   *reparar*
to fix up   *arreglar*
fixed menu   *el menú del día, el menú turístico, los platos combinados*
flannel   *la franela*
flashlight   *la linterna (eléctrica)*
flat tire   *el pinchazo, la llanta reventada, el neumático desinflado, la goma ponchada, la ponchadura*
flight   *el vuelo*
flight attendant   *el (la) asistente(a) de vuelo, el (la) aeromozo(a), la azafata*
flight time   *el tiempo de vuelo*
to float   *flotar*
to float (with hands behind the head)   *hacer la plancha*
floor   *el piso, el suelo; (first, second, etc. of a building)   el piso*
floor lamp   *la lámpara de pie*
floppy disc   *el disco blando, el disquete*
flu   *la gripe*
fly (on pants)   *la bragueta*
to fly   *volar (ue)*
fog   *la niebla, la neblina*
folding chair   *la silla plegable*
folding table   *la mesa plegable*
food   *los comestibles*
foot   *el pie*
football (the game)   *el fútbol; (the ball)   el balón*
foot brake   *el freno de pie*
fork   *el tenedor*
form (to be filled out)   *el formulario*
forward   *adelante; (adj.)   delantero*
foul   *el foul*
fowl   *las aves*
fragile   *frágil*
freedom   *la libertad*
freedom of speech   *la libertad de palabra*
freedom of the press   *la libertad de prensa*
freezer   *la congeladora*
fresh   *fresco*
Friday   *viernes*
fried   *frito*
frozen   *congelado*
fruit   *la fruta*
fruit (and vegetable) store   *la frutería, la verdulería*
fry   *freír (i,i)*
frying pan   *la (el) sartén*
full   *lleno, completo*
full coverage insurance   *el seguro contra todo riesgo, el seguro completo*
full room and board   *la pensión completa*
fuse   *el fusible*
fuse box   *el tablero de fusibles, el cuadro de fusibles*

gabardine   *la gabardina*
gallbladder   *la vesícula biliar, la vejiga de la bilis*
game   *el juego, el partido*
garbage   *la basura*
garbage can   *el basurero, el balde de basura, el cubo de basura*
gasoline   *la gasolina, la benzina*
gas station   *la gasolinera, la estación de servicio*
gas tank   *el tanque, el depósito*
gate (at an airport)   *la puerta*
gearshift   *la palanca*
to get a doctorate   *doctorarse*
to get a master's degree   *licenciarse*
to get off   *bajar*
to get on   *subir*
to get up   *levantarse*
girdle   *la faja*
give   *dar*

give birth   *dar a luz, parir*
give me   *déme, póngame*
gland   *la glándula*
glass   *el vaso*; (with a stem)   *la copa*
glove   *el guante*
glove compartment   *la guantera, la secreta, la
cajuelita*
to go down (a slope)   *bajar*
to go down (curtain in a theater)   *caerse*
to go to bed   *acostarse (ue)*
to go up (curtain in a theater)   *levantarse*
goal   *la meta, el gol*
goal (area)   *la puerta, la portería*
goalie   *el (la) portero(a), el (la) guardameta*
golf   *el golf*
golf club   *el palo*
good (grade or mark)   *bueno*
goods   *los bienes*
government   *el gobierno*
governmental   *gubernamental*
grade (school mark)   *la nota, la calificación*;
(grade level)   *el grado*
to graduate   *graduarse*
gram   *el gramo*
gravy   *la salsa*
gravy boat   *la salsera*
grease job   *el engrase, la lubricación*
grilled   *a la parrilla, a la plancha, a la brasa*
grippe   *la gripe*
groceries   *los abarrotes, los comestibles*
grocery store   *la tienda de abarrotes, la bodega,
la tienda de ultramarinos, el colmado, la pulpería*
(please see note on page 105)
guest   *el (la) convidado(a), el huésped*
gun   *la pistola*

to hail (weather)   *granizar*
hair   *el pelo, los cabellos*
haircut   *el corte*
hairdresser   *el (la) peluquero(a)*
hair dryer   *la secadora (para el pelo)*
hair spray   *la laca, el spray*
hammer   *el martillo*
hammock   *la hamaca*
hand   *la mano*
hand brake   *el freno de mano*
hand luggage   *el equipaje de mano*
to hand over   *entregar*
handkerchief   *el pañuelo*
handle   *el asa (f), el mango*
to hang up   *colgar (ue)*
hanger (for clothes)   *la percha, el gancho, el
armador, el colgador*
hard disc   *el disco duro*
hardware   *el hardware*
hat   *el sombrero*
hatcheck room   *el guardarropa, el vestuario*
head (part of the body)   *la cabeza*; (of lettuce, etc.)

el repollo
headlight   *el faro, la luz, el foco*
headset (for listening to music)   *el juego de
audífonos, el juego de auriculares*
heart   *el corazón*
heart attack   *el ataque al corazón*
heat   *el calor*
to heat   *calentar (ie)*
heel (of a shoe)   *la suela*
hem   *el hilbán*
hemorrhoids   *las hemorroides*
high beams   *las luces altas, las luces de carretera*
high school   *la escuela secundaria, la escuela
preparatoria, el colegio, el liceo*
highway   *la carretera*
hip   *la cadera*
hold on! (don't hang up the phone)   *¡ no cuelgue Ud.!*
hole (in the ground)   *el hoyo*; (in clothing, etc.)
el hueco
holiday   *el día de fiesta, el día festivo*
home key   *la tecla de inicio*
hood (of a car)   *el capó, el bonete*
hook   *el gancho*
horn   *la bocina, el claxon*
hors d'oeuvre   *el entremés*
hospital   *el hospital, la clínica*
hot   *caliente*
hour   *la hora*
house speciality (at a restaurant)   *la especialidad
de la casa*
housework   *los quehaceres domésticos*
how long?   *¿cuánto tiempo?*
How much is (are) (at a food store)   *¿ A cómo es
(son)?; ¿ A cuánto está(n)?*; (for clothing, ticket,
etc.)   *¿ Cuánto cuesta(n)?*
hubcap   *el tapón, el tapacubo*
human   *humano*
human rights   *los derechos humanos*
humid   *húmedo*
humidity   *la humedad*
hurt   *hacerle daño (a alguien); doler (ue)*
hysterectomy   *la histerectomía*

icon   *el icono*
illness   *la enfermedad*
illuminated   *iluminado*
imperialism   *el imperialismo*
impose   *imponer*
in case of   *en caso de*
in cash   *al contado*
in favor of   *en favor de*
in installments   *a plazos, a cuotas, con facilidades
de pago*
in its juice   *en su jugo*
in labor   *de parto*
in neutral (car)   *en neutro, en punto muerto*
in reverse (car)   *en reverso(a), en marcha atrás, en*

retro
in the back   *por detrás*
included   *incluído*
income   *el ingreso, las rentas*
increase   *subir*
injection   *la inyección*
input   *la entrada*
input key   *la tecla de entrada*
insert key   *la tecla de insertar*
installment payment   *la cuota*
installment plan   *pagar a plazos*
insurance   *los seguros*
insurance company   *la compañía de seguros*
insurance policy   *la póliza de seguros*
to insure   *asegurar*
interest   *el interés*
interest rate   *la tasa de interés, el tipo de interés*
intermission   *el intermedio*
intern   *el (la) médico(a) residente*
international   *internacional*
intersection   *la bocacalle*
interventionism   *el intervencionismo*
intestine   *el intestino*
intravenous   *intravenoso*
iodine   *el yodo*
iron (for clothing)   *la plancha*
to iron   *planchar*
ironing   *el planchado*
ironing board   *la tabla de planchar*
isolationism   *el aislacionismo*
it's ringing (telephone)   *está sonando*

jacket   *la chaqueta, el saco*
January   *enero*
July   *julio*
June   *junio*
junta   *la junta*

keep   *mantener*
key   *la llave, la tecla*
keyboard   *el teclado*
kick   *dar una patada*
kidney   *el riñón*
kilo(gram)   *el kilo(grama)*
kinky hair   *el pelo crespo*
kitchen   *la cocina*
kitchen cabinet   *la alacena*
kitchen stove   *la cocina, la estufa*
knapsack   *la mochila*
knife   *el cuchillo*
knocking (car)   *golpeando*

label (for identification purposes)   *la etiqueta*
labor pains   *los dolores de parto*
lamb   *el cordero*
lamp   *la lámpara*
landing   *el aterrizaje*
to land (a plane)   *aterrizar*

lane (of a highway)   *la banda, la pista, el carril, la vía*
last year   *el año pasado*
late   *tarde, con retraso*
later   *más tarde*
laundry   *el lavado*
laundry service   *el servicio de lavado*
law   *la ley*
lead (actor or actress in a play or movie)   *el (la) protagonista*
leaded (gasoline)   *con plomo*
leaking   *goteando*
learn   *aprender*
leather   *el cuero*
to leave   *salir*
to leave (something behind)   *dejar*
lecture   *la conferencia*
left   *la izquierda*
leftist   *el (la) izquierdista*
leg   *la pierna*
letter   *la carta*
letter carrier   *el (la) cartero(a)*
liabilities   *los pasivos*
liberalism   *el liberalismo*
license (to drive a car)   *el permiso de conducir, la licencia, el carnet*
license plate   *la placa, la matrícula*
lifeguard   *el (la) salvavidas, el (la) vigilante*
life vest (jacket)   *el chaleco salvavidas*
light   *la luz; (of a car)   la luz, el faro, el foco*
light bulb   *la bombilla, el foco*
lighthouse   *el faro*
lightning   *el relámpago*
light switch   *el interruptor, la llave, el suiche*
line (of people)   *la fila, la cola*
(the) line is busy (telephone)   *la línea está ocupada*
lining   *el forro*
lit   *iluminado*
liver   *el hígado*
living room   *la sala, la sala de estar, el living*
loan   *el préstamo*
local   *local*
local call   *la llamada local, la llamada urbana*
local train   *el tren local, el tren ómnibus, el correo*
lodged (staying)   *hospedado*
long   *largo*
long distance   *de largo recorrido*
long-distance call   *la llamada de larga distancia, la conferencia*
long term   *a largo plazo*
to look good   *tener buena pinta*
lost   *perdido*
love (tennis)   *nada, cero*
low beams (car lights)   *las luces bajas, las luces de cruce*
lower chamber   *la cámara baja*
luggage   *el equipaje*
luggage checkroom   *la consigna, la sala de*

equipaje
luggage stub   *el talón*
lung   *el pulmón*
luxurious   *de lujo*

magazine   *la revista*
maid   *la camarera*
mail   *el correo*
mailbox   *el buzón*
main   *principal*
main course   *el plato principal*
to major in   *especializarse en*
majority   *la mayoría*
to make a decision   *tomar una decisión*
to make a goal   *meter un gol, hacer un gol*
to make a motion   *presentar una moción*
to make a phone call   *hacer una llamada*
    telefónica
to make the bed   *hacer la cama*
makeup (cosmetic)   *el maquillaje*
manicure   *la manicura*
manifestation   *la manifestación*
man's suit   *el traje*
map (city)   *el plano*
March   *marzo*
mark (grade)   *la nota, la calificación*
market   *el mercado*
marketing   *el marketing, el mercadeo*
martial law   *la ley marcial*
marxism   *el marxismo*
master's degree   *la licenciatura*
match (to light something)   *el fósforo, la cerilla*
to match (go well with)   *hacer buen juego con*
to matriculate (register)   *matricularse*
mattress   *el colchón*
May   *mayo*
meal   *la comida*
measles   *el sarampión*
measurement   *la medida*
meat   *la carne*
medicine cabinet   *el botiquín*
medium (cooked)   *a término medio*
melt   *derretir (i,i)*
memory   *la memoria*
mend   *remendar (ie), coser*
menstrual period   *el período menstrual, la regla*
mental illness   *la enfermedad mental*
menu   *el menú, la carta, la minuta*
message   *el recado, el mensaje*
mezzanine   *el entresuelo, el anfiteatro*
midnight   *la medianoche*
mileage (measured in kilometers)   *el kilometraje*
militarism   *el militarismo*
militarist   *el (la) militarista*
military person   *el (la) militar*
milk   *la leche*
milk (dairy) store   *la lechería*
ministry of agriculture   *el ministerio de agricultura*

ministry of communications   *el ministerio de*
    comunicaciones
ministry of education   *el ministerio de instrucción*
    pública, el ministerio de educación
ministry of foreign affairs   *el ministerio de estado,*
    el ministerio de relaciones exteriores
ministry of the interior   *el ministerio de*
    gobernación, el ministerio del interior
ministry of justice   *el ministerio de justicia*
ministry of labor   *el ministerio de trabajo*
ministry of the treasury   *el ministerio de hacienda,*
    el ministerio de la tesorería
minority   *la minoría*
minute   *el minuto*
mirror   *el espejo*
misfiring (of a car)   *fallando*
to miss (a person)   *echar de menos*
to miss (a shot in a ball game)   *fallar*
to miss (a train, etc.)   *perder (ie)*
modem   *el modem, el modulador*
monarch   *el (la) monarca*
monarchism   *el monarquismo*
monarchist   *el (la) monarquista*
monarchy   *la monarquía*
Monday   *lunes*
money   *el dinero*
money order   *el giro postal*
month   *el mes*
monthly payment   *el pago mensual*
mop   *el estropajo*
morning   *la mañana*
mortgage   *la hipoteca*
motion   *la moción*
mountain   *la montaña*
mouth   *la boca*
movie (film)   *la película, el filme*
movie theater   *el cine*
muffler   *el silenciador*
mumps   *las paperas*
murder   *la muerte*
murderer   *el asesino*
musical   *musical*
musical comedy   *la comedia musical*
musical revue   *la revista musical*
mustache   *el bigote*

nail (of finger or toe)   *la uña*
nail polish   *el esmalte*
napkin   *la servilleta*
narrow   *estrecho*
narrow guage   *de vía estrecha*
national   *nacional*
near   *cerca de*
nearby area   *las cercanías*
neck   *el cuello*
necktie   *la corbata*
net   *la red*
net ball (tennis)   *el net*

neutral (gear)   *en neutro, en punto muerto*
newspaper   *el periódico*
New Year's   *el Año Nuevo*
New Year's eve   *la víspera del Año Nuevo, la Nochevieja*
night   *la noche*
night table   *el velero, la mesa de noche*
no-smoking section   *la sección de no fumar*
no-smoking sign   *la señal de no fumar, el aviso de no fumar*
nonstop (flight)   *sin escala*
noon   *el mediodía*
notebook   *el cuaderno, el bloc*
November   *noviembre*
nurse   *el (la) enfermero(a)*
nursery school   *la escuela de párvulos*
nylon   *el nilón*

obstetrician   *el obstétrico*
October   *octubre*
oil   *el aceite*
on a slow flame   *a fuego lento*
on business   *de negocios*
on the other hand   *del otro lado, de la otra acera*
on the other side   *al otro lado*
on the top   *arriba*
on time   *a tiempo*
one-way   *de sentido único, de dirección única, de vía única*
one-way (ticket)   *sencillo*
to open   *abrir*
operate (perform surgery)   *operar, hacer una intervención quirúrgica*
operation (surgical)   *la operación, la intervención quirúrgica*
operating room   *la sala de operaciones, el quirófano*
operating table   *la mesa de operaciones*
operator (telephone)   *el (la) operador (a), el (la) telefonista*
opposite   *opuesto, contrario*
opposition   *la oposición*
orchestra (section of a theater)   *el patio, la platea*
orthopedic surgeon   *el (la) cirujano(a) ortopédico(a)*
out of order (service)   *fuera de servicio*
outdoors   *afuera*
output   *la salida*
outskirts   *las afueras*
outstanding (grade or mark)   *sobresaliente*
ovary   *el ovario*
oven   *el horno*
overcoat   *el abrigo*
overdone (cooked too much)   *demasiado hecho, demasiado cocido*
overhead compartment   *el compartimiento sobre la cabeza (superior)*
to overheat (of a car)   *calentarse (ie) demasiado*

oxygen   *el oxígeno*
oxygen mask   *la máscara de oxígeno*
oxygen tent   *la tienda de oxígeno*

package   *el paquete*
pair   *el par*
panties   *los panties, los calzones, las bragas*
pantry   *la despensa*
pants   *el pantalón*
pants suit   *el traje pantalón*
to pare   *pelar*
to park   *estacionar, aparcar, parquear*
parka   *el anorak*
parliament   *el parlamento*
part (hair)   *la raya*
partner   *el socio*
partnership   *la asociación, la sociedad colectiva*
party   *la fiesta, la tertulia;* (political party)   *el partido político*
party (phone)   *el interlocutor*
passenger   *el (la) pasajero(a)*
passing (fair, of a grade or mark)   *aprobado, regular*
passing through   *de paso*
passport   *el pasaporte*
passport control   *el control de pasaportes*
password   *la contraseña, la palabra de paso*
patient   *el (la) paciente*
patio   *el patio*
to pay   *pagar*
pedicure   *la pedicura*
penicillin   *la penicilina*
penknife   *el cortaplumas, la navaja*
people (of a country)   *el pueblo*
people of legal age   *los mayores de edad*
pepper   *la pimienta*
pepper shaker   *el pimentero*
period   *el período*
permanent wave   *la ondulación permanente, el ondulado permanente*
perpetrator   *el perpetrador*
person killed   *el asesinato*
person-to-person call   *la llamada de persona a persona*
personal effects   *los efectos personales*
to phone   *telefonear, hacer una llamada telefónica*
phone book (directory)   *la guía telefónica, la guía de teléfonos*
physical   *físico*
to pick up   *recoger;* (telephone receiver)   *descolgar (ue)*
pickpocket   *el carterista*
picture (painting)   *el cuadro*
picture frame   *el marco*
pill   *la pastilla, la píldora, el comprimido*
pillow   *la almohada, la cobija*
pillowcase   *la funda*
pilot   *el piloto, el comandante, el capitán*

pistol   *la pistola*
to pitch (a tent)   *armar*
place setting   *el cubierto*
plate (dish)   *el plato*
plate warmer   *el calientaplatos*
platform   *el andén*
to play   *jugar (ue)*
to play the role   *hacer el papel*
player   *el (la) jugador(a)*
plebiscite   *el plebiscito*
plenary session   *la sesión plenaria*
plug   *el enchufe*
plug (stopper)   *el tapón*
to plug in   *enchufar*
plumber   *el (la) fontanero(a), el (la) plomero(a)*
plumbing (pipes)   *la cañería*
pocketbook   *el bolso*
point   *el punto*, (in a game)   *el tanto*
pole   *el palo, el mástil*
police officer   *el agente de policía, el policía*
police station   *la comisaría*
policy   *la póliza*
polio   *la poliomielitis*
to polish   *pulir*
political   *político*
politics (political policy)   *la política*
polka dot   *el lunar, la bolita*
polyp   *el pólipo*
pony tail   *la cola de caballo*
pork store   *la charcutería*
postage   *el franqueo*
postcard   *la tarjeta postal, la postal*
post office   *el correo, la casa de correos, la oficina de correos*
post office box   *el apartado postal, la cajilla postal*
pot   *la olla, la cazuela, la cacerola, la caldera, el pote* (see note on page 112)
precipitation   *la precipitación*
pregnant   *encinta, embarazada, preñada*
preparatory school   *la escuela preparatoria, la prepa*
to prescribe   *recetar*
to present   *dar, poner, presentar*
president   *el (la) presidente(a)*
price   *el precio*
prime minister   *el (la) primer(a) ministro(a)*
principal of a school   *el (la) director(a)*
print   *imprimir*
printer   *la impresora*
private   *privado, particular*
profit   *las ganancias, las rentas*
profitable   *rentable*
prognosis   *la prognosis, el pronóstico (el prognóstico)*
program   *el programa*
progressivism   *el progresismo*
to protect   *proteger*
pulse   *el pulso*

pupil   *el (la) alumno(a)*
programmer   *el programador*
purchaser   *el comprador*
push   *empujar, jalar (halar)*
push button phone   *el teléfono de a botones*
put in   *meter, introducir*
put on   *ponerse*
put in a cast   *enyesar, entablillar*
put through to (via telephone)   *poner con, comunicar con*

quorum   *el quórum*

racism   *el racismo*
racket   *la raqueta*
radiator   *el radiador*
radicalism   *el radicalismo*
radio   *la radio*
radiologist   *el (la) radiólogo(a)*
radiology   *la radiología*
railroad   *el ferrocarril*
railroad station   *la estación de ferrocarril*
rain   *la lluvia*
to rain   *llover (ue)*
raincoat   *el impermeable, la gabardina, el encauchado*
rainy   *lluvioso*
to raise   *subir*
rape   *la violación sexual*
rare (in cooking)   *casi crudo, poco asado*
razor   *la navaja*
razor cut   *el cortado a navaja*
to reach   *alcanzar*
reading   *la lectura*
ready   *listo*
rear   *trasero*
receipt   *el recibo*
receiver (addressee)   *el (la) destinatario(a)*
receiver (of a telephone)   *el auricular, la bocina*
to reclaim   *reclamar, recoger*
recommend   *recomendar (ie)*
to reconcile   *conciliar*
record   *el disco*
recovery room   *la sala de recuperación*
rector   *el (la) rector(a)*
referendum   *el referendum*
refrigerator   *el refrigerador, la nevera*
regime   *el régimen*
registration form   *el formulario*
regular mail   *el correo regular*
to remain   *permanecer*
to rent   *alquilar*
to repair   *reparar*
repairs   *las reparaciones*
to report (crime)   *denunciar*
requirement   *el requisito*
reservation   *la reservación, la reserva*
to reserve   *reservar*

results   *los resultados*
retail   *al por menor, al detal (le)*
retailer   *el detallista*
restaurant   *el restaurante*
to return (from somewhere)   *volver (ue), regresar;*
    (something)   *devolver (ue)*
return key   *la tecla de retorno*
reverse (gear)   *en reverso(a), en retro, en marcha
    atrás*
to ride the waves   *montar las olas, correr las
    olas*
right (direction)   *la derecha*; (political)   *la
    derecha*; (legal, etc.)   *el derecho*
right to vote   *el derecho al voto*
rightist   *el (la) derechista*
to roast   *asar*
robber   *el ladrón*
robbery   *el robo*
rock   *la roca*
roller (for hair)   *el rulo*
room   *el cuarto, la habitación*
room service   *el servicio de cuartos (habitaciones)*
rough (sea)   *agitado, turbulento, revuelto*
round trip   *de ida y regreso, de ida y vuelta*
route of flight   *la ruta de vuelo*
row   *la fila*
rubber   *la goma, el caucho*
rug   *la alfombra*
to run through   *recorrer*
rush hour   *la hora de mayor afluencia*

safety   *la seguridad*
sailboat   *el velero*
saint's day   *el santo, el día de santo*
salad   *la ensalada*
salad bowl   *la ensaladera*
sales representative   *el vendedor*
salt   *la sal*
salt shaker   *el salero*
salty   *salado*
sample   *la muestra, la prueba*
sand   *la arena*
sandal   *la sandalia, la zapatilla, la alpargata*
Saturday   *sábado*
saucer   *el platillo*
to sautée   *saltear*
to save   *ahorrar, guardar*
savings account   *la cuenta de ahorros*
savings book (passbook)   *la libreta*
scale   *la balanza*
scanner   *el explorador*
scarf   *la bufanda*
scattered   *disperso*
scene   *la escena*
schedule   *el horario*
scholarship   *la beca*
school   *la escuela*; (division of a university)   *la
    facultad*

school book   *el libro escolar, el libro de texto*
school desk   *el pupitre*
school opening   *la apertura de curso*
scissors   *las tijeras*
score   *el tanto*
to score   *marcar*
scoreboard   *el tablero indicador, el cuadro
    indicador*
to scratch (computer)   *borrar*
screen   *la pantalla, el monitor*
to scrub   *fregar (ie)*
scrub rag   *el estropajo, el fregador*
to scuba-dive   *bucear*
sea   *el mar*
seafood   *el pescado*
seafood market   *la pescadería*; (for shellfish)
    la marisquería
sea resort   *el balneario*
seat   *el asiento*; (in a theater)   *la localidad*
seat (in a front row of a theater)   *la delantera*
seat back   *el respaldo*
seat pocket   *el bolsillo del asiento*
second   *el segundo*
to second a motion   *apoyar una moción*
secondary   *secundario*
security check   *el control de seguridad*
senate   *el senado*
senator   *el (la) senador(a)*
send   *enviar, mandar*
sender   *el (la) remitente*
separatism   *el separatismo*
September   *septiembre*
serious   *serio, grave*
to serve   *servir (i,i)*
service   *el servicio*
serviceman (woman)   *el (la) militar*
serving platter   *la fuente*
set   *el juego*; (in tennis)   *el set*
set (hair)   *el peinado, el risado, el marcado*
to set (a broken bone)   *ensalmar, acomodar*; (the
    table)   *poner la mesa*
to set a price   *fijar un precio*
sew   *coser*
shampoo   *el champú*
to shave   *afeitar*
shaving soap   *el jabón de afeitar*
sheet (for a bed)   *la sábana*
shellfish   *el marisco*
to shift (gears)   *cambiar de velocidad*
shirt   *la camisa*
shoe   *el zapato*
shoelace   *el cordón, el pasador*
shoe polish   *el betún, el lustre*
shoot (a film)   *rodar (ue)*
shore   *la orilla*
short pants   *los pantalones cortos*
short term   *a corto plazo*
shot   *el tiro*

show   *la función, el espectáculo*
shower (rain)   *el aguacero, el chubasco, el chaparrón*; (to wash one's self)   *la ducha*
to shove   *empujar*
to shrink   *encogerse*
side   *el lado*
sideboard (buffet, credenza)   *el aparador*
sideburn   *la patilla*
sign   *el letrero, el aviso, la señal*
to sign   *firmar*
silk   *la seda*
single room   *el cuarto sencillo, la habitación sencilla*
singles (in tennis)   *los singles, los individuales*
sink   *el fregadero; la pila, la pileta, el resumidero*; (in the bathroom)   *el lavamanos, el lavabo*
size (clothing)   *la talla*; (shoes)   *el número*; (in general)   *el tamaño*
ski   *el esquí*
ski lift   *el telesquí*
ski pole   *el bastón*
ski resort   *la estación de esquí*
skier   *el esquiador*
skirt   *la falda*
to sleep   *dormir (ue, u)*
sleeping bag   *el saco para dormir*
sleeping car (on a train)   *el coche cama*
sleeve   *la manga*
slice   *la tajada, la loncha, la lonja, la rebanada, la raja, la rueda (see note on page 106)*
slip (half-slip)   *las enaguas; la combinación*
slipper   *la zapatilla*
slope   *la pista*
slot   *la ranura*
smoked   *ahumado*
sneaker   *el zapato de tenis*
snow   *la nieve*
to snow   *nevar (ie)*
snowstorm   *la nevasca, la nevada*
soap   *el jabón*
soap dish   *la jabonera*
soap powder   *el polvo de lavar, el jabón en polvo*
soccer   *el fútbol*
socialism   *el socialismo*
sock   *el calcetín, la media*
socket   *el enchufe*
sodium pentothal   *el pentotal sódico*
sofa   *el sofá*
soft disc   *el disco blando, el disquete*
sold out (all gone)   *agotado*
sole (of a shoe)   *la suela*
soup   *la sopa*
soup bowl   *la sopera*
soup spoon   *la cuchara*
spare   *de repuesto*
spare parts   *los repuestos*
spark plug   *la bujía*
spectator   *el (la) espectador(a)*

speed   *la velocidad*
speedometer   *el velocímetro*
spend the summer   *veranear*
spike   *la estaca*
spit curl   *el bucle*
sponge   *la esponja*
sport   *el deporte*
to sprain   *torcer (ue)*
stage   *el escenario*
stain (spot)   *la mancha*
to stall   *calarse, morirse (ue, u)*
stamp   *la estampilla, el sello*
stamp machine   *la distribuidora automática*
to stamp the feet   *patear*
starch   *el almidón*
to start   *empezar (ie), comenzar (ie)*; (a car)   *poner en marcha, arrancar, prender*
to start up (computer)   *iniciar*
starter   *el arranque*
statement   *el estado*
static   *los parásitos*
steak   *el biftec, el bistec*
steamed   *cocido al vapor*
steering wheel   *el volante*
stem glass   *la copa*
stereophonic music   *la música estereofónica*
stewed   *guisado, estofado*
to stitch   *tomar puntos, suturar*
stock   *la acción*
stockholder   *el accionista*
stocking   *la media*
stomach   *el estómago*
stool (feces)   *las heces*
stop   *la parada*; (on a plane)   *la escala*
to stop   *parar*
stopper   *el tapón*
to store   *almacenar*
store   *la tienda*
storm   *la tempestad, la tormenta, el temporal*; (a sudden windstorm that brings a rapid change in weather)   *la ráfaga*
stormy   *tempestuoso*
straight   *derecho*
straight hair   *el pelo liso, el pelo lacio*
to strain   *colar (ue), cernir*
strainer   *el colador, la cernidera*
street   *la calle*
street corner   *la esquina*
stretcher   *la camilla (rodante)*
striped   *a rayas, rayado*
student   *el alumno(a), el (la) estudiante*
subtitle   *el subtítulo*
suede   *el ante, la gamuza*
sugar   *el azúcar*
sugar bowl   *el azucarero*
suggest   *sugerir (ie, i)*
suit (man's)   *el traje*
suitcase   *la maleta, la valija*

sultry   *bochornoso*
sun   *el sol*
to sunbathe   *tomar el sol*
sun block   *la bloqueadora, la crema protectora*
sunburned   *quemado, tostado*
Sunday   *domingo*
sunglasses   *las gafas para el sol, los anteojos de sol*
sunny   *soleado*
supermarket   *el supermercado*
surfboard   *la plancha de deslizamiento, la tabla hawaiiana*
surgeon   *el (la) cirujano(a)*
sweater   *el suéter*
to sweep   *barrer, escobar*
sweet   *dulce*
to swim   *nadar*
swimming pool   *la piscina, la alberca, la pila*
switchboard   *la central*
swollen   *hinchado*
symptom   *el síntoma*
synthetic material or fabric   *la tela sintética*
system   *el sistema*

table   *la mesa*
tablecloth   *el mantel*
tablespoon   *la cuchara*
tailor   *el (la) sastre*
take (in the sense of time)   *tardar*; (a bath) *bañarse, tomar un baño*; (into consideration) *tomar en consideración*; (notes) *tomar apuntes*; (a shower) *ducharse, tomar una ducha*
takeoff   *el despegue*
to take a shoe size   *calzar*
to take off   *quitar*; (of an airplane) *despegar*
to take out   *quitar, sacar*; (in the sense of withdraw) *quitar, retirar*
tan   *bronceado, tostado*
tank   *el tanque, el depósito*
tanning lotion   *la bronceadora*
tape   *la cinta*
tax   *el impuesto*
taxable   *gravable*
teach   *enseñar*
team   *el equipo*
teaspoon   *la cucharita*
technical problem   *el problema técnico*
telephone   *el teléfono*
telephone book   *la guía telefónica, la guía de teléfonos*
telephone booth   *la cabina de teléfono*
telephone call   *la llamada telefónica*
telephone card   *la tarjeta telefónica*
telephone number   *el número de teléfono*
telephone operator   *el (la) operador(a), el (la) telefonista*
telephone receiver   *el auricular, la bocina*
telephone switchboard   *la central*
television   *la televisión*

teller   *el (la) cajero(a)*
teller's window   *la ventanilla*
temperature   *la temperatura*
tennis   *el tenis*
tennis court   *la cancha de tenis*
tennis racket   *la raqueta (de tenis)*
tent   *la tienda (de campaña)*
terminal   *la terminal*
terrorism   *el terrorismo*
terrorist   *el (la) terrorista*
test   *el examen, la prueba*
theater   *el teatro*
theater seat   *la butaca, la localidad* (please see note on page 144)
theater ticket   *la entrada, la localidad*
theater ticket window   *la taquilla*
thermos   *el termo*
thief   *el ladrón*
thigh   *el muslo*
throat   *la garganta*
to throw   *tirar*
thunder   *el trueno*
to thunder   *tronar (ue)*
thunderstorm   *la tronada*
Thursday   *jueves*
ticket   *el boleto, el billete*; (for the theater) *la entrada, la localidad*
ticket window (at a train station)   *la ventanilla*; (at a theater) *la taquilla*
to tie   *atar, amarrar*; (the score) *empatar*
tide   *la marea*
tied (score)   *empatado*
tile   *el baldosín, la baldosa, el azulejo* (please see note on page 114)
tip   *la propina*
tire   *la llanta, la goma, el neumático, el caucho*
tobacco   *el tabaco*
today   *hoy*
toe   *el dedo (del pie)*
toenail   *la uña*
toilet   *el retrete, el inodoro* (please see Chap. 8)
toilet paper   *el papel higiénico*
token   *la ficha*
toll   *el peaje, la cuota*
toll booth   *la caseta de peaje, la cabina de peaje, la gareta de peaje*
tomorrow   *el mañana*
tomorrow morning   *mañana por la mañana*
tonsils   *las amígdalas*
tooth   *el diente*
toothpaste   *la pasta dentífrica, el dentífrico*
top balcony (of a theater)   *el gallinero, el paraíso*
total   *el total, el monto*
tough (meat)   *duro*
tourism   *el turismo*
tourist card   *la tarjeta de turista*
tournament   *el torneo*
to tow   *remolcar*

tow truck   *el remolque*
towel   *la toalla*
towel rack   *el toallero*
trade   *comerciar*
traffic   *el tráfico, el tránsito, la circulación*
traffic light   *el semáforo, la luz de tráfico*
tragedy   *la tragedia*
trailer   *la casa-remolque*
train   *el tren*
train ticket   *el boleto, el billete*
train station   *la estación de ferrocarril*
tranquilizer   *el tranquilizante, el calmante*
transit passengers   *los pasajeros en tránsito*
to trash (computer)   *borrar*
traveler's check   *el cheque de viajero*
tray   *la bandeja*
trim (of hair)   *el recorte*
to trim (hair)   *recortar*
trunk   *el baúl*; (of a car)   *el baúl, la cajuela, la maletera*
to try   *tratar de, intentar*
tuberculosis   *la tuberculosis*
Tuesday   *martes*
tuition   *los derechos de matrícula*
tune-up (of a car)   *la afinación*
to turn   *doblar*
turn around   *dar una vuelta*
turn off (the light)   *apagar (la luz)*
to turn on (the light)   *poner (la luz), encender (ie) (la luz)*
turnpike   *la autopista, la autovía*
twin-bedded   *con dos camas*

ulcer   *la úlcera*
umpire   *el árbitro*
under   *debajo de*
underpants   *los calzoncillos*
undershirt   *la camiseta*
undertow   *la contracorriente, la resaca*
underwear   *la ropa interior*
to undress   *desvestirse (i,i)*
unexpected   *inesperado*
unicameral   *unicameral*
uniform   *el uniforme*
university   *la universidad*
unleaded (gasoline)   *sin plomo*
unstable (changeable)   *inestable*
unstitched   *descosido*
upper and lower chambers of the Spanish House of Deputies   *las Cortes*
upper chamber   *la cámara alta*
uprising   *la sublevación*
urine   *la orina*
usher   *el (la) acomodador(a)*

to vacate (a hotel room)   *abandonar*
to vacuum-clean   *aspirar*

vacuum cleaner   *la aspiradora*
veal   *la ternera*
vegetable   *la legumbre, el vegetal, la verdura*
venereal disease   *la enfermedad venérea*
venetian blind   *la persiana*
very good (grade or mark)   *notable*
vibrating   *vibrando*
victim   *la víctima*
video   *el vídeo*
to view   *visualizar*
visa   *el visado, la visa*
voltage   *el voltaje*
vote   *el voto*
to vote   *votar*
vote of confidence   *el voto de confianza*

waist   *la cintura*
waiter   *el mesero, el camarero*
waiting room   *la sala de espera*
walk   *andar, caminar, ir a pie*
wall   *la pared*
wall-to-wall carpeting   *la moqueta*
warm   *caliente*
wash   *el lavado*
to wash   *lavar*
washbasin   *el lavabo, el lavamanos*
washing machine   *la lavadora*
water   *el agua (f)*
water ski   *el esquí acuático*
to water-ski   *esquiar en el agua, hacer el esquí acuático*
wave   *la ola, la onda*
weather   *el tiempo*
weather forecast   *el pronóstico meteorológico, el prognóstico meteorológico*
Wednesday   *miércoles*
week   *la semana, ocho días*
weekday   *el día de entre semana*
weekend   *el fin de semana*
to weigh   *pesar*
to welcome aboard   *dar la bienvenida abordo*
well done (in cooking)   *bien hecho, bien asado, bien cocido*
wheel   *la rueda*
wheelchair   *la silla de ruedas*
whiskey   *el whisky*
whistle   *el silbato*
wholesale   *al por mayor*
wholesaler   *el mayorista*
Who's calling?   *¿De parte de quién?*
wide   *ancho, amplio*
win   *ganar*
wind   *el viento*
window   *la ventana*; (small)   *la ventanilla*
windshield   *el parabrisas*
windshield wiper   *el limpiaparabrisas*
windsurf board   *la tabla de vela*
wine list   *la lista de vinos, la carta de vinos*

wing   *el ala (f)*
to withdraw   *quitar*; (money from an account) *retirar*
wool   *la lana*
word processing   *el procesamiento de textos*
work (labor)   *el trabajo*; (of art)   *la obra*
to work   *trabajar*; (be in working order) *funcionar*
workday   *el día laborable*
worsted   *el estambre*
wound   *la herida*
to wrap   *envolver (ue)*
wrinkle   *la arruga*
wrinkle-resistant material   *la tela inarrugable*

wrist   *la muñeca*
wrong number   *el número equivocado*

x-ray   *el rayo equis, la radiografía*
to x-ray   *tomar unos rayos equis, radiografiar*

year   *el año*
yesterday   *ayer*

zarzuela   (a Spanish musical comedy or operetta) *la zarzuela*
zip code   *la zona postal*
zipper   *la cremallera*

Glossary: Spanish—English
Glosario: español—inglés

¿ A cómo es (son)?   How much is (are)? (usually with food)
a corto plazo   short term
a cuadros   checked (of clothing or fabric)
¿ A cuánto está(n)?   How much is (are)? (usually with food)
a eso de   about
a fines de   around the end of
a fuego lento   on a slow flame
a la brasa   grilled (usually over coals)
a la parrilla   grilled
a la plancha   grilled (usually on a flat surface)
a la romana   deep-fried
a largo plazo   long term
a mediados de   around the middle of
a plazos   in installments, on time (with payments)
a principios de   around the beginning
a rayas   striped (with clothing or fabric)
a término medio   medium (cooking preparation)
a tiempo   on time
a últimos de   around the end of
abandonar   to leave, vacate (hotel room)
los abarrotes   groceries
abdominal   abdominal
abordar   to board, get on
el abrebotellas   bottle opener
el abrelatas   can opener
el abrigo   overcoat
abril   April
abrir   to open
abrochar   to fasten
acampar   to camp, go camping
la acción   stock
el accionista   stockholder
el aceite   oil
el acelerador   accelerator
el (la) acomodador(a)   usher
acomodar   to set (a bone)
los activos   assets
el acto   act
el actor   actor
la actriz   actress
actuar   to act
acostarse (ue)   to go to bed
adelante   ahead ¡ *adelante!*   come in!
la aduana   customs
el (la) aduanero(a)   customs' agent
el (la) aeromozo(a)   flight attendant
el aeropuerto   airport
afeitar   to shave
afeitarse   to shave one's self
la afinación   tune-up

afuera   outside
las afueras   outskirts
el (la) agente   agent
el agente de policía   police officer
agitado   rough
agosto   August
agotado   all gone, sold out
el agua (f)   water
el agua potable   drinking water
el aguacero   shower
el ahogador   choke (in a car)
ahorrar   to save (money, etc.)
ahumado   smoked
el aire   air
el aire acondicionado   air conditioning
el aislacionismo   isolationism
al contado   in cash, in one lump sum
al detal (le)   retail
al por mayor   wholesale
al por menor   retail
el ala (f)   wing; end (player in a football game)
la alacena   kitchen cabinet
la alberca   swimming pool
alcanzar   to reach
la alcoba   bedroom
la alergia   allergy
la aleta   fender
la alfombra   rug, carpet
la alfombrilla de baño   bath mat
el algodón   cotton
el algodón asargado   denim
almacenar   to store
el almidón   starch
la almohada   pillow
alquilar   to rent
la altura   altitude
el (la) alumno(a)   pupil
el amanecer   dawn
amarrar   to tie
la ambulancia   ambulance
las amígdalas   tonsils
amplio   wide
el análisis   analysis
la anestesia   anesthesia
el (la) anestesista   anesthetist
ancho   wide
andar   to walk
el andén   platform, track (in a train station)
el anexo   extension
el anfiteatro   mezzanine
el anochecer   dusk, nightfall
el anorak   parka

el ante suede
anteayer the day before yesterday
los anteojos de sol sunglasses
el antibiótico antibiotic
el anticlericalismo anticlericalism
anular to cancel
el año year
el Año Nuevo New Year
el año pasado last year
el año que viene next year
apacible calm
apagar to turn off (a light)
el aparador sideboard, buffet; credenza
aparcar to park
el apartado post office box
el apéndice appendix
la apendicitis appendicitis
el aperitivo aperitif
la apertura de curso the beginning of classes, the
  opening of school
aplaudir to applaud
apoyar una moción to second (support) a motion
aprender to learn
aprobado passing, approved (grade or mark)
aprobar (ue) to approve
el (la) árbitro(a) umpire, referee
el archivo file
la arena sand
el arma blanca weapon with a blade; *de fuego*
  firearm
el armador hanger
armar to pitch, to put up (a tent)
el armario closet
arrancar to start (a car)
el arranque starter
arreglar to fix, fix up, arrange
arriba on the top
la artritis arthritis
asado roasted
asado al horno baked
el asalto assault
asar to roast
asegurar to insure
el asesino murderer
el asiento seat
el (la) asistente(a) de vuelo flight attendant
asistir a to attend
el asma (f) asthma
la asociación partnership
la aspiradora vacuum cleaner
aspirar to vacuum
el atado bunch
el ataque attack
el ataque al corazón heart attack
atar to tie
atascado clogged, stopped up
el aterrizaje landing (of a plane)
aterrizar to land

el audífono earphone
el aula (f) classroom
el auricular telephone receiver, earphone
el autobús bus
autocrático autocratic
la autopista superhighway, turnpike
la avenida avenue
la avería breakdown (of a car)
las aves fowl
el aviso de no fumar no-smoking sign
ayer yesterday
la azafata flight attendant
el azúcar sugar
el azucarero sugar bowl

el bachillerato bachelor's degree
bajar to get off (as a bus); to go down, descend;
  to decrease
el balcón balcony
el balde de basura garbage can
la baldosa tile
el baldosín small tile
el balneario bathing resort
el balón ball (of a larger size such as football)
el baloncesto basketball
el banco bank
la banda lane (of a highway)
la bandeja tray
el bañador bathing suit
bañarse to bathe, to take a bath
la bañera bathtub
el baño bath
la barba beard
barrer to sweep
el básquetbol basketball
la basta cuff (on pants)
el bastón pole, cane
la basura garbage
el basurero garbage can
la bata dressing gown, beach wrap
la bata de baño bathrobe
la batería battery
el batidor de huevos eggbeater
la batidora mixer, blender
el baúl trunk, trunk of a car
la beca scholarship
el betún shoe polish
la biblioteca library; set of bookshelves
bicameral bicameral
bien asado well done (of meat, in comparison
  with rare)
bien cocido well done (of meat, in comparison
  with rare)
los bienes goods
el biftec (bistec) steak
el bigote mustache
el billete ticket; banknote, bill

el billete de gran valor   large bill, banknote of high denomination
blando   soft
el bloc   writing pad
el bloque   block of a street
la bloqueadora   sun screen
los blue jeans   blue jeans
la blusa   blouse
la boca   mouth
la bocacalle   intersection
la bocina   horn; phone receiver
bochornoso   sultry
la bodega   grocery store
la bola   ball (small like a golf ball)
el boleto   ticket
el bolígrafo   ballpoint pen
la bolita   polka dot
la bolsa   bag
el bolsillo   pocket
el bolsillo del asiento   seat pocket (on an airplane)
el bolso   pocketbook
la bombilla   light bulb
el bonete   hood (of a car)
borrar   to erase, scratch, trash
la bota   boot
el bote   can
el botiquín   medicine cabinet, first aid kit
el botón   button
el botones   bellhop
las bragas   panties
la bragueta   fly (on pants)
el brazo   arm
brincar   to bounce
bronceado   tan(ned)
la bronceadora   tanning lotion
bucear   to scuba-dive
el bucle   spit curl
la bufanda   scarf
el buffet   dining car, snack car
la bujía   spark plug
la butaca   armchair; seat in a theater
el buzón   mailbox

caber   to fit
la cabina   cabin
la cabina de peaje   toll booth
la cabina de teléfono   telephone booth
la cabina del piloto   cockpit
la cacerola   type of pot (please see note on page 112)
la cadera   hip
caerse   to fall down
la caja   box; cashier's counter or window
el (la) cajero(a)   cashier
el cajón   drawer
la cajuela   trunk of a car
la cajuelita   glove compartment
calarse   to stall

el calcetín   sock
calcular   to calculate
la calefacción   heat, heating system
calentar (ie)   to heat, to warm up
calentar demasiado   to overheat
el calientaplatos   plate warmer
la calificación   grade, mark
calmado   calm
el calmante   tranquilizer
calmo   calm
el calor   heat
caluroso   warm, hot
los calzoncillos   underpants, briefs
los calzones   panties
la calle   street
la cama   bed
la cámara alta   upper house, upper chamber
la cámara baja   lower house, lower chamber
la cámara de diputados   chamber of deputies, House of Representatives
la camarera   maid
el (la) camarero(a)   waiter (waitress)
cambiar   to change, exchange, cash (a check)
cambiar de avión   to change planes
cambiar de velocidad   to shift gears
el cambio   change (when breaking a large bill into smaller bills; see also *vuelto, vuelta, suelto*); exchange, exchange rate
la camilla   stretcher
caminar   to walk
la camisa   shirt
la camiseta   undershirt, T shirt
el camper   camper
el camping   camping site
el campo   country; playing field, course
el canal   channel
la canasta   basket
el cáncer   cancer
el canciller   chancellor
la cancha   playing field, course
el candelabro   candelabra
canjear   to cash (a check)
la cañería   plumbing, pipes
el capacho   basket, pannier
el capó   hood of a car
cargar   to charge
el cargo   charge
la carne   meat
la carnicería   butcher shop
caro   expensive
la carretera   highway
el carril   lane (of a highway)
el carrito   cart
el carro   car
la carta   letter
la carta de vinos   wine list
la cartera   briefcase
el carterista   pickpocket

el (la) cartero(a) letter carrier
el casco empty bottle to be returned
la caseta de peaje toll booth
casi crudo rare (pertaining to cooking)
las cataratas cataracts (in eyes)
el catarro cold (illness)
cate failing grade or mark
el caucho rubber, tire
la cazuela type of pot (please see note on page 112)
ceder to concede
centígrado Celsius (centigrade)
la central switchboard
cepillarse to brush
el cepillo brush
cerca near
la cerilla match (for lighting something)
la cernidera strainer
cernir to strain
cero zero; love (in tennis)
el cesto basket
el cierre zipper
el cigarrillo cigarette
el cine movie house, cinema
la cinta tape
la cintura waist
el cinturón belt
la circulación traffic
el (la) cirujano(a) surgeon
el (la) cirujano(a) ortopédico(a) orthopedic surgeon
el (la) ciudadano(a) citizen
la clase económica economy class (on an airline)
la clave de área area code
el claxon horn of a car
la clínica clinic, hospital
el cloche clutch
la cobija blanket
cobrar to charge
cobrar un cheque to cash a check
cocer (ue) to cook (please see note on page 111)
cocido al vapor steamed
la cocina kitchen; kitchen stove; cuisine
cocinado(a) cooked
cocinar to cook (please see note on page 111)
el coche car; car of a train
el coche cama sleeping car
el coche comedor dining car
el código de área area code
el código de barra bar code
coger puntos to stitch
la cola line (of people)
la cola de caballo pony tail
el colador strainer
colar (ue) to strain (in food preparation)
la colcha bedspread
el colchón mattress
el colchón neumático air mattress

el colegio secondary school
el colegio mayor dormitory
colgar (ue) to hang, to hang up
el colmado grocery store
el colon colon
el (la) comandante captain, commander, pilot
la combinación slip (women's underwear); blend (of fabrics)
la comedia comedy
comerciar to trade
el comercio business
los comestibles food
la comida meal, food
la comisaría police station
la comisión commission
el comité committee
la cómoda bureau, chest of drawers
la compañía company
la compañía de aviación airline
la compañía de seguros insurance company
el compartimiento compartment
el compartimiento sobre la cabeza overhead compartment
completo full, completely occupied
el comprador buyer, purchaser
el comprimido pill
comprobar (ue) to check
la computadora computer; *de escritorio* desk top computer; *personal* personal computer; *portátil* laptop computer
comunicar (con) to communicate with, put through to, connect
el comunismo communism
el (la) comunista Communist
con with
conciliar to reconcile
con destino a to (destination)
con plomo leaded (of gasoline)
con retraso late
la conexión connection
la conferencia lecture; long-distance phone call
la confirmación confirmation
congelar to freeze
la congeladora freezer
la congestión congestion
el congreso congress; large convention
el (la) conmensal member of a group dining together
el consejo de ministros cabinet (of a president or prime minister)
el consentimiento consent
el (la) conserje concierge
la conserjería concierge desk in a hotel
conservador conservative
la consigna luggage checkroom
constipado (with *estar*) to have a cold
la constitución constitution
la consulta del médico doctor's office

la contabilidad   accounting
el contable   accountant
la contestación   answer
la contracorriente   undertow
contrario   contrary, opposite
la contraseña   password
el contrato   contract
el control   control
el control de pasaportes   passport control
el control de seguridad   security control
el (la) convidado(a)   guest
la copa   stem glass
copiar   to copy
el corazón   heart
la corbata   necktie
el cordero   lamb
el cordón   shoelace
el correo   mail; post office; local train that makes
     many stops
el correo aéreo   airmail
el correo certificado (*recomendado*)   certified mail
el correo regular   regular or surface mail
la corriente   current
el cortado a navaja   razor cut
el cortaplumas   penknife
cortar   to cut, dice
cortarle a alguien la línea   to cut off (a telephone
     call)
el corte   cut (such as a haircut)
la corte   court
las Cortes   upper and lower houses of the
     Spanish parliament
la cortina   curtain
coser   to sew
la crema protectora   sunblock
la cremallera   zipper
crespo   kinky
el crimen   crime
crudo   raw, rare
el cuaderno   notebook
la cuadra   block (of a street)
cuadrado   checked
el cuadro   picture, painting
el cuadro de fusibles   fuse box
el cuadro indicador   scoreboard
¿Cuánto tiempo?   How long? (pertaining to time)
el cuarto   room (of a house); bedroom
el cuarto de baño   bathroom (please see Chap. 8)
el cuarto doble   double room
el cuarto sencillo   single room
el cubierto   place setting; cover charge
el cubo de basura   garbage pail
la cubrecama   bedspread, quilt
la cuchara   tablespoon
la cucharita   teaspoon
el cuchillo   knife
el cuello   neck
la cuenta   check, bill, account

la cuenta corriente   checking account
la cuenta de ahorros   savings account
la cuerda   cord, rope
el cuero   leather
el cumpleaños   birthday
la cuota   toll; installment payment
el curso   course
el cursor   cursor

el chaleco salvavidas   life vest
el champú   shampoo
el chaparrón   rain shower
la chaqueta   jacket
la charcutería   pork store
charlar   to chat
el cheque   check
el cheque de viajero   traveler's check
chequear   to check
la chequera   checkbook
la chimenea   fireplace
el chubasco   rain shower
la chuleta   cutlet, chop

dar a   to face
dar a luz   to give birth
dar la bienvenida   to welcome
dar la vuelta   to turn around
dar una lección   to give a lesson, to teach
dar una patada   to kick
los datos   data
de   of, from
de dirección única   one-way (street)
de ida y regreso   round trip
de ida y vuelta   round trip
de lujo   luxurious
de negocios   on business
de nuevo   again
¿De parte de quién?   Who's calling?
de parto   in labor
de paso (with *estar*)   passing through
de repuesto   spare
de vía estrecha   narrow gauge
debajo de   under
el (la) decano(a)   dean
la declaración de (para la) aduana   customs
     declaration
declarar   to declare
el dedo   finger
el dedo del pie   toe
dejar   to leave (something behind)
la delantera   seat in a front row of a theater
delantero   forward
deliberar   to deliberate
el delito   crime
demasiado hecho   overcooked
la democracia   democracy

la demora   delay
el dentífrico   toothpaste
denunciar   to report a crime
el departamento   department, apartment
el deporte   sport
depositar   to deposit
el depósito   deposit; tank
la derecha   right (direction and political orientation)
el (la) derechista   person with right-wing political leanings
el derecho   right (civil, legal, etc.)
el derecho al voto   right to vote
los derechos de matrícula   tuition
los derechos humanos   human rights
derretir (i,i)   to melt
el desagüe   drain
desaprobado   failing (mark or grade)
el desayuno   breakfast
descolgar (ue)   to pick up (receiver of a telephone)
la descompostura   breakdown
descompuesto   broken
descosido   unstitched
despegar   to take off (of an airplane)
el despegue   takeoff
despejado   clear (describing the sky)
despejarse   to clear, to clear up (of weather)
la despensa   pantry
el despertador   alarm clock
el destapador   bottle opener
el (la) destinatario(a)   addressee
el destino   destination
desvestirse (i,i)   to undress
el detallista   retailer
devolver (ue)   to return (something)
el día   day
el día de entre semana   weekday
el día de santo   saint's day
el día festivo   holiday
el día laborable   workday
la diabetes   diabetes
diciembre   December
el (la) dictador(a)   dictator
la dictadura   dictatorship
la dieta   diet (government body); diet (food regimen)
el dinero   money
el dinero en efectivo   cash
el diputado   deputy, representative
el (la) diputado(a) al congreso   representative in Congress (U.S.)
la dirección   direction; address
el (la) direccional   directional signal
el (la) director(a)   principal (of a school); director
discar   to dial
el disco   dial (of a telephone), record; disc, record
   blando   soft disc, floppy disc; *duro*   hard disc
discutir   to discuss, to argue

disperso   scattered
disponible   available
el disquete   soft disc, floppy disc
la distribuidora automática   automatic dispensing machine
el dividendo   dividend
doblar   to dub (a film); to fold
los dobles   doubles (in tennis)
el doblez   cuff (on pants)
la docena   dozen
el doctorado   doctorate degree
doctorarse   to get a doctorate
el dolor   pain, grief, sorrow
los dolores de parto   labor pains
domingo   Sunday
dormir (ue, u)   to sleep
dormirse (ue, u)   to fall asleep
el dormitorio   bedroom
el drama   drama
la ducha   shower
ducharse   to take a shower
dulce   sweet
el dulce   candy
duro   hard, tough

económico   economical, inexpensive
la elección   election
el (la) electricista   electrician
el electrocardiograma   electrocardiogram
elegir (i,i)   to elect
embarazada   pregnant
el embarque   embarkation, boarding
embragar   to engage the clutch
el embrague   clutch
la emergencia   emergency
empatado   tied (score)
empezar (ie)   to begin
la empresa   enterprise
empujar   to push, shove
en barco   by boat
en caso de   in case of
en contra   against
en favor   in favor
en punto   exactly (with time expressions)
en retro   in reverse
en reverso(a)   in reverse
las enaguas   half-slip (apparel)
el encauchado   raincoat
encender (ie)   to burn, to light
encinta   pregnant
encogerse   to shrink
enchufar   to plug in
el enchufe   plug
el enchufe hembra   socket
endosar   to endorse
enero   January
la enfermedad   illness, disease
la enfermedad mental   mental illness

la enfermedad venérea   venereal disease
el (la) enfermero(a)   nurse
el engrase   grease job (on a car)
enmendar (ie)   to amend
la enmienda   amendment
la ensalada   salad
la ensaladera   salad bowl
ensalmar   to set (a bone)
enseñar   to teach
entablillar   to put in a cast
la entrada   entrance; ticket (for a theater or movie); input (computer)
entrar en escena   to enter on stage
entregar   to hand over, to turn in
el entremés   hors d'oeuvre, appetizer
el entresuelo   mezzanine
el envase   container; an empty bottle to be returned
enviar   to send
envolver (ue)   to wrap
enyesar   to put in a cast
la epilepsia   epilepsy
el equipaje   baggage, luggage
el equipaje de mano   hand luggage
el equipo   team
la escala   stop (on an airplane)
el escalamiento   breaking and entering
el escalofrío   chill
la escena   scene, stage
el escenario   scenery, stage
la escoba   broom
escobar   to sweep
la escuela   school
la escuela de párvulos   nursery school
la escuela preparatoria   prep school
la escuela primaria   elementary school
la escuela secundaria   secondary school
el escurridero   drainboard
escurrir   to drain
el esmalte   nail polish
la espalda   back (of a person)
la especialidad de la casa   house specialty
especializarse   to specialize, to major in
el espectáculo   show
el (la) espectador(a)   spectator
el espejo   mirror
la espina   fishbone
la esponja   sponge
el esquí   ski, skiing; *alpino*   down hill skiing; *de fondo*   cross-country skiing; *nórdico*   cross-country skiing
el esquí acuático   water ski
esquiar en el agua   to water-ski
la esquina   corner (of a street)
la estaca   spike
la estación   season; station
la estación de esquí   ski resort
la estación de ferrocarril   railroad station

la estación de servicio   service station, gas station
estacionar   to park
el estado bancario   bank statement; *financiero* financial statement
estallarse   to break (rather violently)
el estambre   worsted
la estampilla   stamp
está comunicando   the line is busy
el estante   bookshelf
estofado   stewed
el estómago   stomach
estrecho   narrow
estreñido   constipated
el estropajo   dishrag, mop
estropeado   broken
el (la) estudiante   student
la estufa   kitchen stove
la etiqueta   label
el examen   exam
examinar   to examine
la extensión   extension
el (la) externo(a)   day student
extraer   to extract, to take out

facturar   to check (luggage, a parcel, etc.)
la facultad   school (division of a university)
la faja   girdle
la falda   skirt
fallar   to miss (a shot), (used also of a car engine)
el faro   headlight, lighthouse
el fascismo   fascism
febrero   February
la fecha   date
la fecha de vencimiento   due date
la ficha   token
la fiebre   fever
la fiebre intermitente   chills and fever
la fila   line, row
el fin de semana   weekend
firmar   to sign
físico   physical
la flecha   arrow
la flema   congestion
flotar   to float
el foco   light bulb; headlight
la fogata   bonfire
el (la) fontanero(a)   plumber
el formulario   form (to fill out)
el forro   lining (of clothing)
el fósforo   match (to light something)
el foul   foul (in a game)
la fractura complicada   compound fracture
frágil   fragile
la franela   flannel
el franqueo   postage
la frazada   blanket
el fregador   dishrag
el fregadero   sink (in a kitchen)

fregar (ie)   to wash the dishes, to scrub (please see note on page 111)
freír (i,i)   to fry
frenar   to put on the brakes
el freno   brake
el freno de mano   hand brake
el freno de pie   foot brake
fresco   cool, fresh
frío   cold
la frisa   blanket
frito   fried
la fruta   fruit
la frutería   fruit and vegetable store
la fuente   serving platter
fuera de servicio   out of order
la función   show
funcionar   to work, to be in working condition
la funda   pillowcase
fundido   blown out (as a light bulb or fuse)
el fusible   fuse
el fútbol   soccer

el gabán   coat
la gabardina   gabardine, raincoat
el gabinete   cabinet
las gafas   eyeglasses
las gafas para el sol   sunglasses
la galería   gallery, balcony (of a theater)
el gallinero   top balcony of a theater
la gamuza   suede
las ganancias   profit
ganar   to earn, to win
el gancho   hook, hanger
la gareta de peaje   toll booth
la garganta   throat
el gas butano   butane gas
la gasolina   gasoline
la gasolinera   gas station
el gemelo   cuff (of a shirt), cuff link
el giro postal   money order
la glándula   gland
el gobierno   government
golpeando   knocking (of a car engine)
la goma   rubber, tire
la gorra   cap
la gorra de baño   bathing cap
goteando   leaking, dripping
grado   grade (level)
graduarse   to graduate
el gramo   gram
granizar   to hail (weather)
gravable   taxable
grave   serious
el grifo   faucet, tap
la gripe   flu, grippe
la grúa   crane
el grupo sanguíneo   blood type
el guante   glove

la guantera   glove compartment
el guardafango   fender
el (la) guardameta   goalie
el guardarropa   checkroom, cloakroom
la guía telefónica (guía de teléfonos)   telephone directory
guisar   to cook (please see note on page 111)
guisado   stewed
el guisado   stew

la habitación   room, bedroom
la habitación doble   double room
la habitación sencilla   single room
hacer   to do, to make
hacer la cama   to make the bed
hacerle daño (a alguien)   to hurt, to harm (someone)
hacer el esquí acuático   to water-ski
hacer un gol   to make a goal
hacer una intervención quirúrgica   to perform surgery
hacer juego con   to match
hacer una llamada   to make a call
hacer el papel   to play the part, to play the role
hacer la plancha   to float with one's hands behind the head
la hamaca   hammock
el hardware   hardware
las heces   feces
las hemorroides   hemorrhoids, piles
la herida   injury
hervir (ie, i)   to boil
el hígado   liver
el hilbán   hem
el hilo de saco   denim
hinchado   swollen
la hipoteca   mortgage
la histerectomía   hysterectomy
la hoguera   bonfire
la hoja de balance   balance sheet
la hora   hour, time
la hora de mayor afluencia   rush hour
el horario   schedule, timetable
el (la) hornillo(a)   burner (of a stove)
el horno   oven
la horquilla   bobby pin
hospedado   lodged, staying at
el hospital   hospital
hoy   today
el hoyo   hole (in the ground)
el hueco   hole (in cloth, etc.)
el hueso   bone
el huésped   guest
la huevería   egg store
la humedad   humidity
húmedo   humid

el icono   icon

iluminado   lit, illuminated
el imperialismo   imperialism
el impermeable   raincoat
imponer   to impose
la impresora   printer
imprimir   to print
los impuestos   taxes, duty (at customs)
incluído   included
los individuales   singles (in tennis)
inestable   unstable, changeable
ingresar   to deposit (e.g., money in a bank)
iniciar el funcionamiento   to boot (computer)
el inodoro   toilet
inscribir   to enroll
intentar   to try
el interés   interest
el interlocutor   party (on telephone line)
el intermedio   intermission
el (la) intermitente   directional signal
internacional   international
el (la) interno(a)   boarding student
el interruptor   light switch
la intervención quirúrgica   operation, surgery
el intestino   intestine, bowel
invitados   guests
la inyección   injection
ir a pie   to go on foot, to walk
la izquierda   left (direction and political orientation)
el (la) izquierdista   leftist, person with leftwing political leanings

el jabón   soap
el jabón de afeitar   shaving soap
el jabón en polvo   soap powder
la jabonera   soap dish
el juego   game, match, set
el juego de audífonos   set of earphones, headset
jueves   Thursday
el (la) jugador(a)   player
jugar (ue)   to play
julio   July
junio   June
la junta   junta
la junta directiva   Board of Directors

el kilo(gramo)   kilo(gram)

la laca   hair spray
lacio   straight
el lado   side
el ladrón   thief
la lámpara   lamp
la lámpara de pie   floor lamp
la lana   wool
la lancha   boat, launch
largo   long
la lata   can

el latrocinio   armed robbery
el lavabo   washbasin, sink (in the bathroom)
el lavadero   sink
el lavado   wash, laundry
la lavadora   washing machine
la lavadora (de platos, de vajilla)   dishwasher
el lavamanos   washbasin, sink (in the bathroom)
lavar   to wash
lavar en seco   to dry-clean
lavarse   to wash one's self
la lectura   reading
la leche   milk
la lechería   dairy store
la legumbre   vegetable
lejos   far
el letrero   sign
levantarse   to get up; to go up (of the curtain at a theater)
la ley   law
la ley marcial   martial law
el liberalismo   liberalism
la libertad   freedom
la libertad de palabra   freedom of speech
la libertad de prensa   freedom of the press
la librería   bookstore; bookcase
la libreta   passbook (for a savings account)
el libro de texto   textbook
la licencia   license, driver's license
licenciarse   to get a master's degree
la licenciatura   master's degree
el liceo   secondary school
el limpiaparabrisas   windshield wiper
limpiar   to clean
limpiar el polvo   to dust
limpiar en seco   to dry-clean
la limpieza en seco   dry cleaning
la línea   line
la linterna (eléctrica)   flashlight
el líquido   liquid
el líquido de frenos   brake fluid
liso   straight
la lista de vinos   wine list
listo   ready
el living   living room
la localidad   theater seat or ticket
la loncha   slice (please see note on page 106)
la lonja   slice (please see note on page 106)
la lubricación   lubrication
las luces altas   high beams
las luces bajas   low beams
las luces de carretera   high beams
las luces de cruce   low beams
las luces intensas   high beams
lunes   Monday
el lunar   polka dot
la luz   light, headlight

la llamada   call

la llamada con cobro revertido   collect call
la llamada de cargo reversible   collect call
la llamada de larga distancia   long-distance call
la llamada de persona a persona   person-to-person call
la llamada interurbana   toll call
la llamada local   local call
la llamada telefónica   telephone call
la llamada urbana   local call
llamar   to call
llamar por teléfono   to call on the telephone
la llanta   tire
la llave   key, light switch, faucet
la llegada   arrival
llenar   to fill, to fill up, to fill out
lleno   full
llevar   to take, to carry, to wear
llevar a la ebullición   to bring to the boiling point
llover (ue)   to rain
lloviznar   to drizzle
la lluvia   rain
lluvioso   rainy

la madrugada   early morning hours
el (la) maestro(a)   elementary school teacher
los mahones   blue jeans
la maleta   suitcase
la maletera   trunk of a car
el maletero   book bag, briefcase
el maletín   small suitcase
la mancha   spot, stain
mandar   to send
la manga   sleeve
el mango   handle
la manicura   manicure
la manifestación   demonstration (usually political)
manipular   to drive (computer)
el manojo   bunch
la manta   blanket
el mantel   tablecloth
mantener   to keep, to maintain, to stay
el mantequero   butter dish
la mantequilla   butter
la mantequillera   butter dish
la manzana   block (of a street)
el mañana   tomorrow
la mañana   morning
mañana por la mañana   tomorrow morning
el maquillaje   makeup (cosmetics)
la máquina de afeitar   electric shaver
el mar   sea
marcar   to dial
el marco   picture frame
(en) marcha atrás   in reverse (gear)
la marea   tide
mareado   seasick, airsick, dizzy
el mareo   sea- or airsickness
el marisco   shellfish

la marisquería   seafood market
martes   Tuesday
el martillo   hammer
el marxismo   Marxism
marzo   March
más allá   farther on
más tarde   later
la máscara de oxígeno   oxygen mask
la materia   subject
la martrícula   matriculation, license plate
matricularse   to matriculate, register
el matrimonio   married couple
mayo   May
el (la) mayor de edad   one who is of legal age
la mayoría   majority
el mayorista   wholesaler
la medianoche   midnight
las medias   stockings
el (la) médico(a)   medical doctor
la medida   measurement
el mediodía   noon
la mejilla   cheek
el mensaje   message
la memoria   memory
el menú   menu
el menú del día   full menu, tourist menu
el mercadeo   marketing
el mercado   market
el mes   month
la mesa   table
la mesa de operaciones   operating table
la mesa plegable   folding table
el (la) mesero(a)   waiter, waitress
la meta   goal
meter   to put in
meter un gol   to make a goal
miércoles   Wednesday
el (la) militar   serviceman (woman)
el militarismo   militarism
el ministerio de agricultura   ministry of agriculture
el ministerio de comunicaciones   ministry of communications
el ministerio de educación   ministry of education
el ministerio de estado   ministry of state
el ministerio de gobernación   ministry of the interior
el ministerio de hacienda   ministry of the treasury
el ministerio de instrucción pública   ministry of education
el ministerio del interior   ministry of the interior
el ministerio de justicia   ministry of justice
el ministerio de relaciones exteriores   ministry of foreign affairs
el ministerio de trabajo   ministry of labor
la minoría   minority
la minuta   menu
el minuto   minute
la moción   motion

la mochila   knapsack
el modem   modem
el modulador   modem
el (la) monarca   monarch
el monarquismo   monarchism
el (la) monarquista   monarchist
la moneda   coin
el mono   bun (hair)
la montaña   mountain
montar las olas   ride the waves
la moqueta   wall-to-wall carpeting
morir (ue, u)   to die; (of a car) to stall
morirse (ue, u)   to stall (of a car)
el mostrador   counter
el mozo   bellhop, porter
la muerte   death
la muestra   sample
las muletas   crutches
la muñeca   wrist
la música estereofónica   stereophonic music
el muslo   thigh (leg of a chicken)

nacional   national, domestic
nada   nothing; love (in tennis)
nadar   to swim
la navaja   razor; penknife
la Navidad   Christmas
la neblina   fog
el net   net ball (in tennis)
el neumático   tire
neutro   neutral
la nevada   snowfall, snowstorm
nevar (ie)   to snow
la nevasca   snowstorm
la niebla   fog
la nieve   snow
el nilón   nylon
¡No cuelgue Ud.!   Hold on! Don't hang up!
la noche   night
la Nochebuena   Christmas eve
la Nochevieja   New Year's eve
la nota   mark, grade
notable   very good grade or mark
noviembre   November
la nube   cloud
la nubosidad   cloudiness
nublado   cloudy, overcast
el número   number; size (for shoes)
el número de teléfono   telephone number
el número equivocado   wrong number

la obra   work (of art)
la obra musical   musical composition
el (la) obstétrico(a)   obstetrician
octubre   October
ocupado   busy, occupied
la oficina   office
la oficina de cambio   exchange bureau

el oído   ear
la ola   wave
la olla   type of pot (please see note on page 112)
la ondulación permanente   permanent (wave)
el ondulado (permanente)   permanent (wave)
la operación   operation
el (la) operador(a)   operator
operar   to operate
la oposición   opposition
opuesto   opposite
el ordenador   computer
la orilla   shore
la orina   urine
el ovario   ovary
el oxígeno   oxygen
el (la) oyente   auditor (of a course)

el (la) paciente   patient
pagar   to pay, pay for
pagar a plazos   to pay in installments
pagar al contado   to pay cash, pay in one lump sum
el pago   payment
el pago inicial   initial payment, down payment
el pago mensual   monthly payment
la palabra de paso   password
la palanca   gearshift
el palco   box seat
el palo   pole; golf club
la pana   corduroy
la panadería   bread store, bakery shop
el panel de fusibles   fuse panel, fuse box
el pantalón   pants
los pantalones cortos   short pants
la pantalla   screen
los panties   panties
el paño   cloth
el pañuelo   handkerchief
el papel higiénico   toilet paper
las paperas   mumps
el paquete   package, parcel
el par   pair
el parabrisas   windshield
el parachoques   bumper
la parada   stop
el paraíso   top balcony in a theater
los parásitos   static
el parasol   beach umbrella
parar   to stop; to block (a ball)
parir   to give birth
el parlamento   parliament
parquear   to park
particular   private
el partido   game
pasado mañana   day after tomorrow
el pasador   shoelace
el pasaje   fare, passage
el (la) pasajero(a)   passenger

el (la) pasajero(a) en tránsito   transit passenger
el pasaporte   passport
la Pascua (Florida)   Easter
¡ Pase Ud.!   Come in!
el pasillo   aisle
el pasillo central   middle (center) aisle
los pasivos   liabilities
la pasta dentífrica   toothpaste
la pastelería   bakery, pastry shop
la pastilla   pill; bar (of soap)
patear   to stamp the feet
la patilla   sideburn
el patio   patio; orchestra (in a theater)
el peaje   toll
el pecho   chest
la pechuga   breast (of a chicken)
la pedicura   pedicure
peinarse   to comb one's hair
pelar   to pare, to peel
la película   film, movie
peligroso   dangerous
el pelo   hair
la pelota   ball
el (la) peluquero(a)   hairdresser
la penicilina   penicillin
la pensión completa   complete room and board
el pentotal sódico   sodium pentothal
la percha   hanger
perder (ie)   to lose; to miss (a bus, train, etc.)
el periódico   newspaper
el período menstrual   menstrual period
permanecer   to remain, stay
el permiso de conducir   driver's license
el perpetrador   perpetrator
la persiana   venetian blind
pesar   to weigh
la pescadería   fish market
el pescado   fish
picado   diced, minced
picar   to dice, to mince
el pie   foot; down payment
la pierna   leg
la pila   sink (in a kitchen); swimming pool; small battery
la píldora   pill
la pileta   sink (in a kitchen)
el piloto   pilot
el pimentero   pepper shaker
la pimienta   pepper
el pinchazo   flat tire
la piscina   swimming pool
el piso   floor
la pista   runway; lane (of a highway); ski slope
la pistola   gun; pistol
la pizarra   chalkboard
el pizarrón   chalkboard
la placa   license plate
la plancha   iron (for ironing); flat grill

la plancha de deslizamiento   surfboard
el planchado   ironing
planchar   to iron, press
el plan de estudios   course of study, curriculum
el plano   city map
la platea   orchestra (in a theater)
platicar   to chat
el platillo   saucer
el plato   plate; course (of a meal), dish
el plato principal   main course
los platos combinados   tourist menu
la playa   beach
el plebiscito   plebiscite
el (la) plomero(a)   plumber
la pluma   faucet, tap
poco asado   rare (of meat)
poco roja   medium rare (of meat)
el policía   police officer
la poliomielitis   polio
el pólipo   polyp
la política   politics; political policy
político   political
la póliza   policy
el polvo de lavar   soap powder
el pollo   chicken
poner   to put, to turn on
poner con   to put through to (via telephone)
poner en marcha   to start
poner la luz   to turn on the light
poner la mesa   to set the table
ponerse   to put on (clothing)
póngame   give me
por detrás   in the back
por día   on a daily basis
por hora   an hour; hourly
por vía intravenosa   intravenously
por semana   weekly; on a weekly basis
el portalibros   book bag
portátil   portable
la portería   goal post
el (la) portero(a)   goalie
el postre   dessert
el precio   price
la precipitación   precipitation, rain
el prefijo del país   country code
preñada   pregnant
la preparatoria   preparatory school
presentar una moción   to make a motion
presentarse   to check in
el (la) presidente(a)   president
la presión atmosférica   atmospheric pressure
la presión barométrica   barometric pressure
la presión de aire   air pressure
la presión sanguínea   blood pressure
el préstamo   loan
el (la) primer(a) ministro(a)   prime minister
la primera velocidad   first gear
principal   main

el problema   problem
procedente de   coming from
el procesamiento de textos   word processing
el profesorado   faculty
la prognosis   prognosis
el prognóstico (pronóstico)   prognosis; forecast
el programa   program
el programador   programmer
el pronóstico meteorológico   weather forecast
la propaganda   advertising
la propina   tip
el (la) protagonista   one with the lead role
proteger   to protect
la prueba   sample, test
la publicidad   advertising
el pueblo   town; all the people of a country
la puerta   door; goal post
pulir   to shine, to polish
el pulmón   lung
la pulpería   grocery store, general store
el pulso   pulse
el punto   point, stitch, suture
punto muerto   neutral gear
el puño   cuff (of a shirt or blouse)
el pupitre   school desk

quedarle bien (a alguien)   to fit (someone) well
los quehaceres   chores
los quehaceres domésticos   housework
quemarse   to burn out
el queso   cheese
el quirófano   operating room
el quiste   cyst
quitar   to take out, to withdraw
quitar el polvo   to dust
quitar la mesa   to clear the table
el quórum   quorum

el racismo   racism
el radiador   radiator
el radicalismo   radicalism
la radio   radio
la radiografía   x-ray
radiografiar   to x-ray
la radiología   radiology
el (la) radiólogo(a)   radiologist
la ráfaga   sudden windstorm accompanied by a
   cloud that brings a sudden change in weather
la ranura   slot
el rápido   express train
la raqueta   racket
la raya   part (in hair)
rayado   striped
los rayos equis   x-rays
el recado   message
la recámara   bedroom
la recepción   reception or check-in area
el (la) recepcionista   receptionist

la receta   prescription
recetar   to prescribe
el recibo   receipt
reclamar   to reclaim, to pick up
el (la) recogedor(a) de billetes   conductor
recoger   to collect, to pick up, to claim
recomendar (ie)   to recommend
recortar   to trim
el recorte   trim
recorrer   to run through, to cover (kilometers)
recto   straight, straight ahead
el (la) rector(a)   rector
la red   net
el referendum   referendum
el refrigerador   refrigerator
el régimen   regime; diet
regresar   to return (from somewhere)
el regreso   return
regular   regular; surface (pertaining to mail)
los relámpagos   lightning
remendar (ie)   to mend
el (la) remitente   sender
remolcar (ue)   to tow
el remolque   tow truck
rentable   profitable
las rentas   profit, income
las reparaciones   repairs
reparar   to repair
repartir   to distribute; to deliver (e.g., mail)
el repollo   head (of lettuce, cabbage, etc.)
los repuestos   spare parts
el requisito   requirement
la resaca   undertow, hangover
la reserva   reservation
la reservación   reservation
reservar   to reserve
resfriado   cold (illness)
el resfrío   cold (illness)
el respaldo   back (of a seat or chair)
el restaurante   restaurant
el resultado   result
retirar   to withdraw (funds from an account)
el retrete   toilet (please see Chap. 8)
reventarse (ie)   to break (of waves)
revisar   to check
la revista   magazine
la revista musical   musical revue
revuelto   rough, choppy (of the sea); scrambled
   (of eggs)
el rincón   corner (of a room)
el riñón   kidney
rizado   curly
el rizo   curl
la roca   rock
rodar (ue)   to shoot (a film)
romper   to break
la ropa   clothing
la ropa interior   underwear

la rueda   wheel; tire
el rulo   hair roller
la ruta de vuelo   route of flight; flight plan

sábado   Saturday
la sábana   bed sheet
el sacacorchos   corkscrew
sacar   to take, to take out; to buy
sacar un billete   to buy a ticket
el saco   jacket; bag
el saco para dormir   sleeping bag
la sal   salt
la sala   large room, living room
la sala de clase   classroom
la sala de emergencia   emergency room
la sala de equipaje   baggage room
la sala de espera   waiting room
la sala de estar   living room
la sala de operaciones   operating room
la sala de parto   delivery room
la sala de recuperación   recovery room
salado   salty
el saldo   balance (in an account)
el salero   salt shaker
la salida   exit; departure; output (computer)
la salida de emergencia   emergency exit
salir   to leave; to depart
salir bien   to turn out well; to succeed; to pass
   (an exam)
salir mal   to fail
la salsera   gravy boat
salteado   sautéed
saltear   to sautée
el (la) salvavidas   lifeguard
la sandalia   sandal
la sangre   blood
el sarampión   measles
la (el) sartén   frying pan
el (la) sastre   tailor
el secador   dishcloth; dryer
la secadora para el pelo   hair dryer
secar   to dry
la sección   section
la sección de no fumar   no-smoking section
la secreta   glove compartment
la seda   silk
seguir (i,i)   to follow
el segundo   second
la seguridad   safety; security
el seguro completo   full-coverage insurance
el seguro contra todo riesgo   full-coverage
   insurance
el sello   stamp
el semáforo   traffic light
la semana   week
el senado   senate
el (la) senador(a)   senator
sencillo   easy; one-way (of a ticket); single (of a
   hotel room)

el seno   breast (of a human)
sentado   seated
(de) sentido único   one-way (of a street)
la señal   sign; signal; dial tone
la señal de no fumar   no-smoking light
la señal de ocupado   busy signal
las señas   address
el separatismo   separatism
septiembre   September
ser suspendido   to fail
el servicio   service, department
el servicio de cuartos (habitaciones)   room service
el servicio de lavado   laundry service
los servicios   facilities
la servilleta   napkin
servir (i,i)   to serve
la sesión plenaria   plenary session
el set   set (in tennis)
el siglo   century
el silbato   whistle
el silenciador   muffler
la silla   chair
la silla de lona   canvas chair
la silla de ruedas   wheelchair
la silla plegable (portátil)   folding chair
el sillón   armchair
sin escala   nonstop (flight)
sin plomo   unleaded (of gasoline)
los singles   singles (in tennis)
el síntoma   symptom
el sistema   system
la sobrecama   bedspread
la sobremesa   after-meal conversation, dessert
sobresaliente   outstanding (mark or grade)
el socialismo   socialism
el socio   partner
la sociedad anónima   corporation; *colectiva*
   partnership
el sofá   sofa
el sol   sun
soleado   sunny
el sombrero   hat
sonar (ue)   to ring
la sopa   soup
la sopera   soup bowl
el sostén   brassiere
subir   to go up; to climb on; to board
la sublevación   uprising
el subtítulo   subtitle
sucio   dirty
la suela   sole (of a shoe)
el suelo   floor
el suelto   change (in comparison with bills)
el suéter   sweater
sugerir (ie, i)   to suggest
el suiche   switch
el supermercado   supermarket
el suplemento   supplement

suspendido   failing; suspended
suspenso   failing

el tabaco   tobacco
la tabla de planchar   ironing board
la tabla de vela   wind sail board
la tabla hawaiiana   surfboard
el tablero de fusibles   fuse box
el tablero (de instrumentos)   dashboard panel
el tablero indicador   scoreboard
el tacón   heel
la tajada   slice (please see note on page 106)
el talón   check, receipt, stub
el talonario   checkbook
la talla   size
el tanque   tank
el tanto   point, score
la tapa   cover
tapar   to cover
el tapacubo   hubcap
el tapón   stopper (for a sink); hubcap
la taquilla   ticket window (at a theater or movie house)
tardar   to take (time)
tarde   late
la tarde   afternoon
la tarjeta de crédito   credit card
la tarjeta de embarque   boarding card, boarding pass
la tarjeta de turista   tourist card
la tarjeta postal   postcard
la tarjeta telefónica   telephone credit card
el tarro de basura   garbage can
la tasa   rate
la tasa de interés   interest rate
la taza   cup
el teatro   theater
la tecla   key; *de control*   control key; *de cursor* cursor key; *de entrada*   input key; *de escape* escape key; *de fin*   end key; *de inicio*   home key; *de insertar*   insert key; *de retorno* return key; *de retroceso*   backspace key
el teclado   keyboard
la tela   fabric, material
la tela inarrugable   wrinkle-resistant fabric or material
la tela sintética   synthetic fabric
telefonear   to telephone
el (la) telefonista   telephone operator
el teléfono   telephone; *celular*   cellular phone; *de a botones*   touchtone phone; *inalámbrico* cordless phone
el telesilla   chair lift
la televisión   television
el telón   curtain (at a theater)
la temperatura   temperature
la tempestad   storm
tempestuoso   stormy

el temporal   storm
temprano   early
el tenedor   fork
tener buena pinta   to look good (especially for food)
el tenis   tennis
la tensión arterial   blood pressure
la terminal   terminal; station
el termo   thermos
la ternera   veal
el terrorismo   terrorism
el tiempo   time; weather
el tiempo de vuelo   flight time
la tienda   store; tent
la tienda de abarrotes   grocery store
la tienda de campaña   tent
la tienda de oxígeno   oxygen tent
la tienda de ultramarinos   grocery store
las tijeras   scissors
la tina   bathtub
el tinte   dye; dye job
la tintorería   dry cleaner's shop
el tipo de interés   interest rate
el tipo sanguíneo   blood type
tirar   to throw, to shoot
el tiro   shot
la toalla   towel
la toalla de baño   bath towel
el toallero   towel rack
el tobillo   ankle
tomar apuntes   to take notes
tomar el sol   to sunbathe
tomar en consideración   to take into consideration
tomar puntos   to stitch (surgical)
tomar una decisión   to make a decision
el tono   dial tone
el toque de queda   curfew
torcer (ue)   to sprain
la tormenta   storm
el torneo   tournament
la tortera (tartera)   baking pan
la tos   cough
toser   to cough
tostado   tan
el total   total
el tráfico   traffic
la tragedia   tragedy
el traje   suit
el traje de baño   bathing suit
el traje pantalón   pants suit
el tranquilizante   tranquilizer
tranquilo   calm, still
el tránsito   traffic
la transmisión automática   automatic transmission
el trapo   rag
trasero   rear
la trenza   braid
el tribunal   court

el trinchante   carving knife
trinchar   to carve
el trinche   carving knife
la tripulación   crew
la tronada   thunderstorm
tronar (ue)   to thunder
el trueno   thunder
la tuberculosis   tuberculosis
la turbulencia   turbulence
la turbulencia inesperada   unexpected turbulence
turbulento   turbulent, rough
el turismo   tourism

las úlceras   ulcers
unicameral   unicameral
el uniforme   uniform
la universidad   university
la uña   nail (of a finger or toe)

vaciar   to empty
vacío   empty
la vajilla   dishes, dishware
la valija   suitcase, valise
el vaso   glass (for drinking)
el vegetal   vegetable
la vejiga   bladder
la vejiga de la bilis   gallbladder
la vela   candle
el velador   night table
el velero   sailboat
la velocidad   speed; gear
el velocímetro   speedometer
la venda   bandage
el vendaje   bandage
vendar   to bandage
el vendedor   sales representative
la ventana   window
la ventanilla   any type of small window

veranear   to spend the summer
verificar   to check
la vesícula   bladder
la vesícula biliar   gallbladder
el vestido   dress
el vestuario   cloak room; hat check
vibrar   to vibrate
la víctima   victim
el vídeo   video
el viento   wind
viernes   Friday
el (la) vigilante   lifeguard
la violación sexual   rape
las viruelas   chicken pox
la visa   visa
el visado   visa
la víspera   eve
visualizar   to view
el volante   steering wheel
volar (ue)   to fly
el voltaje   voltage
votar   to vote
el voto   vote
el voto de confianza   vote of confidence
el vuelo   flight

el whisky   whiskey, spirits

el yodo   iodine

la zapatilla   slipper, sandal
el zapato   shoe
el zapato de tenis   sneaker
la zarzuela   Spanish musical comedy or operetta
la zona   zone
la zona postal   zip code
la zona telefónica   area code
zurcir   to mend, to darn